Francis Pornon

Georges Couthon
le mal aimé

ROMAN

MESSIDOR

ISBN 2-209-06144-X
ISSN 0981-5686

A mon père

« Ce grand fait ... n'en était pas moins resté, osons le dire, vraiment ignoré, incompris... On copiait plus ou moins habilement les journaux, les mémoires qui donnent très inexactement quelques traits extérieurs de l'événement, et qui ne disent pas un mot des faits décisifs, du drame intérieur qui se jouait en dessous. »

Michelet
Histoire de la Révolution française

LETTRE

(prologue)

Citoyen, mon si cher ami,

J'espère qu'à la ville je serai plus libre de me livrer à mon goût pour l'étude. Je compte les jours que j'ai encore à rester ici. J'ai besoin de te voir pour épancher mon âme tout entière.

En attendant, je confie au papier mes pleurs, mes éclats de rire, mes battements de cœur. De tout, je ne veux perdre Miette ! Taillant, collant dans la Lettre du souvenir, je me bats avec lui et je tâche d'en maîtriser les flots impétueux.

Voici donc ces cahiers écrits de ma main. Qui d'autre que toi en pouvait être destinataire ? Tu me dis certain jour que tu m'étais dévoué ainsi qu'à Georges et à Antoine, corps et âme... C'était rue Honoré, à Paris, l'an Premier de la République, il y a trois ans déjà.

Enfin ! c'est la fin de l'hiver ! Le val garde ses airs de vieux cuivre, mais je le sens frémir d'une impatience de printemps. Déjà les cerisiers n'ont plus l'air mort. Ils s'animent pour offrir le duvet de leurs fleurs. Moi-même, je me sens regorger de sève. C'est la première fois, depuis la mort de nos aimés, depuis l'affreuse métamorphose où Saint-Just est devenu l'oublié et Couthon le mal aimé, il y a bientôt deux ans.

Ce fut un si long hiver qui nous prit, en ce thermidor glacé de l'an 2 ! Je crus bien y laisser la vie, moi-aussi ! Par bonheur, ce beau jour de pluviôse, voici quelques décadis[1]*, tu me vins visiter avec nos amis. Je te vis, tu me parlas, mon cœur et mes doigts se réchauffèrent. Alors, je pris la plume.*

Ce matin, je viens de me surprendre choisissant une robe à col de mousseline. C'est une cotonnade à la mode, avec fine ceinture verte sous la poitrine. Le ciel me semble moins lourd de savoir le plaisir que tu aurais à me regarder.

On m'a dit que nos amis, les citoyens Egaux, se réuniraient maintenant presque au grand jour, que le moment approche où la Révolution recommencera. J'ose à peine le croire après tout, la terreur blanche, les heures noires... Mais si cela était, quel soleil à nouveau ! Le soleil de la Liberté faisant germer les intelligences ! Ah, se parfumer à nouveau de leur encens ! Ecris-moi, Citoyen ! Dis-moi s'il est bien vrai que Gracchus Babeuf[2] *restaure les ruines de notre Révolution.*

Dis-moi si tu voudrais de moi pour tout recommencer. La vie m'a appris la prudence. Je n'ose me livrer sans défense. J'ai vu tant de monde, j'ai appris tant de choses, que je suis devenue vieille avant temps. Veuve à vingt-trois ans, j'ai eu à subir bien des peines. N'aurais-tu point

---

1. *Décadi* : dixième jour chômé de la « décade » (séquence d'une dixaine de jours, remplaçant la semaine dans le calendrier révolutionnaire).

2. Gracchus Babeuf : révolutionnaire extrémiste, il condamna après coup la réaction thermidorienne. Il préparait, en l'an IV, « l'insurrection du peuple » (« conspiration des Égaux ») que l'on considérait un peu comme la continuation de l'esprit de Maximilien Robespierre, Antoine Saint-Just et Georges Couthon.

réticence à prendre telle femme ? Si cela était, sache que rien, des larmes et du sang, ne me laisse tachée. Malgré mes vingt-cinq ans sonnés, mes grossesses, mes nuits glaciales ou brûlantes, je suis fort jeune de corps et davantage même de cœur. Pour toi, je suis toute jeune fille. A peine si je ne me convaincs point d'être vierge à nouveau !

Prends ces cahiers écrits de ma main. J'ai lié la couverture noire avec un lien rose. J'espère qu'ils ne te donneront pas de vapeurs trop moroses ! Ils contiennent l'histoire de Georges Couthon et la mienne. Je les écrivis de longues soirées et de longues nuits durant, après que tu m'en eus convaincue. Tu sauras ce qui se passe dans mon âme ainsi que celui qui lit dans la pensée. Prends tout cela et dis-moi ton sentiment. Je veux être ton écolière ainsi que je fus la sienne. Je veux me plier en tout à tes désirs.

Je ne sais dans quelles dispositions te trouvera cet envoi. Mais j'ai pour ma part telle soif de toi que ma bouche en est sèche. Rien ne me serait meilleur que me désaltérer.

Le 27 germinal an IV[3].
Ta dévouée Marie Brunel.[4]

3. 27 germinal an IV : 16 avril 1796 (soit le dixième printemps après le début de l'histoire qui va être contée).
4. Marie Brunel épousa Georges Couthon le 16 janvier 1787.

PREMIER CAHIER

LES ANNÉES ROSES
(automne 1786-automne 1788)

I

VOUS SERVIR
(automne 1786)

Il approchait. En bottes à larges revers et vaste chapeau à plumes. Il avait le teint rôti des Iles. Retour de je ne savais quel voyage au-delà des mers, il approchait de moi. C'étaient de ces secondes qui emplissent soudain une vie. Je le sentais. Il ôtait son chapeau pour saluer, coulis de boucles d'argent. Genou en terre, il me prenait la main. Au frôlement de ses lèvres, un frisson grésillait sur ma peau. Je frémissais tout entière. Ma langue était trop sèche pour prononcer une parole.

Le miroir se voila d'un halo de buée. Je portai la main à mon cœur. Paul-Gilbert, pensai-je, pourquoi suis-je si jeune et vous si occupé ?

Les courtines du fenêtron étaient encore tirées. La plaine paraissait-elle chiffonnée de brume ? J'entendais le claquement des sabots des valets dans la cour. Peut-être déjeunait-on déjà sur la terrasse, aux premiers rayons du soleil de cette matinée d'automne 1786. Peut-être trempait-on déjà les rôties dans le chocolat, en reparlant du collier de la Reine et d'un certain cardinal que le parlement voulait acquitter malgré la volonté du Roi. J'avais faim.

J'habitais la tour forte du château d'Orcet, dressée à trois lieues de Clermont-Ferrand. Massive et carrée, bâtie de grandes pierres ocre, elle jalonnait, au nord de l'Auvergne, la route de Paris à Montpellier. A quinze ans, je n'avais jamais quitté le petit bourg d'Orcet. Depuis quelque temps, j'étais tourmentée par une soif de jouissance qui altérait ma santé. Mon médecin disait que j'allais avoir les pâles couleurs. J'espérais que le bal du soir me ferait plus de bien que tous les remèdes du monde.

Pour voir ! J'approchai du miroir, l'essuyai d'un pan de ma chemise. En vérité, le spectacle n'était point affligeant ! Certes, la chevelure noire avait besoin d'une petite visite du peigne ! Les joues attendaient encore la neige et l'aurore des poudres. Mais ma peau, dans sa nudité d'ivoire, était loin de blesser le regard. Mes yeux noirs, soulignés par la longue frange des cils, s'étiraient vers les tempes. Les pommettes et les sourcils marqués donnaient quelque air de volonté. La bouche, assez charnue de la lèvre inférieure, laissait traîner un soupçon de sourire.

Si j'habitais la tour, c'était par privilège d'avoir la Comtesse d'Orcet pour mère adoptive. Elle m'avait prise en affection et installée dans l'aile Nord du château, face aux communs dont la famille de mon père occupait une partie. Ma mère en avait été trop heureuse. Elle ne savait où donner de la tête avec les enfants, le ménage, le jardin, les comptes du régisseur Toine Brunel : mon père... que sais-je encore ! Dans la tour, a-t-elle déclaré, j'aurais de l'éducation, comme les enfants de la Comtesse. C'est ça, qui sera bien bon pour la marier !

Je repoussai la courtine. Au pied de la tour, s'étageait le bourg. Mon regard descendait en rebondissant sur les tuiles et les pierres. Il dévalait dans le vert tilleul des vignes, coulait vers les noirs de verre des marais insalubres. Il s'écartait vers les chaumes mordorant au nord la plaine de Limagne. J'aimais observer la nature. Sa force colossale, tantôt m'oppressait, tantôt me rassurait. Je la sentais immortelle. A l'est, au-delà des débris du miroir de l'Allier, les croupes émeraudes de la Comté se tapissaient devant les hauteurs turquoises du Livradois. Je tournai mon regard. A l'ouest, c'était plus beau encore. Il remontait les vagues de bronze des bois, le moutonnement de cuivre des collines. Il s'évadait dans la toile de fond outremer des puys, jusques au ciel encore gorgé de nuit.

*

A six heures, la salle de bal luisait déjà de joie. Les lustres à pendeloques flamboyaient de toutes leurs bougies. On avait fait gros feu qui flambait haut et jaune dans la grande cheminée, à droite, tout au bout de la salle. On nageait dans la lumière. Les lustres noyaient derrière un ciel de clarté le haut plafond à la française. Du côté gauche, une profusion de flambeaux éclaboussaient les nappes du dressoir. En face, le long du grand côté, d'autres candélabres s'alignaient sur les meubles surmontés de miroirs. Ce grand mur avait été tendu d'une vaste tapisserie bleu de roi fleurdelisée à l'ancienne qui chatoyait à plaisir. Derrière moi, au mur du côté cour, les plâtres étaient repeints de rose et les boiseries rechampies de lilas. Je me retins à peine de sauter d'allégresse.

Déjà, les premiers invités se pressaient au dressoir. Sur l'alignement des tables nappées de blanc défilaient coupes et plats de vermeil. On piquait une prasline, un grain de raisin primeur. Les voix se mêlaient. Les domestiques apportaient confiseries et pâtisseries qui faisaient le meilleur voisinage avec un ambigu[1] de viandes froides, pommes, poires, raisins et crèmes. J'avais envie d'applaudir.

Je cherchai Ursule des yeux. L'assemblée avait des couleurs éclatantes qui se mouvaient ainsi qu'un parterre

1. *Ambigu* : repas froid où l'on servait tout à la fois différents mets et le dessert.

d'anémones agitées par le vent. Cela bougeait sans cesse. J'aperçus ma compagne près des tables dressées. Elle se tenait droite dans sa grande robe grenat, la chevelure trahissant des reflets acajou sous le léger frimas de la poudre. Le temps de penser à me frayer passage jusqu'à elle, l'orchestre entamait un menuet. Ursule, emmenée par un homme grand, disparaissait dans la foule des danseurs.

Cela bourdonnait de toutes parts. Les robes brodées, les coupes de fruits, les tapisseries, défilaient en une palette de couleurs vives qui finissaient par se mêler.

La musique cessa. Ursule repassait en compagnie de... Paul-Gilbert ! Son uniforme bleu de la marine royale étincelait de galons d'argent, rutilait d'écharpes des croix de Saint-Louis et de je ne sais quoi encore. Il portait perruque, sous laquelle je ne l'avais point reconnu d'abord. Coutume surannée des salons aristocratiques d'Auvergne, cette perruque blanche, policée, impersonnelle, ne flattait guère l'aventurier de haute mer. Comme je le préférais en boucles d'argent !

Ils avaient à nouveau disparu dans la foule. J'étais seule. Plus loin, se tenaient des personnes d'un certain âge. Ah ! voici Madame de Laval ! Elle était donc déjà descendue. J'approchai. La mère de Monsieur le Comte arborait une somptueuse robe de lourd brocart violet. Un homme en habit blanc surbrodé de bleu et d'or, se tenait seul. Il semblait ne regarder que très distraitement la foule.

« Vous ne m'avez point encore présenté vos hommages, Monsieur le Marquis de La Fayette. Seraient-ce les Américains, qui vous voleraient vos pensées ?

— Ma dame, s'il vous plaît, ne dites point de mal des Américains ni des victoires aux Amériques.

— Vraiment ! dit une voix s'approchant, le beau combat mené pour une poignée d'agitateurs outremer, plutôt que de s'occuper à défendre les sujets de son propre royaume ! »

Bien qu'il eût sans doute affaire à ennemi de poids, le Marquis donna l'assaut. Il n'était homme à s'en tenir à se battre par Lettre, ce Monsieur de la Fayette !

« Monsieur l'Intendant, ne disons point de mal des habitants des Amériques que vous nommez agitateurs.

Ils sont aussi aimables que mon enthousiasme avait pu se le figurer. La simplicité des manières, le désir d'obliger, l'amour de la patrie et de la liberté, une douce égalité règnent ici parmi tout le monde. L'homme le plus riche et le plus pauvre sont de niveau et, quoiqu'il y ait des fortunes immenses dans ce pays, je défie de trouver la moindre différence entre les manières respectives des uns pour les autres. Ce qui m'enchante ici, c'est que tous les citoyens sont frères. »

Il ajouta ironiquement que l'intendant se montrait soudain bien soucieux des intérêts de notre peuple. Monsieur de Chazerat voudrait-il qu'on défendît les Français au point d'écrire une constitution qui précisât les droits du peuple et limitât les attributions du Roi ? Serait-il par hasard dans les idées nouvelles des Américains ?

« Il suffit ! dit Monsieur de Chazerat piqué. Vous êtes un impertinent. Brisons-là ce débat, voulez-vous ? »

Soudain, les têtes se tournèrent. Un couple brillait dans l'embrasure de la porte ouverte sur la cour. Il était si brillant qu'il semblait sortir d'une illustration de livre. La dame, coiffure à perles étincelantes, et le monsieur, chapeau jaune vif, rayonnaient sur fond de nuit dans le cadre mauve des boiseries rechampies.

« Qui sont-ils ? m'enquis-je auprès d'une jeune personne.

— Mais... la Comtesse de Lacourtensourt et son fils Xavier, voyons !

— Par Saint-Louis, Monsieur l'Intendant, sachez que dans la fumée de la bataille, loin des parfums des salons, on est heureux d'avoir des lieutenants impertinents tels que le Marquis ! »

Perruque blanche et justaucorps canari surbrodé d'or, le vieux gouverneur et comte d'Estaing engageait à son tour le combat.

« Taratata ! » C'était Madame de Laval qui claironnait.

Cette dispute l'assommait ! Belle réjouissance dans un bal ! Elle jetait alentour des regards excédés, aperçut la Vicomtesse de Beaune, non loin de là, qui portait à ravir une délicieuse robe d'écarlate beige de gazelle. Bon ! la Vicomtesse mettrait un peu de fantaisie parmi ces pisse-froid !

Madame de Beaune était en conversation avec la Comtesse de Lacourtensourt. Celle-ci ployait un cou blanc et délicat sous sa haute coiffure ornée de perles. Le jeune homme en justaucorps vert et chapeau jaune qui se tenait aux côtés de la Comtesse, était donc son fils. Il paraissait assez bien tourné, la taille mince prise dans son justaucorps militaire de je ne sais quel régiment. Etait-il passionné, ce jeune homme au regard d'apparence si froid ? M'inviterait-il à danser ? Je commençais à en avoir assez, mais vraiment assez, d'observer le bal !

Madame de Laval prit le bras de Madame de Beaune :

« Venez, ma chère, nous entretenir d'autre sujet que du gouvernement ou de griefs envers le Roi !

— Comment le pourrais-je, Madame ? »

Depuis des années, Sabine de Laval quittait peu la chambre. Elle ignorait que la Vicomtesse comptait parmi les femmes qui se venaient récemment d'entêter à défendre leurs droits. On avait demandé la grâce pour la Comtesse de Valois, condamnée à être marquée au fer rouge pour implication dans l'affaire du collier de la Reine. Vaine supplique ! La sentence avait été exécutée par le bourreau Samson en place de Grève. Madame de Beaune plaidait avec calme, en appuyant sur les fins de phrases. Elle contait les détails. Je sentais la chair qui grille dans un affreux grésillement, l'odeur de corne brûlée, la déchirure horrible qui crève à l'épaule, qui ouvre le corps tout entier. La Vicomtesse conclut froidement :

« Vous supposez que je ne fais grief de rien au Roi, Madame. Cela n'est point. Car si cela était, je serais muette cependant que l'on martyrise et déshonore mes sœurs en public. »

La musique reprit, un endroit se trouvait dégagé dans

la foule, comme une île. Je fus m'y placer en évidence. Mais la foule se referma devant moi. J'étais seule. Je n'apercevais plus Xavier de Lacourtensourt. La vague des danseurs approchait, se retirait dans un ressac transi. Ici, là, un visage de femme passait, le regard levé sur son cavalier, fantôme dans la brume de mes yeux. Peste ! J'étais encore laissée pour compte. Je me retournai face à un grand miroir.

La coiffure, poudrée à frimas, était bien trop blanche pour la mode. C'était le chef-d'œuvre du coiffeur de Clermont, qu'on avait envoyé chercher pour la circonstance. Le chef-d'œuvre m'agaçait. Il s'épanouissait ainsi que les volutes glacés d'une fontaine aux eaux gelées. Heureusement, la grande robe de brocart rose qu'Ursule m'avait léguée pour l'occasion, était ravissante. C'était un beau caraco à la polonaise. Quelques pinces ajoutées à la taille, voici qu'il me seyait à merveille ! Une dentelle du Puy, bordant le caraco, courait sur les hanches et s'échancrait sur la jupe. Cette dentelle répétait son écume délicate à la saignée du coude et à mi-hauteur de la jupe.

Vraiment, il fallait être myope pour ne pas voir que j'étais jolie ! J'en avais assez, assez et assez ! Des vapeurs me montaient à la tête. Je résolus d'aller prendre l'air sur la terrasse.

On accédait à la terrasse par une des deux portes-fenêtres situées au couchant. Quelle chaleur ! Le Vent[2] venait de se lever. Son haleine chaude déferlait depuis le Midi, l'Afrique peut-être. Cela faisait monter une sorte de fièvre. Les dames laissaient tomber châles et fichus, dévoilant l'éclat des épaules, du décolleté. Des couples se tenaient à la balustrade qui surplombait le parc. Les justaucorps, tendus sur les dos, luisaient à la lueur des candélabres disposés sur des guéridons. Dans le coin à droite, mollement accoudés sur l'appui de la balustrade, épaules se touchant,

2. *Vent* : vent du sud, violent et chaud.

Ursule et Paul-Gilbert. Un autre couple me frôla, descendit les marches et se perdit dans la pénombre violette du parc.

*

« On suffoque, ici. Me conduiriez-vous prendre l'air sur la terrasse, Monsieur ?

— Certainement, Madame. »

La gigue s'achevait. Etait-ce bien une gigue ? Xavier de Lacourtensourt avait daigné tomber du haut de sa morgue aristocratique quand je lui avais demandé de m'inviter.

Les couples surpeuplaient maintenant la terrasse. Le Vent avait redoublé, nerveux. Il bouleversait les coiffures, bousculait les visages. Dans son uniforme vert émeraude à galons d'argent, guêpé à la manière des vieilles dames qu'étouffent les baleines du corset, Xavier était d'une raideur extraordinaire. L'uniforme paraissait neuf. Il pouvait avoir été taillé pour la circonstance. Sans doute notre soldat était-il fraîchement doté de son régiment. Cette réflexion favorisa mon audace.

« Quel âge avez-vous donc, Vicomte ?

— Dix-sept ans dans l'année, Madame, répondit-il avec une brève courbette de convenance.

— Ah... et... savez-vous mon âge ?

— Mais oui. Vous avez quinze ans.

— Quinze et demi ! »

Loin de la fraîcheur des nuits de fin d'été, il règnait une atmosphère d'outremer. De petits orangers et des buissons flamboyants d'arbres de Bougainville, rapportés par Paul-Gilbert, s'agitaient nerveusement dans leurs « bacholles[3] ». On eût presque pu croire débarquer aux Îles.

---

3. *Bacholle* : récipient de bois servant notamment à récolter la vendange (comporte).

Soudain, la voix blanche de Xavier :

« Vous êtes la fille du régisseur du domaine. Je vous trouve de façons plutôt... aisées pour votre condition. »

Le Vent redoubla encore. A gauche, geignait une treille à l'ancienne qui s'agrippait au mur et aux solives. Dans la profondeur indigo se tordaient les inquiétantes silhouettes d'arbres noirs. J'eusse dû être alertée par la remarque de Monsieur de Lacourtensourt. Mais j'étais novice. De plus, j'ai toujours répugné à reculer. Alors, je m'emplis d'air. Je m'avançai près du jeune homme, tout près, côte à côte ainsi qu'Ursule et Paul-Gilbert. Je me perchai sur la pointe de mes escarpins, approchant mon visage de celui du garçon. Il était parfumé à l'eau de Cologne. Sous le parfum surgit une odeur de peau. Semblable à la mienne, mais plus acide, plus épaisse. Le regard dans le parc, Xavier ne soupçonnait point encore comme je lui étais proche.

Là, maintenant ! Je fermai les yeux un temps très très bref. Je les rouvris, crispai les mâchoires, murmurai :

« Si vous m'embrassiez, Vicomte ? »

Il eut un recul d'animal menacé. Puis, il se redressa. Il me toisa.

« Demoiselle, comment pouvez-vous ainsi parler ? Vous n'êtes encore qu'une enfant ! Et puis, voyez-vous, un de Lacourtensourt avec une roturière ! Retournez plutôt panser les chevaux avec votre famille, voulez-vous ? »

*

Je refermai la lourde porte de la bibliothèque. Le pène claqua. Les bruits de bal avaient cessé. J'éprouvai autant de soulagement qu'un prisonnier à qui on donne la liberté. Il règnait une pénombre bleu d'eau. Je m'approchai d'un rayon de livres, m'y accotai, posant ma joue mouillée de larmes contre les reliures de cuir. Cela sentait l'animal. Il faisait si calme. On devinait à peine les sourdes contorsions du vent qui rageait au dehors. Les larmes séchaient en picotant mes joues. Je me dirigai vers le petit meuble d'angle où je savait trouver le chandelier et le briquet. Les trois flammes redonnèrent aux murailles de livres leur aspect mordoré que j'aimais. Au rayon proche, je savais trouver l'*Histoire du chevalier des Grieux et de Manon Lescaut*. Assise sur le parquet, j'ouvris le volume sur mes genoux, essuyai mes joues de la dentelle de la manche. Sur une gravure, je retrouvai le chevalier aux yeux si doux que j'aimais en cachette.

La porte craqua. On entrait. Je voulus souffler les chandelles. Trop tard. Il ne me restait qu'à me lever, prête à affronter le courroux de l'arrivant.

Mais c'était Ursule.

Ursule et moi hantions clandestinement la bibliothèque. A l'âge que l'on dit innocent, nous avions déjà beaucoup aimé et souffert dans les romans.

Je dis en riant :

« C'est vous ?

— Non, c'est la Reine ! répondit-elle.

M'expliquerez-vous pourquoi vous voici enfermée une nuit de bal ? Ou plutôt non, ne vous donnez pas cette peine. J'ai tout compris. Mais vous n'êtes qu'une sotte. Ce jeune-blanc bec ne vaut pas la peine d'un chagrin.

— Jamais ! jamais je n'oublierai cet affront !

— Mais vous avez la vie devant vous ! »

Elle tamponna mes yeux de son mouchoir parfumé à la fleur d'oranger.

« Là, vous voici mieux.

— Peut-être...

— Allez-vous retourner au bal ? C'est le moment où l'on va le mieux s'amuser ! »

Je restai un moment songeuse.

Puis, je répondis : « Oui, je vais descendre. Peut-être n'est-il encore à ce bal aucun homme pour moi. Mais je veux me lancer dans le monde. Je ne sais si je rencontrerai demain quelque chevalier au grand cœur et à la belle figure. Je ne sais davantage si j'ai déjà l'étoffe d'une femme. Mais je me vengerai quelque jour de l'orgueil qui foule aux pieds ma faiblesse, dussé-je en faire mourir de dépit le plus beau jeune homme du monde ! »

*

Un mois après, j'avais encore l'imagination échauffée. Les bals troublent le repos des jeunes filles ! C'était un bel après-dîner d'octobre, dimanche dans le calendrier ancien. Nous sortions à la promenade. Mes sœurs avaient tenu à nous accompagner, Ursule et moi. Nous marchions, un peu étourdies de lumière blanche. Vrai ! quel bel automne ! Nous n'étions qu'envol de mousseline, de dentelle blonde, de Valenciennes, de gaze ou de dentelles du Puy. Ursule portait une de ses robes classiques, un peu lourde, en satin broché avec rubans et engageantes. Elle prit la tête de notre petit cortège. Sous le soleil brûlant de la mi-journée, nous clignions des yeux, tâchant de distinguer les pierres qui brasillaient sur le chemin, posant entre elles nos escarpins.

Parvenues au bosquet de noyers, on s'assit. On proposa une partie de bouche-yeux[4].

La partie achevée, je m'affalai, tout en eau. Ursule s'éventait calmement, assise comme moi, à même la terre. Elle palpitait, encore plus belle que de coutume, les tempes perlant de fines gouttelettes, ainsi que sourd l'essence de l'orange, cet aromatique fruit des Îles. Quant au tour de gorge, il eût été la damnation de tout passant d'aventure, tant le jeu l'avait échancré ! Le flot de mousseline qui le garnissait révélait davantage qu'il ne voilait. Un petit ruban de soie noire s'insinuait au creux des seins, faisant ressortir leur rondeur pleine et blanche.

Et moi ? moi, si jeune encore auprès de cette beauté si épanouie ! L'envie me prit de me sauver. Je me levai, détalai. Je courus, malgré les appels de mon amie et de mes sœurs. Je courus à perdre haleine.

4. *Bouche-yeux* : jeu de colin-maillard.

Lorsque je m'arrêtai, je me trouvais dans une vigne tapissée d'herbe drue. Les longues haies touffues qui s'accrochaient aux échalas abritaient de tout regard. Je marchai un moment parmi les feuillages sanguinolents. Mon souffle retrouvait son calme, mon cœur sa légèreté. On ne va point passer la vie en tristesse ! Baste ! Je me mis à caracoler, deux fois sur un pied, deux fois sur l'autre, en chantonnant quelque air dont il ne me souvient plus. Je troussais ma robe sur les escarpins vernis, sur les bas blancs. Une, deux, trois ! Je dansais. Une, deux, je me sentais fort aise. Trois, je changeais de jambe !

Je dansai ainsi, je ne sais combien de temps. Une, deux... je traînais sur le trois pour changer de jambe :

« Une, deux, troiha ! Une, deux, troiha ! Une, deux Ah ! »

Un inconnu se dressait devant moi.

Campé, il me dévisageait. Au beau milieu. J'avais baissé les yeux. J'avais vu son habit. Un habit de drap vert. Vert bouteille à boutons de nacre. Mon cœur battait. Il battait comme jamais, à faire mal.

L'habit m'avait semblé fort discret, conforme à l'usage nouveau. Comment était donc son propriétaire ? Je brûlais de curiosité. Je ne pouvais me retenir. Je relevai les yeux.

Un homme ! Mes jambes chancelèrent. On se précipita pour me rattraper. Un parfum de verveine fraîche m'embrassa. Je ne savais ce qu'il allait advenir de moi.

Lorsque je retrouvai mes sens, j'étais assise à terre. On me tapait sur les mains. Lui ! Il penchait sa tête nue. Des mèches châtaigne volaient. De lourdes paupières battaient. Il était... non point beau, peut-être, mais si séduisant ! Son regard paraissait si lointain ! Il me sembla si triste, si pur et si doux. Je n'eus à nouveau plus de jambe. On m'empêcha une nouvelle fois de me rompre les os sur les pierres, en me prenant les épaules pour les poser avec mille précautions dans le feuillage frais. Pour peu, je retombais derechef en pâmoison.

Ce fut la fraîcheur qui me rendit les sens. L'homme avait un genou à terre. Il se tenait à distance respectueuse. Malgré deux sillons d'inquiétude entre les sourcils, il avait assez belle allure. Sous le nez droit, la lèvre supérieure semblait circonspecte. Elle dessinait la double courbe d'un arc bandé. Tandis que la lèvre inférieure s'avançait dans je ne savais quelle attitude d'offrande. Il était d'âge mûr. Il avait la mine d'un homme regorgeant encore de vigueur et déjà receleur des trésors du souvenir. Je l'aimai tout de suite.

« Comment vous sentez-vous, demoiselle ? »

Que répondre ? Est-ce que je savais comment je me sentais ? L'homme ajouta :

« N'ayez crainte. Vous paraissez déjà mieux. Mais vous risquez de perdre à nouveau les sens. Permettez que je vous offre le bras pour vous reconduire chez vous. Je me nomme Georges Couthon. Je suis avocat à Clermont. Ma famille est du pays.

— Merci de vos bontés, monsieur. Mais je n'ai pas l'honneur de vous connaître.

— Ne craignez rien, dit-il en un sourire un peu triste, loin de moi l'intention de vous importuner. »

Il me tendit une grappe noire. Son sourire s'aviva :

« Tout ce à quoi peut prétendre un homme qui vous voit pour la première fois, c'est seulement à vous servir. »

Je restai muette. Mon cœur flambait. Ma gorge était gelée.

« Dites-moi au moins votre nom, demanda-t-il.

— Ma... Ma... Marie. »

Sotte ! Je détournai les yeux. Je tâchai de me laisser fasciner par le long pampre aux grains de sang noir bien détachés. C'était une grappe de Frayère, raisin fort prisé à la table du château. J'avais très soif. Je portai le raisin à mes lèvres, léchai les gros grains en faisant glisser ma langue sur leur lisse rondeur. Je mordis. Les grains crevaient en libérant le nectar. Je fermai les yeux, aspirai le jus mielleux. J'étais héroïne d'un conte qui, après bien des épreuves, s'abreuvait enfin de l'élixir enchanté.

Ce qui devait arriver arriva ! L'elixir s'écoula sur la manche bouffante de l'héroïne du conte de fée. Des taches violacées croissaient sur le tulle blanc. Elles peignaient des auréoles indigo, parme et ciel. Une vraie palette de peintre !

Alors, un éclat de rire me secoua. Mais me secoua ! Comme un amandier dans l'hystérie du vent. Aussitôt, sans même saluer, je pris à nouveau mes jambes à mon cou.

Me servir ! pensai-je en courant, alors que mon rire s'éteignait, cela se pourrait-il ?

II

L'ENLEVÉE
(fin de l'automne-début de l'hiver 1786)

« Que savez-vous de Monsieur Couthon que l'on dit avocat à Clermont ?

— Vin vieux ! c'est qu'elle est simple ! »

Bonne Brunel avait épousé mon père et avec cela la fonction de crieuse. Elle venait de hurler à mon encontre. Elle hurla encore vers les enfants :

« Tais-toi un peu ! »

Au bruit de la voix, devant l'envergure des jupes déployées, ils s'envolèrent pour disparaître derrière le rideau qui, ocré de crasse, barrait la porte aux mouches. Alors, ma mère leva les yeux au ciel, se signa, reprit sa respiration et s'emballa de nouveau :

« Ma fille, tu fais porter peine ! Quand je pense que je me suis sacrifiée, que j'ai perdu une fille pour la laisser partir à la tour avec la Comtesse ! Tout ça pour te voir aujourd'hui t'intéresser à ce personnage ?

— Quel personnage est-ce donc ? répondis-je avec une inquiétude soudaine.

— Sa famille est ennemie de la nôtre, depuis des générations.

— J'ignorais que nous eussions des ennemis héréditaires.

— Y'a pas vingt ans que le père Couthon, ce vieux rénar de Joseph, mena ton grand-père devant le juge.

— Vraiment ?

— Sûr ! Et plus d'un coup. Vin vieux, il m'en souvient comme si c'était hier ! Le rénar ! »

Le vieux Couthon avait, paraissait-il, commencé par nous assigner afin qu'on nous imposât comme fermier de la terre d'Orcet et ce, sur le pied de six mille livres de produit. Heureusement, nous fûmes imposés à seulement soixante-quatorze livres dix-sept sols.

« Après plaidoirie et témoignages et tout le charivari, il s'est bien vu que le grand-père était régisseur ! et non pas fermier ! »

Non content de cela, le lieutenant de justice Couthon avait, avec le sieur Rochefort, cité plusieurs autres fois le grand-père Brunel.

« Mais... pourquoi donc, demandai-je, le père Couthon...

— Pourquoi donc ? nos familles furent toujours ennemies, je te dis !

— Ne peut-on mettre fin...

— Sont nos adversaires, sont nos concurrents et sont nos ennemis ! et c'est pas encore toi qui pourras y changer ?

— Qui sait ?... »

Ma mère se dirigea vers la « souillarde »[1]. Elle revint avec une énorme courge, une rave et un petit chou blanc.

« Regarde ! dans une "oule"[2] sans lard, les légumes se battent comme en basse-cour. Chacun veut la première place à côté de la courge. Quelquefois, c'est la rave qui prend le dessus. Quelque autre fois, c'est le chou qui est

1. *Souillarde* : arrière-cuisine.
2. *Oule* : potée (ainsi que le pot où on la cuit).

le plus fort. On trouve davantage son goût acide qui monte à la tête. Si elle pouvait, la rave chasserait bien le chou ! »

Cela faisait bientôt un siècle, depuis le grand roi Louis XIV, que nos familles étaient à se disputer la première place auprès du seigneur. D'un côté du seigneur d'Orcet : l'aïeul Pierre Couthon, notaire et premier lieutenant du bailliage, son fils Joseph qui lui succéda et, tout récemment, le petit-fils aîné, le notaire Pierre Couthon, frère de Georges. Voici pour les raves ! De l'autre, ajouta ma mère en brandissant le chou : l'ancêtre François Phélip, notaire royal, greffier, châtelain et juge, son gendre Antoine Brunel, mon père, également d'une lignée de lieutenants de bailliage. Et voilà pour les choux !

« Un siècle, tu entends ? un siècle ! hurla-t-elle.

— Je ne suis pas sourde...

— Peut-être, mais c'est que t'es qu'innocente de vouloir mettre une rave avec un chou !

— J'entends bien, m'ma ! dis-je tout doucement. Mais si c'est une histoire de rave et de chou, les Couthon n'en sont pas plus responsables que nous-mêmes.

— Les Couthon, ils sont pas même fréquentables !

— M'ma...

— Si je te le dis ! La mère Couthon a même fait mener enquête sur le père. Les conclusions du juge, à ce qu'on sait, sont pas bien belles. Le Joseph Couthon, il serait négligent de son bien, mauvais payeur de ses ouvriers et poursuivi par ses créanciers ! »

Je me levai. La grand pendule en pied battait la contredanse avec mon cœur. D'abord, me vinrent des réflexions désespérantes. Aimer l'ennemi de ma famille ! Mais comment haïr un tel homme ? Tout cela ne compromettait en rien la pureté de Georges. Était-on responsable des exactions de ses ancêtres ? Et puis... assez de commérages ! Cette cuisine sentait le rance et l'étroitesse. Assez ! J'écartai le rideau de la porte et me retournai à demi :

« Je vous souhaite le bonsoir, ma mère. Il me souvient d'aller achever certain travail. »

Le regard courroucé, elle me jeta encore une poignée de mots piquants. C'était le frère aîné qui héritait des biens et de la charge de notaire, tandis que Georges, lui, avait pour toute rente ses oboles d'« avocat des pauvres » !

Elle ajouta d'un ton plus amène :

« Ça parle bien, mais ça mange pas tous les jours du pain blanc, penses-y, ma drolette[3] !

— Si j'en parlais cependant à père ?

— Garde-t'en bien, malheureuse ! chuchota-t-elle en regardant craintivement par les vitres grisées de fumée. Le père, il est si coléreux qu'il pourrait faire un malheur ! »

Je traversai la cour en direction de la tour. La porte des écuries était close. La pouliche de père était-elle à sa place ? Son maître se levait avant l'aurore. Je le savais vaquer à des tâches de toilette connues de lui seul. Au point du jour, avant d'entamer sa tournée à cheval, il embaumait déjà le « Cuir de Russie ». Le soir, il sentait plutôt le cheval, en se penchant pour m'embrasser. D'apparence toujours fraîche et dispose, il souriait, nonchalant. Un feu couvait dans son regard lointain. Ce petit homme était de grande force ! Pour rien au monde, Monsieur Aragonnès d'Orcet ne se fût séparé de ce régisseur solide à qui il confiait ses intérêts les yeux fermés.

Toine Brunel, régisseur des terres d'Orcet, était d'un naturel bourru, voire coléreux. Il hantait bien souvent ses champs et ses vignes. Las des hommes, il préférait s'occuper des choses. Cependant, il avait également charge de lieutenant de justice, juge châtelain de la baronnie et juge ordinaire. Il était réputé de grande droiture pour trancher net et sans atermoiement. Au domaine, on respectait Toine pour sa fermeté, inflexible à l'égard des autres comme à son égard. Galopant toute la journée le long des chemins, malgré son âge, il semblait ignorer la fatigue.

3. *Drolette* : fillette (diminutif affectueux de « drole » : fille).

Été comme hiver, père portait d'amples bottes assorties à un pourpoint de cuir fauve patiné par les intempéries et moulé sur les muscles. Une véritable cuirasse de héros grec ! Un vaste tricorne le protégeait et l'annonçait de loin par son plumet fait de longues plumes de paon. Lorsqu'il apparaissait ainsi, au lever du jour, au détour de quelque chemin, couronné des flammes turquoise et ciel de ses plumes de paon, j'imaginais frémir les valets du comte. Ceux-ci se gardaient de n'être à la tâche !

Garde-t'en bien, malheureuse ! J'allais me diriger vers les écuries. Mais mon père m'apparut en pensée, mâchoires serrées, plus austère encore que de coutume. Alors je me hâtai vers la tour. Ce n'était pas le moment de lui parler de l'ennemi de la famille !

*

Le bougeoir à la main, je sortis de ma chambre sur la pointe des pieds. La pierre du palier grattait et glaçait mes pieds nus. Des voix. Elles montaient en effluves du puits sombre de l'escalier. L'on n'était pas encore couché. Très vite, je cascadai jusqu'à la bibliothèque, m'emparai d'un volume, remontai à la chambre, refermai la porte en haletant.

Les « linceuls[4] » semblèrent moins froids. Les lettres s'accotaient sur le dos, fines et dorées : *Manon Lescaut*. Du septième et dernier tome des *Mémoires d'un homme de qualité qui s'est retiré du monde* par Monsieur Antoine-François Prévost, les pages sentaient le sous-bois. Oh ! l'odeur fauve de la couverture de cuir !

Sur une gravure, Manon et Des Grieux s'entretenaient. Il y avait en Des Grieux une profonde mélancolie qui serrait la poitrine. Soudain, je me sentais lui.

Le héros de cette histoire, le chevalier, n'est-ce point aussi moi ?

---

4. *Linceul* : drap de lit.

Moi, dis-je, dont tout le monde admirait la sagesse et la retenue, je me trouvai enflammé tout d'un coup jusqu'au transport.

Brûlant, le buste dressé, je buvais goulûment la description de la rencontre. Le transport du chevalier était l'image même du mien, renversée dans le miroir du livre. Et quel miroir !

Pas un instant, je ne doutai que ma propre rencontre avec Georges Couthon pût ressembler à celle de Manon et du chevalier Des Grieux ! Je n'hésitai pas un instant à comparer mon destin de jeune fille de régisseur provincial à cette grande et belle histoire d'amour et de mort qui faisait rêver le siècle.

J'empoignai mon oreiller, le campai face à moi.

« Monsieur, pourquoi êtes-vous aussi triste ? » dis-je à voix haute en l'embrassant. Je posai tendrement ma tête sur sa poitrine bombée, sa peau de lin, ses muscles de plume. Cela fleurait le parfum du savon de la manufacture de Marseille. J'ouvrai les bras, abandonnée. Une chaleur se posa sur ma main. Je me laissai aller. La main protectrice et chaude sur la mienne. La chaleur grandissait. Brûlante.

Aïe !

Ma main était couverte de gouttes de suif écrasées qui durcissaient. Je les arrachai. La chandelle, penchée, avait goutté. J'étais bien brûlée de chandelle, sinon d'amour !

*

Apollon me regarda l'approcher en frémissant des naseaux. C'était l'étalon bai sur lequel j'avais appris à monter. Il aimait comme moi les promenades matinales en compagnie de mon père et de sa pouliche. Mais la pouliche du régisseur manquait au râtelier. Toine était déjà parti galoper pour la journée, inspecter les terres du Comte les plus lointaines.

Je m'agrippai d'une main à la selle. Le galop feutrait

dans le chaume. J'étais déséquilibrée par la monte en amazone. Car je montais d'habitude en culotte. Mais j'avais chipé l'amazone lilas d'Ursule pour plaire à père. Je manquai vider les étriers. Crotte !

Je mis le cheval au pas. L'air glacé m'aspergeait le visage. Les rossignols achevaient leur concert en poussant leurs trilles les plus recherchés. Les chaumes commençaient de pâlir. Des hauteurs du plateau descendait une vague de bronze. Au loin, les cimes des puys rosissaient au-dessus de leurs flancs bleu de roi. L'air virait à la pêche rouge, un peu coupant aux joues. Le tableau changeait à chaque pas. J'étais en extase. Comme chevauchant en compagnie d'un homme qui m'eût aimé. Mais la campagne restait déserte, à perte de vue. Les manouvriers se terraient encore dans les cuvages et les caves du bourg, où ils s'occupaient à la futaille, trop heureux d'avoir passé la nuit au chaud et à l'abri des brigands.

Apollon avait grimpé et pris l'amble dans le chemin plat, sous les remparts. A ma gauche, je dominais la Limagne où déferlaient maintenant les mélanges multicolores des parcelles. Devant moi, les laves du soleil, cascadant pardessus les collines, commençaient à brûler les yeux.

Un bruit sur ma tête ! Une fenêtre. Un homme en bonnet de nuit... Je ne le reconnus point tout d'abord.

Oh ! Un frisson m'agita de la taille à la nuque. Monsieur Couthon ! Je baissai les yeux. Quelle chance, être ainsi vêtue d'amazone lilas, de chemisier noir à jabot, être parée des boucles et du collier d'ambre offert par mon père ! Aucun doute, j'allais plaire ! Je m'occupai à flatter l'encolure d'Apollon. Cette crinière était bien en désordre... Sotte ! Que m'occupai-je de crinière, alors que Monsieur Couthon paraissait !

« Il est à peine matin et vous montez déjà ! Vous dormez-donc à cheval ?

— Presque. J'aime tant l'aurore en campagne, loin de l'agitation.

— Vous aimez la nature plus que les hommes ?

— Oui ! heu... non ! A vrai dire, Monsieur, je ne sais.

— Vous avez raison. La Providence nous livre les deux. Nous ne devons faire fi de l'une ni des autres. »

Il se pencha, ainsi que pour s'approcher de moi :

« Voyez combien est merveilleuse cette Nature. Apercevez-vous un canard au milieu de la mare, là, en bas ? »

La mare était juste au-dessous du talus.

« Eh bien, dit-il, c'est un admirable exemple de navigation. Voyez comme il laisse derrière lui un sillage parfait. Vous pouvez croire voir cingler un bâtiment de la flotte royale.

— Sans doute.

— A-t-on jamais vu meilleur modèle de construction pour un navire ?

— Comment l'entendez-vous ?

— C'est simple. Vous notez que ce canard progresse en donnant de rares poussées des pattes ?

— Oui, Monsieur.

— C'est que sa conformation le rend propre à fendre l'onde moyennant peu d'effort.

— Ah.

— Eh bien, certains architectes de marine n'ont eu qu'à copier la forme du canard.

— Ah ? Comme c'est beau ! Heu, non, je veux dire... cela semble indubitable. »

J'étais aussi émue qu'émerveillée. Comme ce Monsieur Couthon était passionnant ! J'avais aperçu cent fois les canards, sans jamais voir le modèle d'architecture navale. Et ce petit colvert de rien du tout, là, en bas, qui portait avec tant de modestie son habit d'amiral à bleus et verts moirés !

Mon cheval m'emporta au petit trot. J'avais cru bienséant de prendre congé de cet homme en robe de chambre. Je n'étais pas même censée le connaître. Mais quel personnage charmant ! Et quelle philosophie ! Avec ce monsieur, il n'y avait pas un moment de perdu. Tout était occasion d'apprendre, de s'élever, se passionner. J'avais un pincement au cœur. Ma main tremblait sur la bride.

*

« Vous plairait-il que nous fassions visite à Madame de Laval ? »

Connaissant la réponse, Ursule caracolait déjà dans l'escalier. Ainsi que chaque jour, nous nous rendions chez la grand-mère, sous prétexte de l'ouvrage que nous resserrions dans la tablette de sa chambre, au premier étage de la tour.

Sabine des Arcis, Comtesse de Laval, sommeillait sur ses oreillers et sous ses édredons. Ses vieux os ne la laissaient tranquille que lorsqu'elle les tenait en la chaleur du lit. La baronne de Laval était fort âgée. Son âge, ni Ursule ni moi n'eussions su le préciser. L'on savait seulement que la vieille mère du Comte d'Orcet devait garder la chambre pour ses rhumatismes tous les jours de l'année. Excepté toutefois les jours de fêtes. Aux réceptions, aux messes, elle paraissait toujours somptueusement vêtue, éclatant de mille sourires qu'elle distribuait aux connaissances, droite d'un maintien sans reproche, si ce n'était quelque voussure des épaules voilées de gaze noire surbrodée. Madame de Laval étonnait par son humeur toujours égale. Elle ponctuait toujours sa conversation de quelque trait d'humour. Nous adorions son esprit frondeur et philosophe, un peu vieillot. Car elle était à notre égard d'une indulgence sans pareille qui donnait chaud au cœur.

Un joli trumeau s'élevait au-dessus de la cheminée. Son panneau peint représentait un soldat d'autrefois, quelque officier de passage qui s'entretenait avec une belle dame dévoilant un cou très blanc qu'elle ployait avec grâce.

« Regardez-vous cette jolie saynette ? » me surprit la voix de gorge à peine éveillée de la grand-mère. Elle poursuivit doucement. Cela était bien de mon âge, j'avais bien raison ! Voici qui lui rappelait un bel officier qui se trouvait toujours au détour de sa promenade. Cela se passait il y avait fort lontemps, après un bal au château de Laval où il l'avait priée à une danse. Un veuf d'une allure folle et de fort bonne réputation, mais d'incertaine naissance. La famille n'avait jamais accepté qu'on en parlât. Un pli d'amertume que je ne lui connaissais point, creusait le coin de ses lèvres.

« Ah ah ah ! Sabine était déjà repartie en son bel éclat de rire, croyez-vous qu'il m'aimait, pour ainsi languir des mois durant !

— Que ne vous êtes vous point acharnée à l'épouser, si vous l'aimiez ? dis-je, fort émue malgré sa pirouette.

— Voulez-vous bien vous taire ! dit Madame de Laval en pouffant de rire. Puis, reprenant soudain son sérieux : Apprenez que le mariage et l'amour sont deux choses fort distinctes.

— Nous conseilleriez-vous de ne nous point marier ?

— Qui vous dit cela, lança Sabine en riant à nouveau, nous étions à parler d'amour ! »

Madame de Laval me dévisagea, tendit son bras vers la table de nuit. Des veines bleues dessinaient sur ce bras des rameaux en relief.

« Pourriez-vous approcher la boîte de praslines ? » dit-elle.

Elle bourra trois praslines d'un coup entre ses lèvres marquées de rouge :

« Si vous aimez, mon enfant, ne laissez point passer l'occasion du bonheur. Faites-vous enlever.

— Grand-mère, comme vous y allez ! » s'écria Ursule.

Je me levai, tremblante. La grand-mère était donc dans mon secret ? Je lui aurais livré mes sentiments dans quelque conversation. Mais ce n'était point là ce qui me bouleversait. C'était plutôt la suggestion.

Madame de Laval eut un petit rire fin :

« Aujourd'hui, ce bonheur est à portée des audacieuses. Fuyez avec votre amant !

— Oubliez-vous les châtiments ?... dit Ursule.

— Taratata ! On ne les applique plus, c'est moi qui vous le dis, qu'aux catins et aux suborneurs ! Quant aux enfants honnêtes, les familles préfèrent les arrangements amiables dans l'ombre de la discrétion. »

Sabine des Arcis remonta frileusement le drap à jours sur sa chemise qui ruisselait de dentelle du Puy. Elle ponctua en souriant :

« Si vous ne voulez point rater votre vie, faites-vous enlever ! vous dis-je. »

Le soir-même, j'écrivis :

Monsieur,

Je ne sais lorsque vous lirez ce billet. Du jour où je vous ai vu et parlé, je connais qu'il me faut être à vous. Enlevez-moi, Monsieur, si vous m'aimez comme je vous aime. Je vous fais serment de tout faire pour votre bonheur.

Faites-moi connaître les dispositions que vous aurez arrêtées. Je m'y conformerai.

Votre dévouée Marie Brunel.

III

L'ÉPOUSE
(hiver-printemps 1787)

Demoiselle,

Je n'ai reçu votre missive qu'avec grand retard. Car je fus quelque temps absent de chez moi pour une affaire qui me tint à Riom.

J'ai cru devoir en outre prendre le temps de certaine démarche au terme de laquelle j'ai le plaisir de vous faire connaître que Monsieur votre père consentirait au mariage sur l'intervention de monsieur le Comte soi-même.

Je vais visiter Monsieur Brunel très prochainement et j'espère avoir le plaisir de vous voir.

Votre serviteur, Georges Couthon.

Par exemple ! Sans doute eussé-je dû me réjouir ? J'apprenais l'inclination de Georges et le consentement de mon père. Mais j'étais amère, ainsi que sous l'effet d'une potion qu'il faut prendre par raisonnement. J'avais prié l'homme de mon cœur, mon chevalier à la douce figure, de venir m'enlever. Et voici qu'il me négociait !

Sitôt qu'elle me vit, la Comtesse posa son ouvrage. Elle me vint prendre par les poignets, me fit asseoir à son côté.

« Qu'avez-vous, mon enfant ? Vous semblez hors de vous !

— J'ai que l'on me marchande, Madame !

— Comment ?

— On me marchande, oui. Et au terme des palabres, le Comte a obtenu de mon père que je serai livrée ainsi que marchandise.

— Sans doute interprétez-vous...

— Et que suis-je, si je n'étais même pas informée des négociations ? Une jument ? une truie ! »

Marie Aragonnès m'adorait. Elle passa une main sur mon front. Sa paume était charnue, soyeuse et chaude. Il restait, après sa caresse, une fraîcheur ténue. Alors, ma colère fondit. Je posai ma tête sur son sein, sur le tiède lisse du satin. Les broderies d'argent picotaient. Elle parla tout bas.

Elle me conjura de ne point compromettre un succès par trop d'intransigeance. L'important était la victoire. Peu importait l'élégance de la tactique. Comment ne le voyais-je point ? Je tenais le moyen de conquérir l'homme que j'aimais, un homme de talent, promis à l'avenir, avec qui je partagerais un grand destin. Du même coup, ajoutait habilement la Comtesse, je passais outre et balayais la vieille rivalité des Couthon et des Brunel. J'étais une Juliette qui, par la seule force de sa personne, réconciliait les familles ennemies, la sienne et celle de Roméo. Que voulais-je de plus ?

*

« Quelle brune piquante ! Elle a de la grâce jusqu'au bout des doigts ! »

Des exclamations fusaient, flattant l'amour-propre de mon mari, me faisant rougir de confusion. Je me laissais aller dans le cortège de la noce qui descendait vers la grange où serait servi le repas. Les invités du château nous avaient laissés au sortir de la messe. Même Paul-Gilbert et Ursule, lui, en uniforme bleu de la marine royale, elle, éclatante dans sa robe bouton d'or, prièrent qu'on les excusât de ne point participer au repas.

A peine si je me rendais compte que je venais d'être mariée !

A l'église, le fond était garni d'un brouhaha de patois. Les cierges incendiaient par dizaines les costumes d'apparat. A genoux, mes jambes continuaient à trembler. Je n'entendais rien, qu'un salmigondis de latin. On prit ma main, on me passa l'anneau au doigt. Cela fit un peu mal. Mais Georges me sourit tendrement.

Une tiédeur se répandait dans la grange ombreuse, don du ciel inattendu en ce jour de janvier. Au fond, à droite, on apercevait un grand feu jaune par la porte de la buanderie. De ce local transformé en cuisine improvisée, émanait une chaleur douce, entrecoupée d'envols de vieilles affairées qui jabotaient, les bajoues flamboyantes.

Georges siégeait déjà, à l'autre bout de la tablée, en compagnie d'hommes qui avaient maintes choses à lui dire. Le buste droit, en habit grenat, il penchait parfois la tête, emmitouflé jusqu'au menton d'une cravate de dentelle. Il souriait, à l'écoute de tous, les yeux se dirigeant en tous sens, répondant posément à chacun. Une perle piquait sa cravate avec élégance. Ses regards se tournaient souvent vers moi.

Une jeune paysanne prit un coin de ma robe.

« Qu'est ben gente ! »[1]

D'autres femmes s'approchèrent. On me détailla, me complimenta. La robe était un cadeau de Madame de Laval qui avait tenu à m'offrir sa propre mise de mariage.

« Vous ne vous faites point enlever. Mais, tout de même, vous vous *faites* épouser ! »

L'arrivée attendue du Comte et de la Comtesse donna le signal. On s'attabla.

---

1. *Qu'est ben gente !* : Comme elle est jolie !

Deux hommes furent mis en demeure de découper deux jambons jetés sur les nappes. Les femmes démaillotaient d'énormes pâtés chauds qu'on avait envoyé quérir chez le fournier. Une montagne de boudin aux noix fumant s'amoncelait au milieu de chaque table, apportée en odorants serpentins grillés dans la buanderie. Debout, des femmes coinçaient des tourtes de pain blanc entre leurs seins et commençaient à tailler en gestes amples.

Il y eut des cris, comme à une battue. Les hommes venaient d'apercevoir deux imposants fûts de sept pots. En perce dans un coin sombre, on les avait placés à l'écart de la buanderie afin que le vin restât frais. Les premiers qui goûtèrent s'écrièrent :

« Tcheu ! que c'est de bon vi, quo ! »[2]

On emplit de grands pichets de terre cuite et des chopines de verre noir. Un bourgeois mirait son verre devant les chandelles. La couleur de noix écrasée le fit sourire. Il trempa les lèvres, hocha la tête :

« Voilà de bon Neyrou. Pas de la piquette[3] ! »

Le vin coulait à grand jets noirs, de pichets et chopines en gobelets de bois, timbales d'étain ou d'argent. Les paysans avaient bu de la piquette jusques en ce temps-là. Maintenant que le vin ne se vendait point, on eût bien été bête de se priver ! A quelque chose malheur est bon ! Déjà déliées à la vue du breuvage, les langues allaient bon train. C'était un brouhaha de patois. Sauf dans les entours du Comte où l'on affectait de parler français.

J'acceptai que l'on rougît mon eau. Ce n'était pas la première fois. Car certains jours de fête, mon père saisissait l'occasion de me faire goûter les vins du pays : un nouveau Brunet, le dernier Damas. Je trempais les lèvres.

Quelques places plus loin, père jouait distraitement avec son couteau, le nez dans son assiette. Il avait troqué la

---

2. *Tcheu ! que c'est de bon vi, quo !* : Cul ! c'est du bon vin, ceci ! (Tcheu = cul, remplace Dieu ! ; vi = vin, signifie également : phallus...).

3. *Neyrou* : vin noir de qualité, alors courant en Auvergne ; *piquette* : vin de pressoir, petit vin obtenu en jetant de l'eau sur le marc.

cuirasse fauve contre un justaucorps vert Véronèse qui lui seyait à peu près ainsi qu'un pourpoint à un loup. Ce loup à la mine sombre tourna sa gueule vers moi. Il sourit, des éclairs d'or dans le regard.

On attaqua la cochonnaille. Je mangeai un peu de boudin. Le bouillon de poule sentait bon. J'avalai mon assiettée pleine de pain trempé. Sitôt relevée la soupe, on servit une « oule » lardée et flanquée de choux, en alignant un escadron de poules fumantes. Je n'avais déjà plus faim. Des hommes se jetèrent sur les poules arrachant des membres dont les chairs se déchiraient en projetant des giclées de jus. On me servit. Dans l'écuelle, la graisse jaune se figeait autour du lambeau de viande et du chou écrasé. Mon estomac se rebiffa d'un hoquet. Je me dressai. Cela tournait.

Georges avait compris. Il se penchait sur mon épaule dans l'odeur de verveine :

« Nous n'avons pas encore salué les cousins de Lyon. Venez ! » dit-il en me donnant la main.

Cet intermède fort à propos fut l'occasion d'un verre de vin obligatoire avec les cousins. A mon étonnement, je me sentis mieux. Il fallait affronter la suite du repas. Ce fut d'abord le saumon de l'Allier en sauce au vin cuit. Je goûtai. Il fut suivi des pieds de cochon à l'oignon. J'y touchai un peu. Vinrent ensuite quatre marcassins aux châtaignes. Puis, on apporta le lard avec des pommes de terre. C'était mets fort prisé pour sa rareté. Mais la mutinerie se ralluma en mon estomac. Il se soulevait. Je me levais.

Mon père me tendit un gobelet :

« Bois Marie, cela ira mieux. »

Vinrent les fromages, gaperons à l'ail, quartiers de tomme du Cantal, petites tommes du haut pays, fraîches venues de la montagne ou affinées dans les caves. Là-dessus, l'assemblée se remit à avaler du vin à pleins pichets. Les femmes ne rougissaient plus leur eau, elles mouillaient à peine leur vin. Un homme alla vomir au fond de la grange.

Soudain, une gigue tinta. Le Comte et la Comtesse honorèrent l'assemblée en ouvrant le bal. Les « pompes[4] » arrivaient dans un désordre consommé, au milieu de danseurs titubants et de chanteurs qui avaient tout de crécelles et de portes mal graissées. Deux hommes, juchés sur un banc, s'invectivaient. Un autre plongea sa main dans un ample corsage, déclenchant le rire de celle qu'il assaillait.

Les vieilles de la buanderie se retirèrent en compagnie de la mère Couthon. Alors, les musiciens attaquèrent une bourrée endiablée. Des hommes se lancèrent à danser sauvagement. Certains ouvraient leur chemise, d'autres l'ôtaient. Des femmes dansaient aussi, follement. L'une d'elle se dépoitrailla, arborant d'étonnantes énormités de mamelles molles. Des miches de pain cru plantées de grosses châtaignes ! J'avais à nouveau la nausée.

La Comtesse s'approcha de moi :

« Venez mon enfant. Ce ne sera plus une fête pour vous. Les coutumes de nos vignerons sont si païennes !

— Mais... Georges ?

— Ne vous en inquiétez point, c'est lui qui vient de me prier de venir vous quérir. Il est avec le Comte dans la voiture. »

*

Le cabriolet du Comte nous déposa au bout de la ruelle, à deux pas de la maison Couthon. Il faisait déjà nuit froide. Georges me donna le bras. Son pas était peu marin sur les galets ronds. Mais j'avais toute ma lucidité. Car un coulis d'air froid nous griffait le visage. Nous nous soutenions alternativement. Tantôt mes petits talons glissaient sur un galet et il me tenait ferme, l'allure assurée du chevalier. Tantôt il trébuchait et je devais m'arc-bouter sous sa lourde épaule.

---

4. *Pompe* : gâteau à croûte de pâte sur des tranches de fruits.

La porte cochère poussée, nous nous glissâmes dans une cour de plomb glacé. Un amoncellement de cerceaux et de « douelles[5] » de tonneau occupait un coin de la cour. La porte d'entrée était située à l'étage, au-dessus du cuvage, au bout d'un escalier de pierre qui montait en biais. Nous parvînmes non sans peine devant cette porte, quand Georges me barra soudain le passage les bras en croix :

« Attends... a... attendez... faut que je vous... introduise. »

Passant le bras sous mes genoux, il ahana en me soulevant, tangua un peu, donna un pied dans la porte qui s'ouvrit violemment, plongea. C'est ainsi que je chavirai pour la première fois dans les bras d'un homme ! Car tout bascula, se secoua, s'immobilisa.

J'étais assise sur mon époux. Lui-même avait chu à terre. Je partis d'un rire nerveux. Il s'échappait malgré moi et se répercutait en écho dans l'obscurité. Le rire de Georges s'y ajouta, cascadant.

« Quoi ! » rugit-on.

C'était la mère qui nous lorgnait, encadrée dans la lueur jaune d'une embrasure de porte.

« Mon pauvre Georges, comme il est fait ! Va-t'en à la pompe, que ça te fera pas du mal !

— C'est bon, c'est bon, j'y vais, dit Georges en m'aidant à me relever. Maudite tête ! ce qu'elle peut peser ! La mère, fais-moi du café !

— Du café !

— Mais oui, j'en ai rapporté ! Et bien fort, s'il te plaît ! » ajouta-t-il en repassant la porte pour descendre à la pompe.

« Du café, hochait-elle la tête. Au prix que c'est ! Vaudrait aussi bien de l'or liquide ! »

L'obscurité commençait à se laisser percer par le

5. *Douelle* (douve) : planche courbe servant à former le corps d'une futaille.

"chaleil"[6]. Devant la cheminée, des jambons pendaient aux poutres noires, ainsi que chez ma mère. Un vaisselier sombre présentait quelques assiettes, dressées et ternes. Un lit était clos de rideaux noirâtres.

Soudain, la vieille se souvint de moi :

« Assieds-toi. Tu veux une cerise ? »

Elle m'en servit une demi-douzaine sous une bolée d'eau de vie ambrée.

« Et dire qu'y sont encore en train de se coufler à nos dépens !

— La dépense est donc si grosse ?

— Une petite fortune, "drole" ! Sans compter que cette fortune, l'avons même pas ! »

Elle s'assit en fermant les bras, une main au ventre, sous un coude, l'autre sur la bouche. A l'avenir, il faudrait être regardante à la dépense. Elle pouvait bien me le dire, des cinquante-huit livres et quinze sols qu'on devait payer en taille et capitation, l'on n'avait pas le moindre sou vaillant. Pour le mariage, on avait emprunté à des parents, commerçants à Clermont. Il faudrait bien rendre, un jour ou l'autre. Mais comment ? Le vin des Couthon ne se vendait pas. Pas davantage celui de la pratique, laquelle ne pouvait payer le notaire. Quant au père, le vieux Joseph, il n'était plus bon à rien, qu'à manger et surtout boire !

« Nous fais pas tout de suite un petit, surtout ! Avec quoi il mangerait ? »

Je sursautai. Un petit ! Comment ? C'était vrai, je n'y avais point songé. Un enfant ! Mon cœur avait pris le grand trot. Je tournai la tête vers la porte. Georges n'allait-il pas revenir ?

*

Georges s'était laissé tomber sur la courtepointe, prenant son front à deux mains. Il ouvrit ses mains, sourit :

---

6. *Chaleil* : lampe à huile de noix ou de chènevis.

« Souffrez-vous ?

— Assez peu. Ne vous en souciez point.

— Vous... peut-être avez-vous bu un peu plus qu'il ne l'eût fallu ?

— Les femmes ont toujours des avis sur ce qu'il convient de ne pas boire ou de ne pas manger !... Comment eussé-je pu être en accord avec la noce en notre vignoble, sinon en buvant du vin ?

— J'avais cru, Monsieur mon époux, qu'il s'agissait avant tout d'être en accord avec votre épouse ! Suis-je donc si peu de chose pour vous ? »

Georges se dressa ainsi qu'un diable jaillissant de sa boîte. Comment pouvais-je prononcer de telles paroles ? Il me prit les mains, posa ses lèvres sur mes doigts. Il releva la dentelle sur mon poignet où il posa à nouveau ses lèvres. Là, ce n'était plus un baiser de politesse. Ses lèvres palpitaient comme des animaux. Mon poignet fut chair de poule. Je frémis, retirai vivement mon bras.

Il prit mes épaules dans ses mains, planta en moi son regard :

« Mes baisers vous indisposeraient-ils ?

— Que non point, Monsieur ! C'est... que je n'ai pas appris. »

Il attira ma tête sur son épaule, me tenant avec douceur. Le parfum de verveine...

« N'ayez-crainte, dit-il en me baisant le front, je vous aime comme un amant mais vous respecte comme un père, ainsi qu'on fait à Julie. »

Julie ? Je m'enquis de cette personne que je ne connaissais point. Il parla de certain livre intitulé *la Nouvelle Héloïse* de Jean-Jacques.

« Oui, Georges, soyez pour moi un père. J'ai encore tant à apprendre.

— Apprenez tout d'abord que l'amour n'est pas quelque chose que l'on puisse éviter, Marie. Et même, le pourrait-on, il ne le faudrait pas.

Je vois, mon amie, par la trempe de nos âmes et par

le tour commun de nos goûts que l'amour sera la grande affaire de notre vie.

Vous entendrez cela plus tard, sans doute. »

Les yeux soudés aux miens, il proférait à mi-voix.

« Mais non, je l'entends déjà fort bien. Il faut aimer, c'est l'évidence.

— Il faut aimer, oui, Marie, il le faut. Car sans cela la vie est un désert où les nuits sont glaciales, seul sous les étoiles.

— Quelle mélancolie ! »

Depuis le premier jour, je l'avais compris. J'en étais sûre, ce regard triste abritait quelque ancienne douleur. Monsieur Couthon était-il encore habité par le malheur ? Telle était notre proximité à ce moment, qu'il me répondit sur ce point, sans même avoir été questionné ! C'était comme s'il lisait dans ma pensée !

« Mais c'est un beau désert où se déroulent de passionnantes aventures ! Pour cela, il faut que l'amour d'une personne puisse y être votre miroir teintant.

— Miroir teintant ? Je... expliquez-moi, je vous prie.

— Quand on aime, tout dans la nature porte les couleurs et le parfum de l'aimé. Notre amour est comme un miroir qui teinte, qui donne de la saveur, qui parfume tout ce qui nous entoure.

— J'entends. Je sens comme on doit éprouver cela. »

Georges se répandait en éloges sur la vie, pourvu qu'elle ne fût pas végétative, qu'elle fût ainsi transfigurée par l'amour, sur la belle aventure qu'elle était, sur la piquante partie qu'on y jouait. Il parcourait la chambre en long et en large, tel un philosophe péripatéticien. J'étais sa petite écolière et lui mon grand maître.

« Si l'on suit votre raisonnement, l'amour étant une teinte, un parfum, une nuance, il s'ensuit que c'est une chose de l'esprit et non point du corps ? » demandai-je.

Mon maître de philosophie répliqua d'un argument inattendu et très efficace. Il s'approcha, écarta mon fichu de tulle, posa ses lèvres chaudes, brûlantes, sur ma gorge. Je fus parcourue d'un frémissement. Je fermai les yeux. Ses lèvres ne cessaient de brûler ma peau.

Soudain je sautai sur mon séant et quittai le lit.

Un miroir au coin cassé était accroché de guingois sur le mur. J'avais fait orner ma coiffure de roses de soie blanche. Elles étoilaient la pénombre de cette chambre. Ma jupe de brocart noir, celle offerte par Sabine de Laval, brillait dans la crasse du miroir, soulignée par la surbroderie d'une chaînette d'or. J'avais fait ôter les rangs de perles qui ornaient jadis le bas de la jupe. Celle-ci, d'un grand ovale, balançait élégamment son ampleur sur les côtés. Afin de moderniser, j'avais eu l'idée de simples guirlandes de feuilles de taffetas vert fixées par des roses de soie blanche. Au-dessus, l'étroit caraco de soie rose, luisant d'être parfilé et lacé d'argent, bâillait encore sur ma gorge fragile.

Je reculai contre le mur en refermant le caraco et en tirant sur les pans de mon fichu. Puis, je marchai à la fenêtre.

Les vitres grasses laissaient à peine filtrer une lueur bleutée. Je frottai un coin à l'aide de mon mouchoir. La plaine apparut, exceptionnellement claire, marquetée de champs de fer et d'étain, piquée de plumes argentées de saules. Je pris le temps de contempler longuement le spectacle. Les collines noires, au loin, étaient surmontées d'un semis d'étoiles dans la nuit claire, fleurs de pissenlit frissonnantes sur une mare d'argent.

Comme la campagne était belle, cette nuit ! S'agissait-il de ces teintes de l'amour ? Je me retournai vers Georges. Il avait les yeux clos. J'avançai, tendis une main, relevai très doucement une boucle châtaigne sur son front. Oui ! j'étais décidée. J'allais mettre mon amour-propre de côté, avouer mon ignorance, me soumettre à tout ce qu'il exigerait.

Je l'observai longtemps. Il dormai le visage immobile, le front orné de mèches châtaigne et traversé de deux traits sinueux, les joues rondes sablées de barbe renaissante. Puis, je regardai l'argent et l'étain du dehors entrer, faire miroiter les parois de la chambre. Enfin, tout finit par virer au blanc légèrement verdi. C'était le point du jour.

*

A la fin du mois de janvier, nous partîmes pour Clermont dans le cabriolet de la Comtesse, tandis que le char à bœuf que mon père avait fait nettoyer, charriait derrière nous quelques meubles destinés à nous établir.

Jamais je n'oublierai cette arrivée ! Le cabriolet vira net dans une venelle et s'arrêta bientôt. Nous descendîmes dans une boue gluante et puante. Des murs obscurs nous emprisonnaient de tous côtés. C'était à l'angle de la rue des Ayses et de la rue du For-Rosan. Une lueur blafarde coulait entre les murs aveugles du collège et les hautes maisons au camaïeu de pierres grises et noires. La rue qui n'avait pas plus de cinq pieds de large, serpentait, profondément encaissée. Le ciel se réduisait à une mince bande gris clair qui traçait ses méandres au zénith. Bien ! on serait à l'abri des bourrasques !

Il fallut monter à tâtons dans l'escalier, sombre comme je n'eusse jamais imaginé. L'appartement parut plus clair, bien que dénudé. On descendait deux marches pour entrer dans une cuisine assez vaste. Pour tout mobilier l'occupait une cheminée de pierre, fort ordinaire. Une petite chambre basse, à peine plus grande qu'une alcôve, s'ouvrait sans porte. Les murs présentaient un blanc douteux. Le plafond de bois étalait son noir de fumée. Le parquet gondolait, grossier, noueux et sale.

Georges, me prenant la main, leva les yeux au ciel : « Séjour divin, n'est-ce pas ?

— Avec votre présence, répondis-je, et avec un peu de soin, il sera divin !

— Je n'en attendais pas moins d'une divine épouse. »

Huit jours durant, Maria m'aida, lavant, cirant, cousant, à transformer le taudis en maison. Le surlendemain, elle arrivait en pinçant le nez :

« Ça sent à cramé, "drole" mienne !

C'était la potée ! Celle-ci était en train de se muer magiquement en charbon. En trois coups de cuillère à pot, Maria improvisa un nouveau bouillon. Ce dont je ne manquai pas d'être ravie. Car Georges n'allait pas tarder et je n'eusse point juré qu'il fût absolument émerveillé par le phénomène alchimique que je venais de découvrir.

Quoique encore jeune, Maria était au service de ma mère depuis des années. Elle avait accepté sans balancer, lorsque mon père lui avait proposer de me suivre à Clermont. Sa sœur pouvait la coucher rue des Chaussetiers. Elle déclara être ravie d'aller faire la dame à la ville.

Le joyau de la maison était le lit nuptial « à la duchesse ». Mais il manquait encore des rideaux. Ses tissus étant fort anciens et en méchant état, Madame de Laval avait fait retapisser les dosserets de taffetas piqué vert. Restait à le couvir d'un ciel et à l'orner de pentes, avec des « bonnes grâces ». Maria et moi les confectionnâmes d'un satin brodé, également vert, apporté du château. Alors, je demandai à Maria son opinion au sujet des rideaux. Etait-ce vraiment utile ? La chambre était si petite !

« Tu veux rire ! Les rideaux, c'est le principal. Quand on dort avec un homme, c'est qu'on est bien toujours un peu la fesse à l'air ! Mais, ma pauvre petite, les nuits de lune, à l'hiver, c'est que la mort glacée qui te tombe du ciel, là où que justement il te faut avoir chaud ! »

Enfin, muni de rideaux de velours vert d'eau, de la teinte des pentes, lesquels étaient doublés d'une épaisse toile de laine grise qui me venait des coffres du château, on apercevait le lit trônant dans l'ouverture de la petite chambre. Ainsi apprêté, il avait grande allure. La jolie commode en bois de rose, donnée par Marie d'Orcet, ne déparait pas.

Restée seule, j'étais assise sur un banc pour contempler le résultat. C'était la maison la plus délicate et la plus luxueuse que j'eusse pu rêver ! Je mis un peu d'ordre à ma toilette, hésitai à choisir le parfum, touchant successivement chaque flacon. L'un d'eux, minuscule, au bouchon presque aussi gros que le corps, présentait un liquide incolore. C'était de l'eau d'orange que m'avait laissée Ursule. J'en posai quelques gouttes sur ma gorge et j'attendis Georges, non sans jeter de fréquents coups d'œil à la potée qui chuintait dans la cheminée.

Enfin, il arriva. De retour d'une de ses interminables journées au Palais ou Dieu sait où, il s'écria :

« Diantre, Marie, nous voici à peine installés et vous avez déjà fait de cette mansarde un petit paradis !... Que dis-je ? un Olympe ! »

*

Jupiter rentrait au paradis chaque soir, à la nuit tombée. Je me précipitais pour retirer « l'oule » de la cheminée. Parfois, il rentrait si tard que je sommeillais déjà sur la table, devant le feu couvant. Il disait alors de ne me point déranger, qu'il avait déjà soupé. Je le rejoignais dans le lit, après un peu de toilette, écartant précautionneusement les rideaux, soulevant à peine un petit coin des couvertures afin de ne le point réveiller.

Un soir, je me décidai à parler. Je lui confiai mon désir de converser avec lui, de le voir plus longuement. Il acheva lentement sa bouchée, but précautionneusement son gobelet, tamponna sa bouche d'un coin de serviette avec la plus grande application.

Enfin, il dit : « Je sais. Je sais que, dans ce siècle, une femme ne doit plus être seulement au service de l'époux. Je vous en rends bien volontiers les armes. D'ailleurs, ajouta-t-il en souriant, à en juger d'après les scènes de certaines personnes, ce serait plutôt à l'époux de servir la femme ! »

C'était allusion aux familles qui venaient de Paris. Certaines se trouvaient en exil, en délicatesse avec un ministre du roi. Des épouses de parlementaires répandaient le scandale et l'émotion dans la société clermontoise, tant par leur mode étrange que par leur conduite effrénée. Elles faisaient bondir les cœurs des hommes, trotter leurs jambes et galoper la médisance des femmes. Ce qui n'eût guère étonné la Cour, bouleversait un quarteron recroquevillé de notre noblesse, dressait la portion frileuse de notre bourgeoisie. Pour celle-ci, les Parisiennes n'étaient ni plus ni moins que catins de haut lignage ! Sans approuver les tartuffes, Georges notait qu'elles se comportaient non seulement librement, mais encore en véritable reines.

« Quel gain, au bout du compte, si la liberté de la femme asservit l'homme ? »

Quand on écoutait Georges, on ne pouvait qu'être d'accord avec lui. Il me sourit, réprima un bâillement non sans peine. Il se faisait tard. Une fois de plus, la discussion allait être close.

J'osai un sursaut :

« Georges, je ne voulais point tant parler de ceci.

— Et de quoi-donc je vous prie ?

— Je... c'est que... les journées sont bien longues, voyez-vous. Je désirerais m'instruire et... »

Étais-je sotte ! Point n'était la peine de passer par Lyon pour se rendre à Issoire ! Il fallait se lancer. Je crois que les paroles se lancèrent d'elles-mêmes.

« Mon ami, oserais-je supplier votre magnanimité de bien vouloir m'accorder audience suffisamment longue que vous ayez le temps de parfaire mon instruction d'épouse ? »

Georges commença de rire, puis cessa subitement. Il détourna la tête ainsi que parlant à un compère :

«En voici une supplique... » dit-il à mi-voix.

Puis, s'adressant bien à moi :

« A l'avenir, je ferai en sorte d'être de retour avant la nuit tombée. Pour commencer, je vous convie demain à fêter notre installation, ce que nous eussions déjà dû faire ! Je commanderai bonne chère à l'auberge du *Royal Écu*, voulez-vous ? »

Le lendemain, sur les cinq heures de l'après-dîner, Georges était à la porte. Il tenait dans ses bras une boîte peinte de fleurs rouges et bleues sur fond noir. Impatiente, je le saluai à peine et tirai sur le ruban blanc qui fermait cette boîte brillantée.

« Ah, merci ! je suis si contente ! »

C'étaient des pâtes d'abricot. Du miel vinaigré qui chatouillait la gorge ! Un flot de salive embaumé !

Nous nous attablâmes face à face. Georges se leva pour déboucher une bouteille de verre blanc, pleine d'un vin jaune d'oignon. Il passa le goulot sous sa narine en fermant les yeux, versa quelques gouttes dans son verre, me servit :

« Un petit Chany, dit-il avec joie. Sur les quenelles de saumon, vous m'en direz votre avis. L'accord des mets et des vins est une des grandes disciplines du savoir. »

Je trempai les lèvres dans un bouquet fleuri. Ce fut d'abord si fin ! puis, piquant à la langue, enfin, acide au palais. Je ne sais si j'aimais vraiment ce vin de chez nous, dont j'entendais bien souvent vanter les qualités. Mais j'aimais tant que Georges me l'offrît ! Ainsi, la fonction des hommes aimés n'était pas seulement d'éduquer l'entendement. Ils avaient également pour mission d'éduquer les sens.

Une couple de grives en sauce au poivre vert des îles me surprenait par sa teinte saumonée. Quand Georges servit un autre vin.

« Goûtez ! C'est là vin tout nouveau dont le cépage nous vient de Lyon. On le nomme : "Gamay". »

D'une bouteille de verre noir, un jus coulait, vermeil comme la cerise mûre.

Mon philosophe prit l'air dévôt, agita le liquide en sa bouche. J'étais bien surprise de cette nouvelle dévotion. Moi qui ne pouvais plus m'agenouiller sans envie de rire, surtout devant le trumeau du château représentant un grand christ qui faisait peur !

« Goûtez-vous ce parfum de violette ? »

Après les fromages, Georges servit du muscat. Cette fois, je ne doutai plus d'aimer le vin. J'étais dans un pays de miel et d'acacias, de plein soleil et de sommeil. Mon époux me parlait au fond d'une suavité moelleuse. Je crois qu'il parla du royaume. Les chandelles frémissaient. Le feu baissait. Le châle de gaze ne garantissait plus mes épaules du froid. Je me levai pour mettre du bois dans l'âtre, tisonner, souffler. Les flammes claquèrent comme un drapeau au vent.

Accroupie devant le feu, je dis :

« Parlez-moi de vous-même, de l'avocat des pauvres. »

Georges servit encore du vin. Puis il parla d'une voix calme. L'avocat des pauvres était submergé de requêtes à présenter. On se bousculait, s'invectivait dans le salon d'attente du cabinet sis Cour des Aides. Monsieur Couthon défendait l'opprimé, sans s'occuper si lui-même serait payé de sa peine. Parfois, il ne l'était point. Souvent, il l'était de quelques œufs, d'une volaille qu'il rapportait le soir.

« Nos petits paysans n'ont souvent d'autre richesse que leurs bras et d'autre patrimoine que leur bêche, volés qu'ils sont par les charges injustes.

— Croyez-vous que l'on se donne la peine de voler les pauvres ?

— Ce sont eux que l'on vole le plus ! Ils doivent payer impôt non seulement au roi et au seigneur, mais encore au clergé. »

Il parla de la « taille », des « dixièmes », des « vingtièmes », de la « gabelle », de la « corvée » qui venait d'être transformée en impôt...

« Êtes-vous certain que les paysans doivent payer au seigneur ?

— La plupart de nos affaires concernent précisément le règlement du cens et du champart[7] au seigneur. S'y

7. *Cens et champart* : impôts seigneuriaux (les précédemment cités sont des impôts royaux).

ajoutent corvées et charrois. Sans compter les dettes en gélines, huile, vaisselle de bois, etc. »

Ces énumérations de charges sur les paysans me laissèrent songeuse. Un silence s'allongea.

Soudain, je tressaillis. Les mains de Georges à ma nuque ! Ces mains m'enserrèrent, me hissèrent. Lorsque je fus levée, il prit mes épaules, me tourna, m'embrassa de toute la longueur de ses bras enroulés. Il déposa délicatement les tous petits bouquets de ses lèvres sur mon front, ma tempe, ma joue. Tout à coup, ce fut sur ma bouche. Une gerbe de fleurs s'envola, luxuriante. Je n'avais plus ni jambe ni tête. Plus rien que mes lèvres, que les siennes, satinées, charnues. Nos lèvres !

Il demanda :

« Où en étais-je ?

— Vous... vous disiez... le roi pressure le peuple...

— Sans doute.

— Soit. Mais certains seigneurs sont libéraux, n'est-ce pas ? Je suis sûre que Monsieur d'Orcet...

— Monsieur d'Orcet n'a, que je sache, point renoncé à sa condition de seigneur, dit Georges en lissant une mèche sur ma tempe.

— Et l'Église, ne fait-elle rien pour les pauvres ?

— C'est elle qui achève la victime ! A la récolte, le « dixmier » envoie les agents percevoir la dîme en nature. J'ai souvent vu nos vignerons l'œil inquiet vers le ciel, se hâter de rentrer la part de vendange des Pères au cuvage du couvent. Car ce n'est qu'ensuite qu'il peuvent rentrer leur propre vendange ! »

Georges déambulait, parlant en de grands gestes, le visage échauffé.

« Vous aimez donc les pauvres comme Jésus les aimait ! Êtes-vous pieux ? »

Georges continua de marcher en silence. Puis, il déclara sentencieusement qu'il se croyait de grande piété envers la nature et les hommes.

« Mais qu'on ne me veuille point faire révérer le Clergé

qui vit aux dépens du peuple ! Les petits paysans meurent de disette et de fièvre en notre Limagne. Que font les prêtres ? Ils donnent des prières et perçoivent la dîme. »

Georges caressait ma chevelure, à genoux dans mon dos. Assise sur le tapis de Perse, la cheminée flambait mes joues. Mon époux flattait ma nuque, mignotait mes oreilles, lissait mes cheveux dénoués de ses mains rougies au feu. J'eusse souhaité que cela ne cessât jamais.

Je m'étendis en arrière, le dos arqué sur ses genoux :

« Ne me parlerez-vous enfin de vous ?

— Mais... je ne fais rien d'autre.

— Point. Vous parlez du Palais, de l'Hôtel de ville, de la Cour... mais pas de vous.

— Je ne cesse de vous dire mes pensées !

— Celles de Couthon, oui. Mais qu'en est-il de celles de Georges ?

— Celles de Georges ?

— Je ne connais que l'avocat. Parlez-moi de l'époux, je vous en prie.

— Que désirez-vous savoir ?

— Tout. »

L'époux en question rit de bon cœur.

« Eh bien, répondit-il, cela menacerait d'être long !

— Vous avez tant appris ! Est-ce donc au collège ? »

Il avait d'abord étudié avec un prêtre. Puis, cela avait été la vie monacale au collège de Clermont. Ensuite l'université de Paris. Là, point de vie monacale ! Il fit cette remarque avec discrétion, comme si elle s'adressait à lui-même. Ensuite, un stage de clerc chez le procureur Fresnay à Riom.

Onze heures de la nuit sonnèrent à Saint-Genès, fortement, comme si les cloches étaient sur la fenêtre.

« Déjà ! dit Georges en se levant. Je ne vous ferai point veiller davantage, m'amie. »

J'entendis cette nuit-là sonner toutes les heures, heure par heure, coup par coup, d'abord la cloche grêle et ses petits semis, ensuite la cloche basse et ses longs vibrements.

Le lendemain, j'avais prié Georges de rentrer de bonne heure. Sitôt achevé le dîner, je le pris par la main, le conduisis devant le feu et lui donnai mes lèvres. Il m'embrassa avec réserve. J'enlaçai sa taille de mes bras.

« Permettez que je me déshabille devant le feu. Dans la chambre, il y a de quoi prendre la mort. »

Ma phrase n'était pas achevée que je commençai à ôter mon châle et m'accroupis sur le tapis. Georges, ne soufflant mot, se mit à marcher de long en large. Comme il continuait de marcher, je commençai de déboutonner mon caraco bleu de nuit. Son pas cessa. Je déboutonnai encore. Ma gorge écartait d'elle-même les bords du tissu. Il y eut deux pas légers derrière moi et soudain ses mains sur les miennes, sur mon cou, sur ma gorge, chaudes, fébriles, qui ne savaient, déboutonner ou bien froisser.

Mon époux parvint à extirper le dernier bouton, écarta doucement les pans du caraco, fit glisser les manches aux épaules. Il tira sur mon chemisier de batiste à jours, le dégagea de la jupe, cerna ma taille nue. Ses mains ! Elles remontaient le long de mes flancs, ardentes. Aux aisselles, je frisonnai. Puis mon épaule brûla sous ses lèvres. Ses lèvres ! Je fus prise de mollesse des jambes.

Il me servit un doigt de vin. Au-dessus de ma main tremblante, le vin d'Orcet tremblait aussi dans le verre. De même, sa voix était toute tremblante. Il déclara qu'il se faisait tard, que les couleurs m'étaient revenues, que je me pouvais coucher.

« Georges, je veux être votre femme. »

IV

MA BONNE
(printemps-automne 1787)

Georges était entré en cheval fou :

« Nous y sommes m'amie, nous y sommes ! Les notables ont repoussé les propositions de Brienne[1] !

— Ah ? Et vous en paraissez fort transporté.

— L'émotion est grande chez nos amis. Au reste, vous pourrez en juger vous-même. Nous sommes conviés ce soir chez mon collègue de Biauzat. Son épouse tient beaucoup à vous connaître. Habillez-vous sans tarder, voulez-vous ? »

La maison de Monsieur Gaultier de Biauzat se trouvait presque au bout de la rue du Toureau. On devinait ses fenêtres qui se découpaient en petits rectangles jaune d'or, dans les dernières lueurs vertes du jour qui ruisselait des puys. A gauche tout près de nous, les pierres noircies de la halle au blé phosphoraient encore. Mais, montait déjà

1. Loménie de Brienne, chef du Conseil royal des Finances, ne proposa que la reprise adoucie du projet d'impôt territorial et rencontra l'opposition « de gauche » et « de droite » des notables.

du Marché au bois le flux de la nuit glaciale investissant la ville par l'Orient.

Quelle boue ! D'une main, je ramenai les pans de ma mante. Je tenais ma jupe de l'autre. Georges marchait devant. Son pas sonnait dans le silence. J'avais peine à le suivre, en trottant avec mes escarpins, tâchant de poser les pieds entre les flaques, sur de grosses pierres disposées le long des façades. La grande cape noire de mon époux volait sous son chapeau, également noir. Dans la nuit qui montait, je le voyais à peine. D'étranges bruits régnaient derrière nous. Des sortes de feulements. Je courai afin de rattraper Georges, le cœur emballé.

Soudain, Dieu soit loué ! Une pluie de lumière nous éclaboussait. C'était un nouveau réverbère à trois lampes que le préposé, perché sur son échelle, venait d'allumer. Cela éclaira comme en plein jour, presque jusqu'aux maisons d'en face. Elles étaient pourtant fort éloignées, en cette rue des plus larges de la ville. La façade de la maison où nous étions attendus luisait avec éclat. On disait Monsieur de Biauzat esprit fort éclairé. Rien d'étonnant avec ce réverbère !

Un domestique en livrée nous conduisit à l'étage. Il nous annonça d'une voix de stentor et nous introduisit. C'était une pièce rose, tiède, où grasseyaient des voix.

Une jeune femme s'avançait vers nous, bras tendus, en robe anglaise boutonnée jusqu'au cou, d'un tissu rose ressemblant au fond de la tapisserie de la pièce.

« Bonsoir, Monsieur Couthon. Enfin, vous vous décidez à m'amener votre épouse ! »

Madame de Biauzat avait les cheveux simplement ramassés dans un diadème de taffetas blanc, piqué du rose discret de fleurs de pêcher.

Après les présentations où j'avais vu tout le monde et personne, la maîtresse de maison fit passer à table et servir le bouillon. Elle m'avait assise à son côté. Mais, avalant son assiettée sans coup férir, elle se leva aussitôt. La plupart des invités commençaient à peine à boire la soupe ou à tailler des tranches de pain. Je n'avais pas encore touché à ma cuillère.

Après le saumon, on put goûter le pâté de sanglier que Claudine faisait elle-même. Les invités commençaient à s'échauffer. A côté des robins, des manufacturiers, des banquiers en habit, il y avait des marchands. Ceux-ci avaient laissé leur tablier de bure pour passer une blouse propre. Ils jetèrent des éloges criards à la maîtresse de céans. L'on se fût cru au marché ! Claudine de Biauzat prit un air modeste, repartit à sa cuisine.

Georges parlait peu. Il écoutait, acquiesçait, ou semblait dubitatif. Son regard tendu trahissait son extrême attention.

Un homme se leva, proposa de lever le verre à Monsieur de La Fayette. L'oiseau de haut vol, il en était donc question partout ! Ici, malgré la particule de Monsieur de Biauzat, nous n'étions point parmi la noblesse. C'était le gratin du tiers état qui siégeait autour du rôti ! Pourtant, on voulait boire à la santé du Marquis.

« On dit qu'à l'Assemblée des Notables, La Fayette aurait parlé fort élégamment et avec la plus grande des passions.

— Le plus grand des courages, sans doute.

— Certes, parler d'"Assemblée nationale", d'"États généraux", de "doublement du tiers" et de "vote par tête", tenir tels propos aux grands seigneurs, évêques, parlementaires et conseillers d'État, il fallait s'appeler Marie-Joseph Motier, Marquis de La Fayette !

— N'oublions pas que par sa bouche parle la voix de la Liberté déjà recouvrée aux Amériques !

— Oh, dit Monsieur de Biauzat sur un ton de modération, c'est plutôt la simple voix de la Raison.

— La Raison, c'est cela même ! Monsieur de La Fayette est le héraut de la Raison. Dire de telles choses, c'est se faire le chantre de la Raison, laquelle doit habiter toute tête sensée !

— Tout doux ! tout doux ! Nous n'avons point attendu le Marquis pour avoir du bon sens, précisa de Biauzat.

C'est à Jean-Jacques[2] que revient la paternité de l'idée de "souveraineté". N'est-ce pas, Couthon ?

— Sans doute ! C'est bien lui le père des philanthropes[3]. Je ne connais rien de plus lumineux que le *Contrat social*, au sujet de la souveraineté du peuple.

— La souveraineté du peuple ! en voici, une chimère ! s'écria une voix.

— Chimère ? Que non pas ! reprit Georges. C'est une chose qu'on n'aperçoit pas d'apparence, car elle est masquée par le gouvernement des puissants. Mais un tel gouvernement n'est possible qu'autant que le peuple le tolère. Car c'est en fait la volonté du peuple qu'exprime la volonté générale.

— Mais enfin, cette volonté, les entours du roi la détournent pour n'en faire qu'à leur bon vouloir !

— C'est illégitime ! dit de Biauzat. Il faut que s'exprime la volonté générale !

— C'est pourquoi nous demandons les assemblées, ajouta Georges.

— Bravo, Couthon !

— Oui, bravo ! bravo !

— Bravo surtout au Marquis..., répondit songeusement Georges. La réforme couve sans doute du désir de tous. Mais les héros ont l'avantage de charger en tête. Monsieur de La Fayette est homme qui a tout lieu d'être applaudi, bien davantage que quiconque d'entre nous. »

De Biauzat regarda mon époux en pinçant les lèvres. Cet homme déjà fameux n'aimait guère être éclipsé. Il était le libéral le plus en vue à Clermont, mis à part La Fayette, évidemment. Avocat réputé, il possédait la pratique de bon nombre des puissants de la ville. Sa position était incontestée à la tête du parti des robins s'agitant contre le despotisme. Quant aux commerçants et aux artisans, ils

2. Jean-Jacques : les partisans de Rousseau l'appelaient souvent ainsi par son prénom.

3. *Philanthrope* : démocrate.

4. *Robin* : homme de robe, ayant charge de magistrat ou d'officier de justice.

voyaient d'un fort bon œil cet homme qui plaidait pour leurs droits en résistant au pouvoir arbitraire et ils ne se privaient guère de le clamer à tous vents. A la vérité, Jean-François Gaultier de Biauzat avait tout pour être promis à un brillant avenir, malgré son âge déjà avancé. D'ailleurs, la jeunesse et la fraîcheur de Claudine alliées à ses qualités de maîtresse de maison, étaient encore des atouts pour Monsieur de Biauzat.

Elle allait, venait, virevoltait. Elle posait l'argent d'une saucière, de ses mains de jade. Elle souriait, disait un mot aimable, donnait une cuillère, était derrière chacun. Parfois, elle s'envolait vers la cuisine dans le froissement de papillon de sa jupe, laissant derrière elle une idée de bonheur. Lorsqu'elle était à l'office, les convives mangeaient de moins bon cœur et devisaient moins chaudement.

« N'y a-t-il point de vinaigre en la maison d'un vigneron ? »

Comme par enchantement, Claudine apparaissait, chuintement de robe parmi les éclats des hommes, et elle posait le pot de vinaigre devant qui avait parlé.

*

Il semblait si fatigué ! Nous avions quitté la maison de Biauzat, d'heure fort tardive, ainsi qu'avait fait le restant de l'assemblée, Georges s'était couché et mis aussitôt à ronfler. Sans doute à cause du froid ! J'espérais que cela ne lui prît point la poitrine. Les catarrhes sont si traîtres, en ville !

La Feuille hebdomadaire d'Auvergne, que Georges avait laissée sur la table, me fit un clin d'œil.

Une physionomie où brillent des grâces naïves, des yeux sans art qui développent le feu de l'âme... plaisent bien davantage qu'une figure que l'art a embellie.

Claudine l'avait-elle lue ? Quoi qu'il en fût, comme elle connaissait bien tout ceci, Madame de Biauzat ! Le voici, le secret de son charme ! Comment cela ne m'a-t-il point frappé ? le visage sans fard, ni pommade ! C'était là ce qui lui faisait cet air si émouvant, à la fois fragile et humain.

Quelle femme ! Toute la soirée durant, elle avait été d'évidence l'âme et le parfum de la réunion.

Quant à moi, j'avais froid aux pieds. Il était tard. Rester à veiller ne me vaudrait rien de bon. Je gagnai le lit où je retrouvai la chaleur de Georges. Après avoir fait retomber le rideau, pénombre épaisse de l'intérieur du lit à la duchesse, je soufflai le chaleil. Mon époux ne ronflait plus. Mais il respirait avec gêne en faisant siffler l'air.

Mon Dieu, faites que Georges ne soit point malade. Mon époux, comme je voudrais qu'il ne vous arrive que du bien ! Puissé-je un jour être capable de vous aider ainsi que fait Claudine pour Monsieur de Biauzat. Claudine, elle, était la fée de son mari. C'était grâce à elle que de Biauzat convainquait, par elle qu'il séduisait. Sans elle, il n'eût assurément ce soir, pu aussi bien parler déjà en candidat libéral à la présidence de l'assemblée municipale de Clermont. A peine avait-elle suggéré l'idée de sa candidature, d'un sourire délicieux, au moment propice !

On avait apporté la pompe. Lit de pâte, étage de cerises fraîches recouvert de crème et nouveau lit de pâte recelant une couche de cerises confites : le secret de Madame de Biauzat ! Après un concert de félicitations turbulentes, elle découpa dans un silence religieux. On la regardait, l'émotion décuplée par la générosité du vin. C'est alors qu'elle porta l'estocade avec une sûreté tranquille :

« Ce dessert, fait de mes mains, l'est pour remerciement à vous tous d'assurer par votre présence que Monsieur de Biauzat est notre candidat à la présidence. »

*

Le lendemain, comme j'étais retournée visiter Claudine de Biauzat, elle m'offrit un peu de chocolat avec du pain blanc tout frais rapporté du fournier rue Saint-Éloi.

Elle souriait :

« Vous me demandez la recette pour éveiller l'admiration des hommes et la passion d'un époux. Cela ne se trouve point dans un missel, savez-vous ! L'éducation que l'on donne dans les couvents ne convient pas si bien qu'on veut le dire aux jeunes personnes qui doivent vivre dans le monde. Vous l'ignorez-donc ? Ma bonne, il faut faire votre instruction ! »

Je désirais de la passion ? Fort bien. Néammoins, je devais prendre garde. En vérité, on ne devait point attendre le bonheur, du dérèglement des passions. Que pouvait-on trouver dans un abandon au vice, à l'image des libertines ? Celles des bourgeoises qui tâchaient d'imiter les aristocrates libertines, étaient dans l'erreur. A quoi pouvaient-elles espérer parvenir, sinon au déshonneur de leur famille, à la dégénérescence de la Nation, à leur propre chute ? Le goût du risque, en matière de vertu, cela pouvait être divertissement de qui ne manquait de rien.

« Mais pour qui doit gagner sa maigre pitance chaque jour que Dieu fait, c'est là luxe fort dangereux et inutile ! De même, pour une femme parvenue à l'aisance, mais connaissant cependant le prix des sacrifices. A la vérité, le seul et vrai bonheur d'une épouse, croyez-m'en, c'est le dévouement à son homme ! »

Je détournai les yeux. Le ciel jaune baignait les toits roux et verts. Les façades gardaient encore l'ardoise de la nuit.

« Serait-ce que l'on doive se résoudre à vivre sans passion ?

— Qui vous parle de cela ?

— C'est vous-même, à vous bien écouter.

— Vous écoutez, mais vous n'entendez point, ma bonne. Je vous jure qu'il ne faut point médire de la passion.

La passion est nécessaire pour s'épouser comme l'appétit pour se mettre à table : c'est la passion qui donne ce goût, cet enthousiasme par lequel tout ragoûte, tout enchante dans l'objet aimé...

Attendez un instant, voulez-vous ? »

Elle revint, deux livres calés entre les bras et la gorge. C'étaient des volumes reliés de fin cuir jaune, avec des filets noirs. Ils étaient hérissés de signets multicolores en papier découpé ou plié.

« Voici *le Paysan perverti* de Monsieur Restif de La Bretonne. Ma bonne, vous serez bien avisée d'en faire lecture. De même que de celui-ci : *le Ménage parisien*. Cela vaut une bible, vous savez ! On y apprend mille choses de l'amour, bien des choses aussi de la femme. On y voit qu'une femme a deux manières de se satisfaire. La première en suivant ce qui lui plaît davantage, la seconde, de n'être contente que par reflet, c'est-à-dire par la satisfaction qu'elle donnera. »

La satisfaction que je donnerai ! Chaque coup de mon cœur ébranlait ma poitrine. C'était justement ce que je désirais, donner de la satisfaction à Georges !

« Ne m'en direz-vous pas davantage au sujet de la satisfaction de l'homme ?

— Ma bonne, mais je vous ai tout dit, répondit-elle. »

Je secouai la tête :

« Point. Je ne suis pas innocente jusqu'à ignorer que mon époux nourrit certains désirs que je ne connais pas. Vous ne m'avez rien dit des désirs d'un homme et des moyens de les satisfaire. »

Claudine s'était levée, le visage empourpré de confusion :

« Mais... je ne sais... je ne sais, ma bonne. C'est à Georges lui-même, de vous dire ces choses. »

*

Le premier que je reconnus, ce fut l'oiseau de haut vol. Dans le salon de Beaune, c'était la palpitation d'une volée sauvage avant l'essor, militaires et hauts magistrats frémissant des épaulettes et craquetant des médailles. Monsieur de La Fayette était tout de bleu clair vêtu, en culotte et justaucorps de même couleur. L'absence de galon à sa veste, la nudité de ses mains dégantées et celle de son front déjà fort haut pour son âge, donnaient à sa longue silhouette un air légèrement négligent, marqué cependant par l'élégance de sa classe.

Je me tournai vers Georges. A peine entré sur le tapis de haute laine, il était en arrêt, contemplant l'assemblée. Son habit grenat et sa cravate de dentelle qui m'avaient paru élégants au mariage, semblaient ce soir-là couverts de quelque voile terne, au milieu des costumes qui rutilaient et chatoyaient.

Le Vicomte et la Vicomtesse de Beaune nous avaient priés à dîner. C'était une de ces belles soirées de la mi-août, où l'on laissait les fenêtres grandes ouvertes afin de faire pénétrer des provisions de chaleur dans les maisons.

J'avais presque tiré Georges dans les rues, descendant vivement devant lui. Depuis la réception du billet de Monsieur de Beaune, mon époux n'avait cessé de s'inquiéter de cette invitation.

Sitôt quitté le couloir, un courant d'air frais nous prit. On pouvait monter agréablement la rue du For Rosan pavée, en raison de sa déclivité. Au débouché rue de la Treille, un tas d'immondices vous barrait le chemin. On devait l'escalader sur la droite, au coin de la maison, afin de se souiller le moins possible. Pouah ! quel parfum ! Cela laissait courir l'imagination quant au contenu ! Alors, pour marcher rue de la Treille, je troussai la jupe aux genoux afin de ne la point saucer dans les flaques jaunes. Mais, après l'orage de la veille, certaines flaques étaient trop grandes pour que nous puissions les enjamber. Georges me chargea sur son dos en pestant. Crebleu ! il serait propre pour la soirée !

« Tu mets tes pieds dans les "esclos"[5] ou bien dans une chaise. Ou bien alors, c'est pas difficile, tu les mets dans la merde ! » dis-je en parodiant la voix grasse de Maria.

5. *Esclos* : sabots.

Une chaise passa, Georges héla les porteurs. Hélas, la chaise était déjà occupée. La belle dame qu'elle portait, pressait un mouchoir sur son nez. Sans doute était-il baigné d'eau de Chypre ou de Cologne. Il faut dire qu'à cet endroit — on approchait de la place du Terrail — la puanteur se faisait si grande que les habitants accusaient les cureurs de latrines de déposer les matières à même le ruisseau !

Soudain, un monstre ! Il barrait l'accès de la place. Une truie, énorme, qui fouillait les ordures. D'un dandinement pesant, elle se tourna. Les énormes jambes laissèrent place à une gueule dégoulinante d'immondices, à des yeux fous. Heureusement, arriva le train bruyant d'un carrosse. Le monstre disparut par une porte cochère.

Nous touchâmes enfin l'hôtel de Beaune rue des Nobles. Mon époux tint à faire décrotter ses chaussures par le concierge. Une file composée de voitures aux conducteurs criards et de carrosses à armoiries multicolores bouchait la rue. Les chevaux, excités par le temps à l'orage, martelaient le sol. C'était un beau vacarme, pour un grand dîner. A trente pas de l'hôtel de l'intendant de Chazerat, Monsieur de Beaune rassemblait, parmi l'aristocratie, tout ce qui s'opposait au pouvoir absolu des Bourbons.

Joachim Jean-Charles de Montagu, Vicomte de Beaune, Lieutenant général du roi au gouvernement de la Basse-Auvergne, allait présider le surlendemain la nouvelle Assemblée provinciale dans laquelle Georges devait être désigné par ses pairs du tiers état. Le Vicomte avait ce soir convié tous ses partisans et alliés, qui constituaient peu ou prou la fine fleur de la province. Parmi elle, la crème des réactionnaires : aristocrates convaincus de la mollesse de Louis XVI. On comptait aussi des libéraux, dont La Fayette faisait figure de héraut, et les orléanistes, dont le Vicomte et la Vicomtesse. Ceux-ci, désireux d'affermir les ponts avec le parti du tiers état de Monsieur de Biauzat, avaient fort habilement invité Georges qu'ils savaient proche de lui. On n'avait pas oublié les émigrés de Paris, familles de parlementaires freinant les réformes des quatres fers. Voici qui était tout autre chose que les maisons dont mon époux avait l'habitude ! Comment s'habiller ? Comment se tenir ? J'avais aidé Georges à se décider pour son costume de mariage, le persuadant qu'il possédait assez de valeur pour ne se point trouver pris au dépourvu.

La conversation allait déjà bon train. On nous fit apporter deux chaises de velours bleu. Un valet les glissa entre les fauteuils qu'occupaient les protagonistes.

« Que voulez-vous, ma chère, il n'y aura point de feu sans fumée !

— Sans doute. Mais enfin, les États généraux que vous avez demandés, sait-on où cela peut mener ?

— Il n'y a plus moyen de gouverner le royaume, il faut faire quelque chose.

— C'est égal, je ne suis pas convaincue. Heureusement, nous avons le temps, puisque la date n'est point encore fixée.

— Elle le sera, chère amie, elle le sera ! Car la France est capable de se redresser en puisant dans ses propres ressources » déclama La Fayette en se tournant ostensiblement vers Monsieur de Beaune.

Derrière, dans son justaucorps canari, Monsieur d'Estaing écoutait à droite, entendait à gauche. Visiblement, les différents interlocuteurs ne le passionnaient guère. Il laissa retomber sur moi son regard de coursier las :

« N'est-ce point la petite protégée des Aragonnès ? Comment vous nommez-vous déjà, mon enfant ?

— Marie, Monsieur » dis-je en esquissant une révérence, à demi soulevée de ma chaise. Sautant sur l'occasion, je désignai Georges :

« Monsieur le Gouverneur, je vous présente mon époux, Georges Couthon, avocat au barreau de Clermont.

— Très heureux, Monsieur. J'ai déjà entendu parler de vous. L'on vous appelle l'"avocat des pauvres", n'est-ce pas ? »

Aussitôt, on fit des questions à mon époux. Quelle était l'opinion de « l'avocat des pauvres » touchant les parlements et les États ?

Georges parla avec tact et distinction.

« Les États sont une nécessité, ainsi qu'il apparut dans d'autres grands moments de l'histoire. Quant aux États de la province d'Auvergne, il ne fait point de doute qu'ils doivent être rétablis, ainsi que le viennent d'être ceux de Provence et de Hainaut. »

Des murmures d'approbation coururent. Georges poursuivait :

« La volonté générale doit s'exprimer dans des assemblées représentatives, ainsi que l'est notre assemblée provinciale. Au reste, on peut voir dans cette assemblée, une préfiguration de la future assemblée nationale. Car la proportion double des représentants du tiers, égale à celle des représentants des deux autres ordres, n'est que justice propre à respecter les droits et les richesses. »

On tiqua. La question du doublement du tiers était un point sensible. Mon cœur trébuchait d'inquiétude.

« Par ailleurs, ajouta Georges, les parlements doivent être respectés. Car ceux-ci accomplissent leur devoir avec honneur et courage. »

« Merci Monsieur, dit l'élégant parlementaire. Puisse le roi vous entendre ! »

On hochait la tête. Le Gouverneur d'Estaing se pencha vers moi : « Votre époux est courageux et habile. Il ira loin. »

Monsieur de La Fayette enchaîna : « Il faut que de tels avis soient entendus, en effet. Il est temps, pour le royaume, de n'être plus manigancé par les courtisans de Versailles.

— En auriez-vous contre la Cour ? » demandait le parlementaire.

Celui-ci, à ce que l'on disait, ne dédaignait pas de fréquenter les dames de Versailles. Monsieur Tubœuf de Blanzat, avait été, ainsi que d'autres parlementaires, renvoyé sur ses terres par le roi. On murmurait qu'il avait une maîtresse en la personne d'une grande dame de la Cour.

« La Cour est remplie d'essaims de vils et efféminés courtisans.

— Monsieur, je vous en prie !

— Quel besoin a la société des intrigues et de la servilité d'une race de courtisans encourageant les despotismes et les dépenses d'un souverain auquel elle s'attache à faire conserver un pouvoir oriental ?

— Monsieur de La Fayette, vous insultez la Cour et le Roi ! »

Blême, Monsieur Tubœuf était debout. On voulut intervenir :

« Tous les courtisans ne sont point à réprouver, voyons ! N'est-ce pas, messieurs ?

— Bien sûr, il y a le grain et il y a l'ivraie, ajoutait-on.

— Il y a les ministres et il y a les catins, persiflait le Marquis.

— Qui parle de catin à la Cour ? rugit le parlementaire, contrastant avec le raffinement de son ton précédent. Monsieur, apprenez qu'un aristocrate n'achète point l'amour et qu'une femme de naissance ne se vend point. Il n'est de catin que pour les marchands !

— Merci, mon cher, dit Madame de Beaune. Le respect du sexe honore qui l'exprime. »

Mais c'était compter sans un vieil ivrogne qui déclara, en titubant déjà :

« Je vois point ce qu'on a hip ! contre les cathip ! les catins... Ce sont femmes comme les autres. Qu'elles fassent mine de se hip ! cacher ou de se montrer, elles affichent toutes leurs hip ! leurs téthip ! leurs tétons !... Hip ! »

Je tirai discrètement sur les bords de mon décolleté. Il eût été difficile de compter toutes les femmes qui firent de même. On eût entendu un moucheron voler.

« Laissez, Marie, dit dans mon dos une voix connue. Si vous embastillez ce qui fait le bonheur de la vue, si vous castrez la perspective du bonheur d'autres sens, vous privez les hommes de raison d'être. »

C'était la voix mélodieuse de Paul-Gilbert. Paul-Gilbert ! Je ne l'avais pas encore aperçu dans l'assemblée. Peut-être venait-il à peine d'entrer. Que disait-il ? Enfin, que voulait-il dire ?

Il s'adressait à moi, mais on l'entendit alentour. Quelque chose s'était dégagé de ses propos, répandu dans l'air et résonnait. Après un silence, un murmure d'approbation ruissela, un soupir de soulagement courut sur l'assemblée.

Le souffle de Paul-Gilbert laissait un frisson dans mon cou.

*

On s'assit en ellipse à la grande table, dans un halo de brillance jaune. La lumière qui ruisselait du grand lustre situé au-dessus chauffait les visages de métal à blanc, allumait les galons et les bijoux. Les décolletés s'épanouissaient en calices liliaux. Les coiffures blanches doraient devant, sur le front. Certaines se dressaient haut, malgré la nouvelle mode. Sans doute voulait-on manifester ainsi l'attachement aux traditions. L'épouse du parlementaire arborait, au-dessus de pommettes violemment rougies, une coiffure extravagante. Cela ressemblait à un vol-au-vent où s'étageaient un rang de boucles entrelacées de perles, un autre rang cerné d'une couronne, enfin une huppe d'où partaient deux torsades de boucles qui coulaient en dragonnes sur les épaules. Ouf ! Combien cela pouvait-il peser ? On eût pu le confondre avec le chef-d'œuvre d'un confiseur, entrelac de choux couverts de chocolat et de caramel et généreusement blanchi de sucre en poudre.

Un miroir, là-bas, au-dessus de la cheminée. Je m'approchai. Bien ! Je me félicitai de la simplicité de ma coiffure. C'était elle qui me valait des regards masculins. Un diadème de boutons de roses naturelles sur un ruban noir. Quoi de mieux, sur ma chevelure noire tombant librement ?

Au relevé de la bisque de saumon, nous furent présentées les carpes farcies. Sur les plats d'argent miroitant, bleuissaient les ventres pleins de farce et rosissaient les chapelets de groseilles. On approuvait avec des Oh ! et des Ah ! qui fusaient sous les coiffures poudrées et parfumées. Pendant que les serviteurs s'évertuaient à découper les carpes sur les dessertes longeant le mur, Monsieur de Beaune déclara qu'il servirait lui-même le Junay dont on avait porté trois bouteilles. Il se faisait aider par son voisin pour déboucher, humait les yeux clos, la mine d'un bienheureux, essuyait les bords du goulot, versait quelques gouttes en son propre verre, ôtait une miette de bouchon avec le petit doigt, portait le verre aux lèvres d'un air soucieux, laissait apparaître un sourire rassuré, puis se penchait à l'oreille d'un convive qui approuvait en souriant.

« Goûtez ce petit Junay blanc. Je l'ai fait embouteiller moi-même ! dit-il à Paul-Gilbert qui se trouvait à ma droite. Et vous le ferez bien goûter à notre dame Couthon, ajouta-t-il en me servant également.

— Certainement ! Voyez, Marie, dit Paul-Gilbert en levant mon verre, comme ce Junay est d'abord un plaisir des yeux. »

L'ambre clair, légèrement souffré, montait à mi-hauteur du verre ciselé où tremblaient parfois des petites flammèches, miniatures reflets des chandeliers.

« Humez, maintenant, dit-il en approchant le verre de mes narines. C'est un peu l'itinéraire de toute expérience, savez-vous ? Les yeux d'abord !... »

C'était un bouquet fleuri, de je ne sais quelles fleurs, à la fois fin, ténu et résistant.

Sur la queue de mouton rôtie et sur le pâté de pistaches fut servi du rouge de Champigny. Paul-Gilbert m'invita de nouveau à la pratique du rite. La robe, d'un solennel acajou sombre, laissait surgir une surprise : la fraîcheur d'un parfum de framboise, relevée de la vigueur d'un indéfinissable goût, piquant d'abord, ensuite chargé de bois et de fruits.

Je n'avais pas achevé de déguster mon doigt de Champigny, qu'on desservait déjà le mouton et le pâté auxquels je n'avais point goûté. Vint ensuite un cochon à la daube accompagné d'une tourte d'épinards. Paul-Gilbert me fit encore goûter le Bourgueil. Quelle vigueur ! n'est-ce pas ? Je ne sais si je la perçus vraiment, cette vigueur, ou si c'est le chevalier qui me la suggéra. Suspendue que j'étais aux paroles de Paul-Gilbert, je ne sais plus vraiment ce que je ressentais et ce qu'il me faisait sentir. Je n'eus pas non plus le temps de manger du cochon. Je m'apprêtais à enfin avaler une bouchée d'épinards, quand on desservit à nouveau. Les domestiques, aussi impertinents que maladroits, me changeaient d'assiette d'un air imperturbable, sans même se soucier que j'eusse terminé. Si bien que je ne touchai guère aux mets.

La soirée me semblait soudain très légère.

Quand vinrent les fruits en salade, à pleins compotiers de pêches fraîches mêlées d'abricots confits baignant dans un épais sirop, je me levai, un peu indisposée. Paul-Gilbert me suivit à la fenêtre. Elle donnait sur la cour intérieure. L'air qui provenait de cette cour était chaud. J'en fus indisposée encore davantage. Le chevalier courut parler à Madame de Beaune, revint à pas précipités, me conduisit vers la toilette où l'on me donna de l'eau parfumée à l'œillet dans une bassine de faïence.

L'eau était tiède. Mais elle laissait à mes tempes une bonne fraîcheur. Je me sentis mieux, dans les effluves de l'œillet.

Le Chevalier me vit réapparaître, au sortir du cabinet de bains, avec un soupir de soulagement.

« Ah, nous voici enfin des couleurs ! Je craignais de vous avoir fait abuser de nos vins.

— Mais non. je suis si heureuse que l'on s'occupe de mon éducation. Je ne demande qu'à apprendre encore davantage. Je n'ai pas l'habitude de ces salons, voilà tout. »

*

Sitôt la porte de notre appartement refermée, je fis face à mon époux :

« Georges, vous voici admis dans le parti de Beaune et dans celui de La Fayette.

— Rien n'est jamais acquis, savez-vous. Mais enfin, voici un bon bout de chemin, en effet, m'amie. »

Songeur, il ajouta :

« Je ne sais si ces partis sont à embrasser sans réserve... Mais enfin, des messieurs se lèvent avec générosité contre le despotisme et je compte maintenant de leur nombre... et je vous le dois. Je ne vous remercierai jamais ass...

— Il s'agit bien de cela, mon époux ! Moi, je vous dois la liberté et la raison. Je suis de loin la plus endettée. Alors, ajoutai-je en lui prenant la main pour baiser ses doigts, je veux aussi payer d'amour. Je veux vous donner du bonheur, tout le bonheur que vous voulez. Mais, voyez-vous, mon époux, c'est à vous de me dire ce que je dois faire.

— Ce que vous devez faire ?... Servez-moi donc un verre de vin d'Orcet. Il doit en rester dans la cruche. »

Mon époux porta le gobelet aux lèvres et renversa la tête. Son visage doux se durcit, se tordit. Il semblait exprimer de profonds tourments métaphysiques. Pendant que je nourrissais les craintes les plus graves, que j'envisageais les pires maux, il fit trois pas rapides pour cracher dans la cuvette. Ni lui ni moi n'y avions pris garde, la chaleur de cette fin d'août 1787 avait fait son office sur le vin du pays.

« Hééé ! quel vinaigre ! »

Georges se rinça la bouche d'un peu d'eau que je m'empressais de lui présenter. Fort réveillé des brumes de la boisson, il me prit le menton en assurant que j'avais raison. Où l'on voit que le vinaigre peut avoir des effets involontaires, mais fort salutaires !

« Vous avez raison, Marie. Il est nécessaire que je vous instruise de tout. »

Il me parla sans détour, quoique avec discrétion. Mon

état lui faisait scrupule. J'étais enceinte. Mon corps avait, il est vrai, pris des proportions certaines qui m'empêchaient de serrer mes corsets. Mais, comme ma taille était d'origine fort fine, je restais portant l'enfant dans mes flancs, sans que cela rendît encore mon ventre trop gros. Au pire, je ressemblais à bien des femmes, dont l'embonpoint naturel se devait écraser dans le corset, pour faire apparaître un semblant de taille ! Mais Georges ne me voulait plus solliciter, dit-il, crainte de porter préjudice à l'enfant.

Je demandai s'il était nécessaire d'attendre la naissance, s'il n'était pas moyen que Georges fût cependant mon époux.

Il me saisit cette fois le visage à deux mains. Passant sous mes oreilles qui vibraient, au bord de mon cou battant, la légèreté de son doigté fit s'élever ma tête, flotter, se reposer sur des coussins de duvet.

Il m'expliquait. J'étais encore son écolière. J'aimais tant cela ! Un reste de brume, occasionnée par les vins que Paul-Gilbert m'avait fait boire, m'accompagnait dans un rêve.

Mon époux se tenait dressé face à moi. J'étais agenouillée. Je contemplai son visage qui me dominait, comme la statue d'un dieu bienfaisant. Il portait une culotte de drap vert à pont et boutons noirs. Mélange de verveine et d'odeur animale ! Les mains du dieu plongèrent dans mes cheveux.

Quelques coups de cloche grêles volèrent par la fenêtre ouverte sur la courette. Les pierres noires et grises du mur d'en face en camaïeu, étaient arrosées de la fine bruine d'argent qui tombait maintenant du ciel. Un aboiement plongeait ses coups vigoureux dans l'épaisseur de l'air étouffant. Au-delà des toits, sourdait la rumeur de la nuit violente, s'agitant dans ses profondeurs. Soudain, libéré par la déchirure des nuées, il y eut un jaillissement de lumière laiteuse qui aspergea tout.

V

LA FEMME
(printemps 1787-automne 1788)

L'année suivante fut une année terrible. Le pain était hors de prix et le vin ne se vendait point. Les pratiques de l'avocat des pauvres ne payaient plus. Georges se trouva de plus en plus absorbé par ses tâches. La plupart du temps, il rentrait bien après que je fus endormie. Il commençait à souffrir d'une jambe. Quant à moi, j'avais le matin de violents maux de tête.

Informée de la mélancolie qui me gagnait, Ursule avait tenu à nous inviter aux bains de Néris. Ceux-ci étaient fameux contre toute douleur et devaient sans doute être bénéfiques dans le cas de mes maux de tête comme dans celui des douleurs à la jambe de Georges. Les Romains pratiquaient déjà ces eaux chaudes dont on disait merveille. Mon amie elle-même s'y rendait en compagnie de son parlementaire de protecteur, lequel allait prendre les eaux pour ses rhumatismes.

L'air de Néris, calme et léger, avait eu rapidement raison de la mélancolie. Les derniers jours à Clermont j'étais assaillie non seulement par des maux de tête, étouffements, soupirs et sanglots, ainsi que par un poids qui remontait du ventre vers la gorge, mais encore par d'épaisses vapeurs noires. J'avais consulté fébrilement un livre de la médecine. Il m'avait confirmé que j'étais le siège d'une maladie propre aux jeunes femmes : la mélancolie. Celle-ci n'était point honteuse, ainsi qu'était la nymphomanie[1] dont il traitait abondamment. Mais on devait néanmoins la traiter avec la dernière énergie.

Par bonheur, on rencontrait à Néris les meilleures gens de la province et même de Paris, tandis que cette petite bourgade était un havre de paix où l'on s'éveillait au chant des oiseaux.

Fin mai, moins de deux semaines après notre arrivée, Georges avait reçu de Gaultier de Biauzat la prière instante de rentrer à Clermont pour la raison que les affaires de la ville n'allaient plus et qu'on avait besoin de lui.

« Imaginez-vous que l'émoi est au plus grand là-bas, dans notre Limagne ? entendait-on dans les couloirs. Le roi a promu Riom "siège de Grand Bailliage[2]" au détriment de Clermont.

— On ne sait si l'on regrette la suppression du parlement de Paris ou bien si l'on pleure la prééminence de Clermont... Pour moi, je ne suis pas fâché de voir les marchands de Clermont réduits à la raison de sa voisine rivale ! »

On ne parlait de rien d'autre dans les salons. Une véritable épreuve de force entre le despotisme et les opposants !

Les hommes attendaient dans le vestibule, enroulés dans leurs linceuls blancs qui les faisaient ressembler à des Romains. Quittant le péristyle, Ursule et moi devions suivre le cortège des femmes qui, semblablement emmaillotées de blanc, défilaient devant l'assemblée masculine.

---

1. *Nymphomanie* : on désignait ainsi la masturbation féminine.
2. *Grands Bailliages* : sortes de cours supérieures par quoi le roi entendait remplacer les parlements par édits du 8 mai 1788.

Ursule fit un petit geste à Monsieur de Revel. Son parlementaire avait la mine ensommeillée du vieillard qui passe la nuit à jouer. Soudain, je serrai mon linceul sur mon cou : non loin de Monsieur de Revel, Xavier ! Je frissonnai. Je baissai le regard. Il était donc là, lui aussi ? Décidément, toute la France était aux eaux ! J'empoignai les pans du linceul pour le refermer sur mes jambes.

« Craindriez-vous qu'un peu de Monsieur de Lacourtensourt ne s'insinuât dans l'entrebâillement de votre vêtement ? chuchota ma compagne.

— Voulez-vous vous taire ! »

C'était l'heure où nous regagnions nos chambres, laissant la piscine aux hommes, avant le souper. J'avais toujours froid, après le bain chaud, surtout certains jours où l'on quittait l'eau pour l'air où la bise aigrissait le printemps.

Sur ma tablette de nuit, j'ouvris à nouveau la lettre, qu'un courrier avait apportée au saut du lit :

Mon amie,

Il vous faut encore de la patience et rester sans moi aux bains. Car les affaires ne sont point calmées du tout ici et ma présence est plus que jamais nécessaire. Voici que ces courtisans du Présidial[3] *viennent d'enregistrer les édits du roi. Nous devons nous employer sans compter afin de les faire reculer.*

Je vous promets de vous donner des nouvelles deux fois la semaine.

Votre époux Georges Couthon.

Ursule servit le porto. Je bus sans respirer. Elle m'avait accoutumée à avaler après le bain ce généreux breuvage prescrit par son chirurgien, afin de parfaire les effets toniques de l'eau et de dissoudre les restes de vapeurs. La potion était aujourd'hui plus que jamais nécessaire. Elle

3. *Présidial* : sorte de tribunal de grande instance qui devait enregistrer les édits royaux.

m'inondait ainsi qu'une flambée dans la cheminée d'une maison désertée depuis longtemps.

« Plutôt que de tant vous protéger des hommes, vous feriez mieux, pour votre état, de vous ouvrir à eux ! Ignorez-vous que la femme a besoin de l'homme pour avoir bonne santé ?

— Je... je veux bien le croire.

— Vous croyez, mais vous ne connaissez point les choses avec précision. Sachez que la liqueur masculine est seule capable de donner à la femme sa solidité définitive.

— Vous... me parlez ainsi que si j'étais petite fille ! »

Ursule sourit, s'approcha, fit glisser le pan de linceul qui faisait capuchon et releva le paquet de mes cheveux. Un petit baiser tiède fut posé dans mon cou.

« Êtes-vous bête ! C'est au contraire à vous faire femme mûre, que je m'emploie ! »

Elle déroula mon plissé de coton blanc qu'elle jeta sur un fauteuil, se recula pour regarder, prit la mine pensive.

« Ne regardez pas, dis-je. Vous êtes plus belle que moi.

— Idiote ! Je sais mieux me présenter, c'est tout ! Je passe sur la gorge chaque nuit une pommade spéciale. Combinée à l'imposition d'une vessie de glace le matin, elle assure le maintien d'une poitrine ferme. C'est un secret que m'a laissé ma mère. Pour être aimée des hommes, avoir la gorge ferme, c'est une recette infaillible. Tenez, touchez donc. »

Ursule gisait sur le tapis de Perse, assoupie, prostrée telle la Religieuse de Monsieur Diderot lors de ses révoltantes mortifications.

Elle avait désiré que je touchasse également ses cuisses si lisses, son duvet acajou, si fin tissu de laine. Sa respiration devint haletante. Ses lèvres se crispaient.

Devais-je cesser ? Se trouvait-elle mal ?

Ses yeux se fermèrent, tout son corps se tendit avec violence ; ses lèvres se pressèrent d'abord, elles étaient humectées comme d'une mousse légère ; puis sa bouche s'entrouvrit, et elle me parut mourir en poussant un profond soupir.

« Ursule, Ursule, êtes-vous mal ? dis-je en lui soulevant la tête.

— Enfant ! murmura-t-elle. Voulez-vous que je vous donne du plaisir à mon tour ? »

Je me dressai vivement :

« Ce... ce n'est pas nécessaire ! »

Laissant Ursule à son sommeil qu'elle prenait sur le tapis, les membres relâchés, le visage serein dans un demi-sourire, je m'approchai maintenant de la psyché. Du bout des doigts, je fis pencher la glace sur son pivot afin qu'elle me reflétât en pied.

Mon corps n'avait pas cette sorte de majesté de courtisane royale que possédait celui d'Ursule. Mais il n'était, en effet, pas si mal. Mon cou était charnu. Ma gorge se tenait, pour être celle d'une mère. Au-dessous, le ventre restait plat à cause de l'exercice à cheval que j'avais repris chaque jour à Néris. La taille restait si étroite qu'on l'eût cru serrée par le corset. Je tournai un peu la hanche. La rondeur rebondie de mes reins descendait sur la cuisse musclée, sur le mollet saillant. Cela était encore dû aux courses à cheval. Pour finir, le pied plutôt petit s'attachait par de très fines « chevilles de chevrette », ainsi que disait autrefois Paul-Gilbert.

« Dommage que vous sachiez si peu conduire un si beau cabriolet, m'amie. »

Ursule, éveillée, s'attachait les cheveux en se mirant à mon côté.

« Que voulez-vous signifier ?

— Je dis que vous ne savez encore conduire votre corps et, partant, votre personne.

— Mais enfin !...

— Ne protestez pas. Il vous reste à beaucoup à apprendre de l'amour, vous dis-je. Que vous ne jugiez pas opportun de recevoir mes caresses, soit. Mais que, des semaines durant, vous vous priviez de celles des hommes, c'est à mourir d'ennui ! »

*

Mon Georges,

Ma santé semble définitivement redevenue des meilleures. Mes maux de tête et autres vapeurs ne sont plus que vilain souvenir.

Venez dès que vos affaires vous en laissent le loisir. Je vous en prie, ne tardez plus si vous le pouvez. Car je suis dans la plus grande des impatiences de vous avoir. Je n'attends que le moment où vous me prendrez en vos bras.

Votre épouse de chaque nuit en pensée, qui ne demande qu'à l'être en acte.

Marie.

Malheureusement, si Georges avait entendu le message, il ne lui fut pas possible de se rendre immédiatement à Néris auprès de moi. Car la situation s'était encore tendue. Après que le présidial de Clermont eut enregistré les édits royaux remplaçant le Parlement, les philanthropes de la ville étaient entrés en guerre sous la bannière de Monsieur de Biauzat dont Georges était alors une manière de lieutenant. Si le présidial ne revenait pas sur sa décision, c'en était fait du rôle amiral de Clermont et l'opposition libérale de la province était muselée. Il fallait faire entendre raison à chaque membre du présidial, convaincre la plupart des notables influents. Le parti de Biauzat et celui de La Fayette étaient en campagne.

Enfin, à la fin juin, Georges me fit enfin savoir qu'il prendrait le carrosse de Gaultier pour me venir chercher au relais de Saint-Pardoux, pour peu que je m'y fusse rendue la veille en turgotine[4]. Sa présence étant nécessaire en ville, nous pourrions redescendre le jour-même.

---

4. *Turgotine* : grosse diligence autrefois mise en circulation par Turgot.

Georges ! Comme il avait l'air las ! Son visage trahissait la fatigue et les préoccupations. De même faisait son vêtement. L'habit de drap vert bouteille montrait aux épaules un semis de petits points blancs tombés de la tête. Après quelques instants où il avait manifesté le plus vif intérêt pour moi, il s'était assoupi. Son menton roulait sur le gilet de satin noir. Celui-ci eût légitimement réclamé qu'on le brossât d'une belle brosse plutôt que de ce menton aux poils d'une barbe du matin ! Les souliers à boucles portaient, sous la poussière blanchâtre, davantage de traces de boue jaune séchée que de cirage. On ne pouvait douter qu'il fût resté célibataire !

Comme il dormait ! Au-dessus de ses yeux clos, les arcs bruns des sourcils étaient agités de tremblements rapides qui secouaient la douceur naturelle de ses traits. Calé dans l'autre coin du carosse, les jambes de guingois sur la banquête qui me faisait face, il laissait maintenant ballotter sa tête, à la mesure du trot, sur le satin cramoisi carrelé de piqûres et fruité de boutons d'or. Les rideaux, également de satin cramoisi, doublés d'épais coutil noir, haletaient sur les vitres descendues. Les montants en torsades dorées se balançaient comme les mâts d'un navire.

Georges dormait et je le devais respecter. J'aimais mon mari pour tout ce qu'il savait et je l'admirais pour tout ce qu'il faisait. Je ne doutais point qu'il lui fallût se reposer. Comment faire autrement, en si grand souci de ces affaires dont il m'avait touché quelques mots ? Mais, quant à moi, je bouillais d'un tout autre feu. Celui qui nettoyait l'esprit et le corps de la mauvaise herbe : de la mélancolie !

Je sortis de mon sac ma petite trousse de beauté. Je mis du carmin aux lèvres, du rose aux joues et aux paupières, du noir aux sourcils et du blanc à la gorge jusqu'à très bas dans le décolleté. Une goutte d'eau d'orange derrière les oreilles, entre les seins. Puis, je délaçai un peu l'ouverture du caraco bleu de nuit sur ma chair nue.

Je tirai sur la sangle qui montait la vitre, fermai les épais rideaux. Rapprochée de Georges, tout près, je glissai mes doigts sous sa cravate.

Passé Riom, la mauvaise route disparaissait. La route devenait paradisiaque. Le carrosse filait en douceur, tanguant à peine dans un roulis grasseyant que rythmait le clapotis des chevaux. Les froments dont les épis s'enflaient, sussuraient en se ployant, pleins et nonchalants. Les seigles se dressaient en haletant, agressifs et lascifs. Les orges s'agitaient frénétiquement, échevelés. Les marais frissonnaient sur de profonds songes déments. Le Vent, fouillant la Limagne tout entière, se dressait parfois, debout, en coups de boutoir mesurés, ralentissant la course et prolongeant cette heure.

*

Or écoutez, petits et grands,
Le plus fâcheux des accidents.
C'en est fait, notre grand bailliage...

La fête se tenait en l'honneur de la Cour des Aides [5]. Ce n'était rien moins qu'une véritable manifestation de victoire. Car la rentrée de la Cour était symbole du recul du despotisme et des progrès de la raison. Enfin, pensait-on, on y était, le roi avait entendu raison ! Il rappelait Necker et le Parlement, convoquait les États généraux pour le 1er mai de l'an prochain, annulait l'édit du Grand Bailliage à Riom. L'avenir souriait. On avait mangé le pain noir le premier. Deux terribles orages de grêle avaient ravagé les vignes en juillet et août. Aussi la vendange proche s'annonçait-elle maigre. Mais qu'importe ! de toutes les façons, il y avait trop de vin ! Et puis, tout cela allait s'arranger, maintenant que la raison prévalait sur les préjugés.

... Est expirant, c'est grand dommage.
Il eût brillé, n'en doutons pas.
Mais rien n'est durable ici bas...

---

5. *Cour des Aides* : juge les affaires de contentieux relatives aux impôts.

Des rires cascadèrent et des applaudissements crépitèrent, courant comme une vague de part en part de la place Derrière Clermont. Je serrais maintenant le bras de Georges, au deuxième rang du cortège, juste derrière Claudine et Monsieur de Biauzat. Une estrade était dressée devant la fontaine. Après le petit discours de Monsieur de Biauzat, il y eut des baladins. Malgré la température désagréable de ces soirées où l'hiver commence à montrer le bout de l'oreille, l'on dut s'approcher des tables pour boire à la santé du Roi et au bonheur de Clermont. Les dames étaient dispensées de boire. Mais les hommes choquaient bruyamment les gobelets.

La Bise fraîchissait encore. Les feux qu'on devait allumer à la nuit tombante seraient les bienvenus ! Je serrai ma capeline. Malgré sa pierre noircie, la cathédrale me parut avoir également la mine assez gaie. Des boutiques nichaient entre les arcs-boutants de la maison de Dieu, se succédant le long de ce côté de l'édifice. Elles ressemblaient à des « tonnes » qui débordaient de capharnaüm. La pratique se pressait devant elles en grappes grouillantes et bruyantes, au bruit des gobelets et des timbales.

... Sous ce modeste monument
Repose le premier enfant
Du défunt pouvoir arbitraire...

Les fûts étaient en perce du côté de l'officialité. Des femmes couraient sans cesse y emplir les cruchons. On était dans la joie, buvant sans réticence. Georges avait déjà avalé je ne savais combien de timbales, et le regard luisant, commençait à parler haut.

Une femme chantait sur l'estrade, un cahier de feuilles à la main :

... Il fut digne de ce cher père
Il fut quatre mois allaité
Aux dépens de la liberté
Requiescat in pace !

Ce furent à nouveau rires, cris et applaudissements. On héla Georges :

« Hé ! Georges, allons à *L'Écu d'or* ! Faut pas finir une soirée comme ça tout seul ! »

Je pris sa main. Mes yeux cherchèrent ses yeux. Mon époux ! pensai-je très très fort, je voudrais que vous restiez avec moi, en cette nuit de liesse. Je dus le penser aussi fort que je souhaitais. Car il releva mon poignet, baisa mes doigts et dit ;

« Voulez-vous que nous rentrions tous deux à bonne heure ? Pour ma part, j'aimerais assez cela. »

DEUXIÈME CAHIER

LES ANNÉES INCARNATES
(été 1789-été 1791)

VI

RUE DU TOURAUD
(été 1789)

Vous eussiez entendu ce hourvari ! La sortie de la salle de spectacle était si chaleureuse, cet été 89 ! Imaginez les escaliers voûtés de l'hôtel de ville, de coutume sombres et réfrigérés, pris ce petit matin par une averse de groseilles tombant du ciel dans la cour, s'écrasant et s'écoulant sur ses pavés et dévalant les degrés devant la foule criaillant.

Claudine et moi venions d'assister à une lecture. La porte franchie après la touffeur de la salle, nous nous désaltérions un temps à la lumière tiède qui ruisselait sur ces gens.

C'était la fin de ce mois de juillet, si chaud de toutes les manières. Les lettres du député Gaultier de Biauzat, représentant le plus marquant du tiers de Clermont, arrivant de Versailles deux fois la semaine, étaient attendues comme le messie. Au début, seules quelques personnes dont Georges, en avaient eu communication. Puis, les événements de Paris commencèrent à retentir ici. On voulait entendre les paroles de Mirabeau, connaître les dernières réponses du roi. Les lettres furent, avec l'assentiment de Claudine, déposées au bureau du secrétaire de la ville où chacun pouvait en prendre connaissance. Mais bientôt, le bruit de l'arrivée périodique de cette espèce de journal manuscrit se répandit dans le peuple. On exigea une lecture publique. Cela fut d'abord fait à l'hôtel de ville. La foule croissant, on alla au théâtre. Puis, les curieux se multipliant encore, il fallut réenvisager la chose. Prendrait-on la cathédrale ? Mais on était dans la difficulté de trouver des acteurs dont la voix fût suffisamment retentissante. On s'en tint donc au procédé de plusieurs lectures, lesquelles permettaient que se succédassent les auditeurs.

Massés derrière nous, impatients de monter à leur tour les degrés, les suivants attendaient.

« Dire qu'ils étaient aussi nombreux hier soir ! » Claudine riait, secouant sa chevelure libre sous le diadème : « Laissez-nous passer ! Laissez-moi passer ! » dit-elle du bas des escaliers, aux gardes qui filtraient la foule. Car les soirs d'arrivée du courrier, il y avait des gardes à la salle. On attendait qu'elle fût vide et remplie de nouveau pour lire les lettres. Cela réitéré deux, trois et quatre fois, on recommençait le matin à bonne heure.

Les escarpins, les bottes et les sabots se mêlaient en un concert de claquements et craquements sur le pavé.

« Ne nous laissez pas manquer de nouvelles ! cria quelqu'un. On s'abonnerait à manquer de pain pendant quarante-huit heures, plutôt qu'à manquer de nouvelles un seul jour de courrier ! »

« Votre époux est le messie de la ville, dis-je à Claudine.

— Je le vois bien. »

Une petite ombre avait soudain traversé son visage.

« En concevriez-vous de l'inquiétude ?

— De l'inquiétude, que non point. Mais...

— Mais ?

— Non non. Je n'ai point de raison de m'inquiéter, assurément. Et nous avons toutes les raisons de nous réjouir. Vous surtout ! »

Moi ! Il était vrai que j'étais grosse pour la deuxième fois. Alors que la première, cela avait été dans une sorte de vague monotonie, j'en concevais cette fois le plus grand des transports. J'étais si heureuse ! Pourtant, mes entrailles se contractèrent à l'instant. C'était comme sous l'effet de quelque vomitif.

Nous prîmes d'un bon pas la direction de la cathédrale, tournant derrière le chœur par la rue des Grands-Jours qui décrivait un cercle le long des arcs-boutants.

« Couvrez votre gorge, ma Bonne, nous sommes dans l'ombre de Dieu ! dit Claudine mi-figue, mi-raisin.

— Si Dieu me voit, il doit savoir que si j'ai échancré mon décolleté, c'est afin de ne point tourner de l'œil ni cracher du vomi sur les murs de Sa maison !

— Marie !

— Quel mal y a-t-il à parler vrai ?

— Tout de même, avez-vous déjà oublié que cette maison abrita hier le *Te Deum* pour la sauvegarde de la Nation ?

— Certes pas. »

Comment eussé-je pu l'oublier ? Nous étions dans un frémissement incessant d'aise et de curiosité pour tout ce qui arrivait. Imaginez ! Georges, déjà fort honoré d'avoir été nommé Commissaire au barreau de Clermont, s'était vu désigner au Comité de Correspondance avec les députés. Pas un jour qui n'était meublé de ses commentaires sur les événements de Paris, ni entrecoupé de ceux sur les faits locaux. L'Assemblée nationale s'étant proclamée Assemblée constituante, ce n'était plus à une révolte qu'on assistait, mais à une révolution. Je n'avais point aux lèvres le nom de qui avait pour première fois dit cela, mais Georges le répétait sans cesse. Le Marquis de Lafayette en donnait chaque jour la preuve par ses hauts faits dont nous étions informés. Il venait de présenter un projet de déclaration des droits de l'homme. Il proposait la cocarde tricolore.

Place Derrière-Clermont, le soleil étendait des voiles, tissés de mille gouttelettes d'essence d'orange. Prenant garde de ne pas crotter mes escarpins dans la rigole, je sautillai de pavé en pavé.

« Une, deux, attention aux pieds ! Trois, quatre, tiens un pied de nez !

La Nation n'est en rien menacée. Ceux qui le déclarent ne répandent que sornettes, vous le savez comme moi.

— Certes.

— Où a-t-on vu que l'on s'étripe ? Où est ce "grand carnage" de Paris dont on nous rebat les oreilles depuis des jours? »

Nous nous engagions rue de la Treille. Le soleil, encore bas à cette heure, ne pénétrait point entre les maisons qui se serraient dans l'ombre verte. Les boues mauves avaient heureusement séché durant les chaleurs. Mais elles exhalaient un fumet qui soulevait l'estomac.

Une averse retentit juste derrière nous.

Un homme tenait son chapeau à ses pieds, le regardant avec ahurissement dégouliner sur ses bottes. Il leva la tête, examina les fenêtres qui surplombaient, manifesta un courroux croissant à mesure du tremblement de ses monumentales moustaches de mousquetaire. Alors, il leva le poing :

« Fille de pute ! peux pas regarder ! en vais parler au lieutenant ! Sûr ! »

Nous n'avions point eu le plaisir d'admirer ce personnage avant l'incident. Dommage, Monsieur devait porter fort beau ! La brette[1] battant les bottes, les moustaches brassant l'air en mesure et la penne au chapeau chassant les mouches devant lui, il devait claquer de l'éperon avec superbe. Malheureusement, ce n'était plus maintenant qu'un coq mouillé ! Le chapeau venait à pendre ainsi que feuilles de laitue fanée, les bragues dégoulinaient. Nous n'osions imaginer de quel liquide ! Car, malgré les interdictions de police, on jetait encore couramment les « pis-

1. *Brette* : épée de duel.

sades » par les fenêtres. Encore était-il bienheureux, si la chose n'était que liquide !

Claudine et moi nous empressâmes de nous sauver, la main bouchant les lèvres, afin de ne point laisser échapper un hurlement de rire. Mfououou !

*

« Prendrez-vous votre dîner avec moi, où faut-il vous le porter ici ? »

Point de réponse. Je haussai la voix.

« Georges, je vous demande s'il faut monter le dîner !

— Hein ? Comment ? Le dîner, ah oui... Oui, oui.

— Qu'est-ce à dire ?

— Je... vous laisserai décider comme bon vous l'entendez. Je dois achever ce discours. »

Il y avait de cela quelques semaines, nous avions aménagé rue du Touraud. C'était non loin de chez Claudine, dans la plus grande et la plus claire rue de la ville. You ! J'avais sauté de joie. Finies, les soirées à contempler le mur aveugle de la courette grande comme une pochette ! Quelle vue divine ! Les ramures des tilleuls posaient des touches douces sur la large esplanade. Les piétons piquetaient sous les fenêtres à longueur de journée, d'un pas creux de sabot ou bien d'un pas mouillé de botte. En face, les arches de la halle au blé se levaient d'une majesté taciturne. Soudain, venant par la route d'Issoire ou celle de Lyon, passait le trot désordonné d'un cabriolet ou d'un carrosse.

« Vous êtes une fée, je ne démords pas de là ! »

Mon époux considérait la collation que j'avais montée et déposée sur le guéridon, ainsi que je le faisais souvent. Non point que Georges ne fût capable de descendre prendre son repas. Ses douleurs à la jambe, qu'il ressentait souvent, étaient encore légères. Mais il aimait à ne pas s'interrompre dans son travail. Cela ne m'avait pas causé grand souci, d'ailleurs. Car, Maria passait chaque jour faire un peu de cuisine avant d'aller rejoindre Toinou qu'elle avait toujours en nourrice chez sa sœur rue des Chaussetiers.

« Servez-moi donc tout de suite un petit canon, que j'en finisse avec trois phrases, voulez-vous ?

— Laissez vos phrases où elles sont, et venez en compagnie de votre femme. Les idées viennent mieux la panse pleine.

— Point. J'en ai pour peu de temps, vous dis-je.

— Et si j'ai besoin de vous tout de suite, moi ?

— En ce cas... »

Georges avait posé la plume.

« Je vous aime. Et vous, me préférez-vous à votre travail ?

— Quelle question ! dit-il en déposant un petit baiser de sourire sur ma main.

— Comme je suis heureuse. Tout nous sourit. Notre fille que vous avez déposée en mes entrailles, notre Assemblée qui va faire le bonheur de la patrie, notre bon peuple qui vous fera bientôt consul du tiers, j'en suis certaine.

— Hum... vous voyez le paysage un peu en rose m'amie. Pour le bonheur, il faudra encore bien des efforts. Quant à l'enfant, c'est assurément une joie qui nous est promise. Mais, voyez-vous, la souveraineté que nous autres hommes récupérons en ces jours, ne va cependant pas jusqu'au pouvoir de décider la question du sexe !

— Cela viendra, mon ami.

— Ha ha ! Ce ne sera pas encore demain ! »

Soudain, un frisson. Cela commençait en haut de ma tête, ma peau se tendait, sous la traction légère, se mettait à trembler. Mon époux passait, selon son habitude, ses mains à plat sur mes cheveux. Il me parlait à l'oreille. L'on n'était point si avant que je le disais. Quant au peuple, il songeait surtout à manger. Savais-je bien ce que c'était que le tiers ? Tout en idée et rien de fait, pour lors ! Pouvais-je imaginer comme il fallait que l'avocat des pauvres élevât la voix pour être entendu ? Combien fallait-il de forces pour conquérir un destin hors des sentiers battus ? Les choses étaient si délicates ! Il fallait changer l'oppression en liberté sans supprimer la loi. Cela serait une longue affaire. C'était justement là l'objet de son discours :

« Oui, Messieurs, telle fut et telle sera toujours mon opinion, d'invoquer sans cesse la loi, d'en réclamer le secours, d'en solliciter constamment l'exécution, de ne voir, de ne connaître qu'elle, de ne baisser la tête que devant elle. »

Georges était à sa table, la plume à la main, devant l'alcôve au lit à la duchesse. Il avait ma foi fort bonne mine, coiffé et poudré comme toujours, même si, pour avoir trop de travail, il ne devait point quitter l'appartement de la journée. Derrière la perruque blanche, il ne la quittait que pour se coucher, depuis que la lui imposaient ses fonctions à l'hôtel de ville, moirait le coton vert de camelot des rideaux de l'alcôve. Sur sa table, un amoncellement de volumes reliés, de cahiers de papier, de plumes.

J'étais pétrifiée d'admiration pour lui. Je le dévorais des yeux, à défaut de mordre dans ma tranche de pain.

« Grâce à vous, l'assemblée municipale connaîtra les vrais malheurs et difficultés afin qu'y soit porté remède.

— Les vrais malheurs, les vrais malheurs, tu veux que je te les dise, les vrais malheurs ? »

Maria — tiens, elle était montée ! — ronchonnait en déposant la « pompe » qu'elle avait découpée.

« Qu'as-tu donc, Maria ?

— J'ai que j'entends parler ! Le Monsieur Georges, c'est vrai qu'il est bien savant. Mais parle que tu parleras ! y'a pas d'histoire, le vrai malheur, c'est qu'on a pas de quoi payer le pain !

— Je ne te donnerais pas assez ?

— Je parle pas de ça ! Je parle de nous autres, les gens !

— Parle, Maria, parle donc ! dit Georges l'air attentif.

— Ben... Elle montrait la tourte de pain entamée. La tourte de quatre livres, elle vaut quinze sols.

— Je sais bien, dis-je.

— Ouais, drollette. Mais ce que tu sais peut-être pas, c'est combien ça gagne, un manouvrier comme il est le mari de ma sœur, avec femme et enfants à faire manger ?

— Combien ?

— Dix sols nourri par jour, drolle mienne. Et des fois, c'est rien que huit sols ! »

Georges hochait la tête, s'étant rendu à sa table pour noter. Sa plume s'agitait, s'arrêtait brièvement, repartait en saccades frénétiques. Il n'avait encore rien avalé mais je n'osais pas le déranger. Je le regardais, tout en broutant ma tartine de pain mélangé à quinze sols où j'avais étalé un peu de gaperon.

Quand Maria hurla du premier, à la cuisine :

« Sont là ! sont là ! Marie, Georges, sont là ! »

A droite, tout au bout de la rue du Touraud, sur le ciel noyé de jaune flambant, comme si le soleil avait fondu et s'était répandu dans l'univers entier, de petites silhouettes noires se mouvaient. C'était la milice bourgeoise[2] venue manifester devant chez de Biauzat pour honorer le député à Versailles, en la personne de son épouse Claudine.

Maria avait troussé ses jupes pour courir vers les manifestants. Ses sabots claquèrent sur les pierres. De notre fenêtre, on voyait peu ce qui se passait là-bas. Des remous de tambour, des giclées de flûte parvenaient par moments, mêlés aux chuintements des tilleuls. Face à nous, les piliers de la halle aux blés luisaient d'une joie étrange, la pierre grise de Volvic exhalant un rose cru, tandis que l'ombre sous ses voûtes, phosphorait.

Georges regardait tout cela l'air pensif. Je cherchai sa main, la serrai bien fort.

*

2. *Milice bourgeoise* : future garde nationale.

Quelques jours après, par un splendide après-dîner, je me rendais encore une fois chez Claudine. Chaque jour, elle m'attendait au début de l'après-midi, m'ouvrait sa porte en cheveux flottant sous son diadème, m'embrassait. Son teint diaphane et son négligé blanc la faisaient un peu fantomale. Chaque jour nous échangions les nouvelles, nous nous asseyions à la fenêtre, l'ouvrage sur les genoux.

J'avais des fourmis dans les doigts. On disait qu'à Paris les gens armés de piques attaquaient les prisons. A tout moment parvenaient des bruits alarmants de tous côtés du pays. Mon époux m'était dérobé par les affaires de la ville, sans une minute de répit. Et que faisais-je ? J'allais encore passer l'après-dîner à faire de la dentelle. Crotte, alors !

« Que diriez-vous d'aller courir les rues ? Nous irions voir les nouveautés.

— Vous savez bien qu'on dit les rues peu sûres ces jours-ci.

— Hé ! nous verrons si ces contes sont véridiques ! Nous pousserons jusqu'à la Promenade d'Espagne, voir s'il est vrai que des paysans se dirigent en troupe vers la ville pour s'y mettre à l'abri des brigands ! »

Les rues avaient leur aspect coutumier. Les boutiques en arche exposaient les marchandises sur le « taulier »[3]. D'autres marchands empiétaient sur le passage, leur étal ne laissant qu'une petite place où l'on se glissait en cognant d'autres chalands qui venaient en sens contraire. Tout ce monde se bousculait, criait, gesticulait. Quand survenait une voiture traversant la ville, c'était un concert d'injures, et de coups de fouets, distribués par le cocher pour tenter de se faire place. Parfois, la voiture devait attendre qu'un étal soit déménagé.

Claudine, qui s'était pourtant un peu fait tirer l'oreille pour sortir, découvrait partout une foule de choses à faire. Il fallut s'arrêter tout le long du chemin. Chez le mercier

3. *Taulier* : tablette formée par le volet rabattu et servant de présentoir sur la murette d'une boutique.

de la rue Saint-Genès, pour quelques aunes de ruban de soie beige. Chez l'apothicaire de l'ancien marché aux blés, pour un pot de bon onguent à envoyer pour ses rhumatismes à Monsieur de Biauzat. Place Derrière-Clermont, la boutique de nouveautés n'avait guère de chose nouvelle, si ce n'étaient quelques mouchoirs de la Chine que l'on pourrait acheter à l'occasion.

Un charivari imprévu nous attendait à la sortie. C'était un concert d'un désordre inouï. Des archers entouraient une horde de miséreux. Ces êtres vêtus de haillons avaient jugé bon de quitter les marches de la porte au Midi de la cathédrale. En plein soleil, à cette heure du jour, le soleil d'été tombe sur les têtes comme poix fondue. Hommes, femmes et enfants, couverts d'épais lainages effilés et troués, avaient traversé la Place afin de gagner l'ombre devant le bâtiment de l'officialité. Mais les archers avaient des ordres. Les bruits annonçant des brigands partout dans le royaume pouvaient être véridiques ou mensongers, on ne tolèrerait aucun gueux dans les rues.

A peine Claudine avait-elle eu le temps de m'expliquer, que déjà s'éteignait au fond de la rue Neuve-l'Evêque le claquement du pas des archers mêlé aux grincements des cris des femmes et des enfants en haillons que l'on menait à l'hôpital. Je n'avais plus le cœur à baguenauder.

« Allons Promenade d'Espagne, par la rue des Nobles ! »

Rue des Nobles, on arrivait tout de suite en vue de l'hôtel de l'intendant de Chazerat. Le renfoncement de l'entrée dessinait une demi-lune de pierres grises surmontées de balustres élégants. De cette demi-lune, un grand portail de bois clouté et ferré fermait le milieu. Au pied des murs, des bornes dessinaient un demi-cercle en avancée sur le pavé.

« Encore ! »

Entre les bornes et le mur, dans le renfoncement qui les tenait à l'abri des regards depuis la place du Terrail, d'autres miséreux se trouvaient là, vautrés.

Promenade d'Espagne, l'inondation du soleil nous réchauffa. D'abord, ce fut le cœur galopant ! Là ! ces nuages de poussière ! Nous demandâmes aussitôt ce que c'était à des gens qui regardaient aussi. Mais ils nous rassurèrent. On attendait des charrois de grains qui venaient du Berry.

Nous restâmes à contempler les fumées blanches des charrois moutonnant sur la route de Riom, loin dans la plaine qui s'étendait en contrebas, noyée de la gaze du soleil sur quoi le ciel s'élevait en vibrant.

« Quelle pitié ! » dis-je enfin.

Claudine rajusta sa capote. Sur ces hauteurs, le soleil brûlait les yeux. Je déployai mon ombrelle.

« Comment Dieu permet-il cela ? ajoutai-je.

— La misère est vieille comme le monde.

— Ne la peut-on point soulager ?

— Si fait. C'est ce que mon époux et le vôtre s'évertuent à faire.

— Cela n'empêche point...

— Ils font beaucoup, cependant. Soyez bien assurée que Jean-François ne perd pas une minute. Ses lettres ne cessent de le dire. Là-bas, les journées n'ont aussi que vingt-quatre heures. Mais il y a vingt-quatre fois plus de travail.

— Monsieur de Biauzat ne peut tout faire !

— Ignorez-vous que Georges est conseil de l'hôpital ? Grâce à lui, les nécessiteux sont défendus sans bourse délier.

— L'"avocat des pauvres", je sais. Mais les pauvres meurent de faim dans les rues, quand ce n'est pas de froid !

— C'est qu'ils le veulent bien. Ils préfèrent traîner sur le pavé plutôt que d'être enfermés et de travailler à l'hôpital. Au reste, on dit que Madame de Chazerat leur fait parfois servir la soupe, quand elle en trouve transis à sa porte, par les nuits d'hiver. »

On disait aussi que l'intendant désapprouvait sa femme. Il avait donné ordre que l'on distribuât le riz et le pain aux indigents des paroisses sur les parvis des églises de la ville. Mais il ne voulait point que les pauvres séjournassent n'importe où, encore moins à la porte de son hôtel. Il avait horreur d'être assailli à l'arrivée du carrosse devant sa porte. Aussi, il faisait parfois envoyer les archers devant chez lui.

Un martèlement de pas cadencé sonna sur le pavé non loin de nous. Cela semblait venir de la rue du Port. La police était ces jours-là partout dans la ville.

*

La peur, la Grande Peur vint le 30 juillet au soir. L'alarme fut donnée par la cloche de la Bayette, puis par les tambours de la garde civique.

Le lendemain, j'eus un haut-le-cœur en ouvrant à Maria. Elle avait vieilli de dix ans en une nuit. Ses joues s'étaient creusées et semblaient grises. Les sourcils n'étaient plus droits mais torturés. Les yeux clignaient ainsi que si elle voyait mal. Elle parla d'une voix de petite fille. Cela y était ! les brigands arrivaient. On les avait signalés hier à Riom. Ils seraient dans la ville aujourd'hui. Les femmes, les enfants, les vieillards fuyaient les villages pour venir s'abriter ici. Mais serait-on protégé ? Les hommes s'armaient, se rassemblaient. On faisait l'exercice place de Jaude. Le bataillon des chasseurs d'Auvergne était sous les armes. La milice bourgeoise avait pris la garde aux barrières.

Je m'expliquai soudain ces mouvements de foule, ces allées et venues de piétons, ces courses effrénées de voitures qui se déchaînaient depuis un moment dans la rue. Sur le toit de la maison d'en face, des guetteurs campaient assis. De temps à autre, on leur montait un panier de pavés par la lucarne.

Georges était rentré tard et parti très tôt. Que faire ? Maria devait absolument aller chercher Toinou ! Elle voulut discuter, je la poussai dehors. Absolument ! Il me fallait mon fils ! Nous nous retrouverions chez l'épouse du député.

Une bande d'hommes s'agitait à mi-chemin entre chez Claudine et notre maison. Ce pouvaient être des paysans. Car je crus entendre le claquement des sabots, le cliquetis des faux et des hoyaux. On levait haut les « boussets »[4] buvant à même l'ouverture. Il me parut que régnait l'excitation parmi ces gens. Aussi, je jugeai prudent de traverser la rue, afin de ne point avoir à les côtoyer. Mais l'un d'eux m'aperçut :

« Ho ! N'y a ici une qui manque pas de pain ! Hé la belle ! t'as pas de quoi nous donner ? »

Je pressai le pas, faisant mine de n'avoir pas entendu.

« Pas possible ! a pas d'oreille !

— Uèï ! A pas d'oreille, peut-être ! Mais manque de rien autre !

— On va voir ! » ajouta une autre voix.

Deux, trois, je ne sais plus, traversèrent la rue en pressant le pas dans ma direction. Ils criaient. Je me mis à courir. Ils eurent tôt fait de m'attraper. J'étais si essoufflée, si apeurée ! je ne voyais rien.

« Ho ho ! c'est qu'a tout ce qu'y faut pour un homme ! »

On meurtrissait ma gorge. On soulevait ma jupe. On ricanait. On me soufflait de l'ail sur le visage. Je me trouvais mal.

Ce fut à cet instant que la milice passa.

J'entrai chez Claudine, les jambes en dentelle de coton. Je tombai dans un fauteuil. Claudine me vint prendre les mains :

« Ma Bonne, comme vous voici faite ! »

Je bus de la carthagène. On vit que je revivais. On me fait raconter ma mésaventure.

« Ma Bonne ! dire qu'on aurait pu vous violenter !

— Bah ! C'est preuve qu'elle est appétissante !

4. *Boussets* : tonnelets portatifs.

— Voulez-vous vous taire ! Plaisanter de telle situation ! »

Il y avait là plus de dames que je n'en vis jamais chez elle. Elles parlaient toutes à la fois, voix tremblantes ou nerveuses. Monsieur Necker serait remercié, voire enlevé. Monsieur le Comte d'Artois serait passé en Espagne. Le Roi et la famille royale se seraient rendus à Compiègne. Messieurs le Duc d'Orléans, Mirabeau et Bailly auraient été enlevés. Le peuple de Paris, furieux, ne ferait point de quartier.

« Ce n'est pas qu'à Paris ! A Saint-Pierre, le seigneur de la paroisse a été chassé par des va-nu-pieds qui se sont établis chez lui à discrétion, buvant son vin et faisant rôtir ses bœufs ! »

Une troupe de 1 200 ou bien même 12 000 hommes, on ne savait au juste, descendait du Forez où elle avait commis grands ravages !

Quelle conduite tenir ? Madame Coste, charcutière de son état, était d'avis de faire des compliments à l'ennemi par devant et de trahir par derrière. Elle avait un petit couteau qui devait lui servir de stylet. Avec cette arme, elle voulait tenir tête à un régiment. On devait former une compagnie hérissée d'ustensiles de cuisine.

Je ne pus m'empêcher de rire. Je venais d'échapper à l'on ne savait quelles horreurs, et voici que je riais !

Quelqu'un dit qu'on ne pouvait décider à la légère. On s'enquit de Monsieur Couthon. Mais j'étais sans nouvelle depuis le petit matin qu'on était venu le tirer du lit pour le mener en hâte à l'hôtel de ville. Je ne sais qui prétendit justement que les instructions de l'hôtel de ville étaient de ne pas rester à la merci des brigands. Tandis que les hommes patrouilleraient dans les rues, femmes et enfants devaient se barricader dans les églises.

On fit tomber une énorme poutre entre deux robustes portants réservés à cet effet. Ainsi, le battant de porte de l'église de Saint-Genès était bien barricadé.

Sur un des rares prie-Dieu, Maria berçait Toinou dans

le berceau de ses bras, en sussurant. Elle était enfin parvenue à ramener mon garçon, juste au moment que nous allions devoir quitter la maison de Biauzat. Accompagnée de ses deux enfants et de leur nourrice, Claudine se trouvait assise à même la jonchée.

Nous avions franchi avec soulagement la porte latérale du vestibule obscur, cloisonné de bois sombre et pavé de dalles noires. Dans la nef lumineuse se mêlaient des effluves d'encens, de suif et d'huile consumés. Après la peur ténébreuse, les feux follets allègres des lumières ! Dans le chœur, brûlaient quelques grands cierges. A droite, au fond de la nef latérale en berceau, c'était la voie lactée de dizaine de « chaleils » allumés tout au long de l'année.

Des femmes priaient et sanglotaient à voix à peine audible. Celles qui tenaient des enfants se taisaient ou bien chantaient très doucement des chants de nourrice. On était dans un calme étrange, comme si le silence devait éloigner les démons.

Ces démons, ils vinrent cependant. Quand les dernières lueurs multicolores se furent tues dans les vitraux, les respirations étaient les seules présences. Je m'étais allongée sur la jonchée, non loin de Maria et de Toinou. Soudain, une lueur me parut monter et descendre derrière le chœur ainsi qu'un signal. Je tâchai d'observer. Oui, c'était un signal qui m'était destiné. Je me levai précautionneusement, avançai sur la pointe des escarpins, approchai du chœur, passai derrière les stalles. Trop tard ! Je le vis ! Haute silhouette encapuchonnée. Par l'entrebâillement de la cape, l'habit vert émeraude ! Je voulus crier, on me bâillonna d'une main ferme. On me saisit à bras-le-corps, me ployait les reins en arrière, me remontait la jupe, me dénudait. Une lame de sabre jeta un éclair rouge. Il fallait à tout prix libérer ma bouche. Je mordis. Je hurlai.

On me passa une main apaisante sur le front :

« Allons, Marie, allons. Ce n'est rien, disait Claudine, ce n'est rien. Vous aurez fait quelque vilain cauchemar. »

*

La clé de notre porte n'était point tournée. Je souris de soulagement, de n'avoir pas à éveiller Georges. Mais quelle imprudence, une porte qu'il suffisait de pousser, en cette nuit barbare !

« Voici bien l'heure de rentrer en sa maison, mon épouse. »

Georges avait dit cela avec la plus grande des mansuétudes. Je fus prise de panique devant ce calme glacial. Au lieu de m'expliquer, je tremblai. Il était assis à sa table de travail. J'étais debout devant lui, Toinou dormant dans mes bras. Je le regardai sottement, sans proférer une parole.

« Il y a bien du désordre, dans cette maison. »

Il avait ajouté cela tristement, en baissant les yeux sur son travail.

Passée dans ma chambre, attenante à celle de Georges, je posai Toinou dans mon lit. Du désordre ? Je reculai pour embrasser des yeux la chambre entière. La glace à cadre et chapiteau doré sur la cheminée à gauche, les tableaux à médaillon sur le mur de droite, la petite Vierge et son enfant en ivoire au-dessus du lit, ce lit à la duchesse en basin jaune dont la courtepointe neuve était en taffetas également jaune, ce n'était certes point le train d'un château. Mais où y avait-il du désordre ?

Je passai dans le cabinet qui faisait communiquer les deux chambres. Les bouteilles en verre noir, la lampe de cuivre sans pied, la cafetière en terre... tout cela, certes, c'était à ranger dedans le placard. Ce que j'eus accompli en moins de temps qu'il n'en fallait pour le dire. Derrière Georges, je me glissai dans l'autre cabinet attenant à sa chambre. Là était le désordre ! L'écritoire, les deux bustes de plâtre, le miroir multipliant, les bouteilles vides et pleines, la lampe à pompe, le parapluie, les coquilles de mer... que sais-je encore ? Mais il valait mieux ne point se risquer à fouiller dans les souvenirs, Georges m'eût chanté une chanson bien mieux orchestrée encore que celle qui avait salué mon entrée, si j'eusse été inspirée de farfouiller en sa mémoire ! Avec juste raison, d'ailleurs.

Baste ! J'étais descendue faire du café sans me désoler plus avant de la remarque de mon époux. Cependant, quand je lui eus monté ses œufs, son pain et son café, je me permis de me plaindre :

« C'est tout ce que vous trouvez à me dire ?

— Que voulez-vous que dise un époux à sa femme qui a découché. Vais-je en sus devoir jouer le cocu imbécile ? »

Cocu ! J'eusse reçu une giffle...

Cocu. Ainsi donc, voici tout ce que mon époux trouve à dire ! Les hommes !... Essayez de leur ouvrir votre cœur, ils vous parlent comme s'ils ne vous parlaient pas.

« Que non pas, Georges, que non pas. Ignorant, plutôt. Au reste, je ne m'explique point que vous ne sachiez où j'ai passé la nuit.

— Et pourquoi le saurais-je ?

— Enfin, toutes les femmes du quartier étaient à Saint-Genest pour s'abriter des brigands !

— Ah ? pour quelle raison ?

— Mais... c'étaient les instructions... de l'hôtel de ville... de vous-même !

— Tiens donc ! Eh bien, sachez que je l'apprends et que je n'approuve nullement cet émoi provoqué par je ne sais quels agitateurs afin de faire accroire que le chaos s'emparerait du royaume. Tout ceci semble fort bien manœuvré par les opposants à l'Assemblée ! »

Alors, il reposa sa tasse, mit le menton sur les mains croisées, les coudes calés sur la table, dans cette posture qui lui était familière. Il me parla. Il y avait bien des jours qu'il ne l'avait point fait. Il dit que nous avions eu tort d'attacher foi aux rumeurs. Que j'étais mal inspirée de me tenir en dehors des affaires. Que je passais mon temps avec Claudine. Ce qui s'appelle passer le temps, alors que des choses encore jamais vues se peuvent entreprendre ! Les épouses devraient épouser la cause des maris...

Ah, ça ! L'air me manquait. Je bus une gorgée de café.

Je crois que je me trompai de tasse, buvant dans celle de Georges.

Épouser, ah ouiche !

Mais je ne demandais que cela ! Comment serais-je l'épouse de sa cause si j'en étais tenue ignorante ? Des bruits mensongers s'abattaient sur la ville, on en connaissait le caractère pernicieux et ne m'en touchait mot ! Combien de nuits passai-je seule, en regard de celle-ci dont il me faisait reproche !

« Vous vous croyiez cocu à tort, Monsieur, mais moi, j'ai raison de vous reprocher une rivale.

— Une rivale ? Voyons, Marie...

— Eh oui, vous couchez avec la Révolution !

— On n'a pas à rougir d'une telle rivale.

— Une rivale est une rivale dans le cœur qu'on aime ! Et puis, c'est égal, cette rivale ne m'inspire point confiance.

— Je vous croyais optimiste !

— On tergiverse sans accepter la déclaration des droits de Monsieur de La Fayette. On dit qu'à l'image des deux ordres qui renoncèrent à leurs privilèges à Riom, il en serait fait de même à Clermont. Mais, outre que les Riomois ont fait cela voici trois mois, la noblesse et le clergé seraient ainsi dépossédés des privilèges à bon compte ! Ces droits, il faudrait les racheter. Mais qui pourra les racheter ? le beau-frère de Maria, avec ses dix sols par jour ?

— Vous m'envoyez toujours vos pauvres à la figure. Vos missives sont bien mal adressées. Oubliez-vous mon surnom ? »

Je trempai les lèvres, dans ma propre tasse, cette fois. Ce café était amer. L'« avocat des pauvres », oui ! Mais ceci n'empêchait pas que restassent les grappes de malheureux qui mendiaient à la porte des églises. Mais c'étaient par milliers que les mendiants hantaient les rues de la ville ! Villageois sans ressources, journaliers qui ne trouvaient point à s'employer, venaient à Clermont glaner quelque pitance. On disait que certains villages, comme Saint-Jean-des-Ollières, faisaient en quelque sorte profession de mendicité en envoyant leurs jeunes sur les parvis de la capitale. Ce n'était pas avec quelques plaidoiries, encore moins avec quelques aumônes, que l'on pouvait soigner ce chancre ! Ce café, était-il amer ! Il fallait rendre justice à Georges, il s'était fait élire marguillier[5] de la paroisse. Bien qu'ayant peu d'estime pour l'Église, car elle laissait ainsi aller le monde de la misère et de l'iniquité, il gérait ses affaires temporelles pour organiser l'assistance aux plus démunis.

« L'assistance, est-ce bien toute la question ? Ne faudrait-il pas supprimer plutôt la pauvreté ? »

Georges eut un recul de tête, comme s'il avait reçu un soufflet :

« Vous n'allez pas m'apprendre la philanthropie. Je ne vous avais pas attendu pour savoir que tous les Français naissent égaux, que celui qui sert ne diffère de celui qui est servi que par la fortune, que le régime féodal qui pèse sur le peuple, l'outrage, l'avilit, le dégrade sans doute puisqu'il le sépare de la condition commune à tous les hommes et qu'il détruit l'égalité établie par la nature. Pour bien l'entendre, il faut philosopher.

On comprendra combien la différence d'homme à homme doit être moindre dans l'état de nature que dans celui de société, et combien l'inégalité naturelle doit augmenter dans l'espèce humaine par l'inégalité d'institution. »

Que de mots ! Je n'étais pas éloignée de penser de même. Mais que de mots !

Merci mon maître !

Cela semblait, c'était à s'y méprendre, un de ces grands discours de quelque bel esprit, ainsi que le *Discours sur l'origine* de Jean-Jacques.

Brou ! Café amer, mauvaise mère ! Toinou dormait-il ?

« Certes, il faut que change un jour ce monde d'inégalité. »

Georges poursuivait. L'attelage était lancé. Son vœu était

5. *Marguillier* : administrateur des biens de la paroisse.

d'obtenir davantage de justice pour les pauvres et de philanthropie dans le royaume. Cependant, la Révolution avançait pas à pas. Elle ne suivait point si facilement les jugements, encore moins les caprices d'un moment. Il faut avoir l'entendement aiguisé. Quand on prétend commander aux événements, il faut savoir en suivre le cours. Sachez que notre Assemblée nationale a détrôné les Américains dans l'admiration du monde. Vers elle convergent les regards de l'Europe entière !

« Mais, ajoutait-il l'air soupçonneux, je ne sais si vous m'entendez bien. M'accompagnerez-vous au bureau de charité ?

— Afin de jeter des miettes à la basse-cour !

— Vous !... vous n'entendez rien !... ainsi que toutes les femmes !

— Si je n'entends rien, inutile de vous importuner davantage ! Je me rends chez Claudine. Elle, lorsqu'elle me parle, je l'entends sans peine ! »

Ayant renoué mon fichu sur mes épaules, j'allai à la porte :

« Je vous croyais le maître attentionné prenant la peine de descendre jusqu'à son élève. Mais vous êtes bien trop occupé des affaires du monde, Monsieur le délégué, à correspondre avec l'Assemblée vers quoi convergent les regards de l'Europe ! Pour me vouloir hausser jusqu'à vous, j'en prends des crampes au mollet ! J'aime mieux la compagnie de mon sexe, lequel se meut à mon étage. Monsieur l'homme supérieur, je vous salue bien ! »

VII

HIPPOLYTE
(automne 1789-printemps 1790)

« Voici du vin de Marsala que j'ai fait venir de Marseille. Prenez donc ce verre, Marie. Cela est bon pour la mélancolie. »

Georges et moi étions invités au château pour la soirée. Après l'été orageux où les Parisiens avaient pris la Bastille et où les femmes de Clermont avaient pris la Grande Peur, j'étais menacée de replonger dans la mélancolie. En trois jours, Claudine était tombée malade, s'était couchée, était morte.

Les obsèques avaient été célébrées dès le lendemain, en grande pompe au milieu d'un immense concours de citoyens de tous les ordres et de tous les états. Trois cents hommes de la garde nationale en costume l'accompagnaient. Pour moi, le spectacle se troublait à travers les larmes. Je ne voyais que le souvenir de son blanc visage, aux cheveux de claire châtaigne tenus par un diadème. Sitôt que j'eus, en l'absence de son mari, arrangé ses affaires urgentes et la prise en charge de ses enfants par le comité permanent de la ville, je me couchai à mon tour. Georges me força à partir me reposer à Orcet. La comtesse m'attendait à la descente de voiture. Elle me cajola huit jours comme un petit animal blessé.

Ce soir, la Comtesse avait fait servir les liqueurs au salon. On avait pu dîner sur la terrasse, dans un reste de tiédeur que rendaient les murs. Mais, passés les fromages, la Bise fit des siennes. Il avait fallu avaler en hâte les confiseries pour se replier dans le château. Nous n'étions cependant qu'à la fin d'octobre. Mais on ne peut jamais savoir, avec ces soirées d'octobre, si ce sera le climat des îles ou du Septentrion. Il y avait là bonne part des Aragonnès. Un cousin par alliance, le négociant Bonnaud, pérorait sur la nécessité de remplacer le vieux cépage par du Gamay que les Parisiens achetaient les yeux fermés. Il buvait cependant à petits coups son verre de Marsala. Vers la porte, Georges se tenait debout devant la comtesse qui, assise dans un grand fauteuil, lui parlait en souriant. Madame de Laval, descendue de sa chambre pour la circonstance, avait bien voulu faire un reversis. Près de moi, le Comte chauffait ses jambes de podagre, vautré dans une chauffeuse devant le foyer. Contrairement à ses habitudes, il me jetait des regards attendris.

Une voiture au trot sonna le tonnerre sur les pavés. Le père Anselme en descendit en courant. Il faisait des enjambées de canard gras pressé. Pour qu'il courût ainsi, il fallait quelque chose de vraiment exceptionnel. Il faisait des mouvements de manches plus impressionnants que les ailes d'une poule en fuite. Il psalmodiait :

« Confisqués ! nous allons être confisqués ! »

Sommé de s'expliquer, il signifia qu'il était à bout de forces et quémanda un grand verre de Marsala. Ensuite de quoi, la face plus rubiconde que jamais, il annonça qu'on apprenait à l'évêché que l'Assemblée parlait de confisquer l'Église au profit de la Nation.

« Voici qui doit vous réjouir, Monsieur le « patriote »,

ainsi qu'on vous nomme ! » jeta-t-il d'un air bien provocateur vers Georges.

« Père Anselme, voyons ! » intervint la Comtesse.

Mon époux, revenu me quérir à l'occasion des vendanges chez son frère, était un peu le loup dans la bergerie. Je savais gré à la comtesse de sa bienveillance. Mais ce petit collet plein de soupe et de vin, ainsi que de lubricité à ce qui se murmurait, je n'allais pas le laisser attaquer Georges !

« Père, vous ne devriez critiquer mon époux. C'est plutôt l'"avocat des pauvres" qu'on le nomme habituellement. Il vient de faire décider au Comité permanent de Clermont une "souscription d'humanité" et on le nomma commissaire du bureau de charité de la paroisse de Saint-Genest. Si l'Église avait rempli sa mission de combattre la pauvreté, on n'aurait pas à la remplacer !

— Ma petite Marie ! que vous voici bien diserte ! Ignorez-vous que ce sont là propos sacrilèges et de plus séditieux ?

— Nullement ! Ce que Monsieur Couthon proposa, on l'a pu entendre en public, c'est de quoi rendre les pauvres meilleurs. Ce faisant, précisa-t-il "vous parviendrez infailliblement à la sûreté des riches". J'ai cité ses propres mots, mon père, car j'étais présente ce jour-là. »

Georges ne put réprimer un sourire. Point n'était besoin d'être voyante extra-lucide pour en deviner le sens. Moi qui demandais des comptes au jeteur de miettes, je le défendais maintenant ! Cette pensée dut lui donner des ailes. Car il prit son vol :

« Père, on sait que jamais je n'ai fait préjudice à quiconque, encore moins à un représentant de l'Être suprême. Car tout homme est respectable. Les hommes naissent et demeurent libres et égaux en droits.

— Voici encore de vos sornettes et de celles de l'Assemblée du tiers !

— Père, la Déclaration des droits de l'Homme et du

Citoyen ne contient pas de sornette. Elle est si pleine de sens qu'il la faudrait faire apprendre aux enfants.

— Jamais de la vie ! jamais ! Ce ne sont qu'idées sataniques !

— Entendez-vous que les idées du marquis de La Fayette sont sataniques ?

— Ah, ah ! votre joli marquis, parlons-en ! Quelle mouche l'a donc piqué de ramener le roi à Paris ?

— Ce jour du 6 octobre, le Marquis n'était point seul à Versailles, ce me semble.

— Monsieur d'Estaing était également de ceux qui... comment dire ? "escortèrent" le roi, je sais ! Ce n'est sans doute point le plus haut fait de l'amiral !

— Je pensais au peuple, au peuple de Paris qui vint chercher son roi, montrant en cela sa propre souveraineté.

— Ah ! ah ! écoutez ! mais écoutez ! Le peuple souverain ! On aura vraiment tout entendu, dans ce bas monde !

— Père Anselme, taisez-vous, vous nous assommez ! Bornez-vous chez moi à régenter le haut monde, voulez-vous ? intervint le Comte.

Il poursuivit en tisonnant distraitement les braises : Cette déclaration des droits, point ne faudrait la prendre à la légère. A mon sens, mieux vaudrait ne la point trop afficher.

C'est un voile qu'il serait imprudent de lever tout à coup, c'est un secret qu'il faut cacher au peuple jusqu'à ce qu'une bonne Constitution l'ait mis en état de l'entendre sans danger. »

Le Père Anselme exultait :

« Ah ! ah ! que disais-je ?

— On vous a demandé de vous taire, Père ! Laissez les gens d'esprit parler en paix et courez donc repassez votre catéchisme ! » intervint un fils du comte.

Je crus que le père allait nous laisser incontinent pour toucher un monde meilleur. Son visage, déjà haut en couleur à l'habitude, s'orna du plus parfait cramoisi. Ses yeux se révulsèrent, sa bouche s'ouvrit grande comme celle d'un saumon sorti de l'Allier. Chose étrange, ce salmonidé poussait par instant un pitoyable coassement de corbeau catarrheux.

« Cette déclaration solennelle, approuvée par tous les députés ou presque, excepté le "beau Mirabeau" et son "beau discours", ce sera la fierté de notre Révolution, reprit Georges.

— Hum, hum, fit le Comte ;

— Oui, oui ! Très bien, très bien, les droits de l'homme et de la propriété ! intervenait le négociant Bonnaud. « *Les propriétés étant un droit inviolable et sacré, nul ne peut en être privé.* » Je la connais déjà par cœur, moi, cette déclaration !

— En effet, reprit Georges. Mais, avez-vous également appris que la résistance à l'oppression est mentionnée au compte des droits naturels et imprescriptibles ?

— Si j'ai remarqué ?... »

Le négociant tendit son verre à un valet, s'assit près de Georges et s'adressa à la cantonnade :

« Imagine-t-on comme nous sommes opprimés ? En vérité, les douanes font que le vin arrive trop cher à Paris et que nous sommes condamnés à le donner ici !

— N'avez-vous su profiter des flambées de prix ? Vous me décevriez, Bonnaud ! intervint Madame de Laval.

— Elles sont si éphémères ! Et puis, on a son honnêteté, Madame. Je parle du commerce honnête. De celui du vin, le plus noble qui soit, Mesdames, ne vous déplaise. Mais comment le vendre son prix, si les commissionnaires de Paris en doivent rabattre des frais démesurés ? Il faut sans cesse payer ! Payer à l'octroi de Clermont, payer au bureau de la Navigation à Pont-du-Château, payer sur la Loire, payer sur le canal et payer au « Mur des Fermiers généraux[1] » ! Toujours payer, c'est insupportable, à la fin ! J'espère que tous ces droits seront supprimés par

1. *Mur des fermiers généraux* : barrière douanière à l'entrée de Paris, instaurée par Turgot et Lavoisier.

la Révolution. Laisser faire, laisser passer, voilà la vraie liberté !

— Possible... dit Georges. Mais avez-vous noté que bien des choses peuvent être comptées parmi les actes d'oppression ? L'accaparement des vivres, les privilèges féodaux...

— Vous savez bien, Georges, qu'il n'y a plus de privilèges, le coupai-je, anxieuse du tour de la conversation.

— Tout juste , enchaînait le négociant. Envolés, les privilèges, depuis le 4 août ! Quiconque peut racheter un droit féodal...

— Les paysans ne se révoltèrent point pour le droit d'acheter, à ce que je sais ! corrigeait Georges.

Il ajoutait à mi-voix, comme pour soi-même, les yeux dans le vague : Racheter, est-ce justice ?... là est la question.

— Quelle question ? Je ne vois pas de question. Si l'on a l'argent, on achète, sinon, on n'achète pas. Voyez-vous une question ? demandait Bonnaud alentour.

— Oui. Les droits seigneuriaux, monsieur, sont question de morale et non d'argent !

— Tout passe par la bourse ! et vous, monsieur le rêveur, vous le savez fort bien, qui vous faites payer pour vos beaux discours !

— Oui, il faut en convenir. L'entendement de vos pareils, privilégiés de tous poils, se réduit à la taille nécessaire à être contenu dans une bourse !

— Messieurs, je vous prie de vous taire ! Il est vrai que Bonnaud ne pense qu'à sa bourse ! Quant à vous, Couthon, ne venez point nous faire la morale chez nous, je vous prie ! »

La Comtesse s'était levée, blanche de colère.

Mon Dieu, faites qu'il ne réplique pas !

Hélas, Georges répliquait, lancé dans une explication confuse où il prétendait distinguer des droits légitimement acquis et des droits usurpés. Au fur et à mesure qu'il parlait, l'atmosphère devenait plus lourde. Certains, comme le comte, observaient les mouches au plafond, pour le moins gênés. D'autres donnaient les signes croissants du courroux. C'était le cas de ma mère adoptive, la Comtesse.

Ne va-t-il pas cesser ?

L'homme d'esprit n'entendait-il rien du scandale qu'il creusait à chaque mot davantage ? J'étais partagée entre la consternation et le soupçon qu'il provoquât volontairement la scène.

A la fin, ce fut un silence glacial. Le comte crachait dans le feu, hochant la tête. La comtesse alla ouvrir la porte :

« Merci de votre visite, Monsieur Couthon, et de votre prêche. Il se peut qu'il y ait de la générosité dans votre Église. Mais nous avons déjà depuis bien longtemps notre religion, voyez-vous, et je ne sache pas que nous ayons motif d'en changer. Adieu, monsieur.

Qu'on reconduise Monsieur Couthon ! » cria-t-elle alors vers les communs.

Sans un regard vers moi, comme hypnotisé par la scène qu'il jouait, mon époux s'est coiffé pour aller à la porte d'un pas qu'il voulait fort calme. Il plongea dans la cour bleue. Là, sa silhouette noire se détacha, se rapetissa dans la bruine d'étain de la lune et s'évanouit par la grande porte flanquée des tourelles crénelées d'une frise d'argent.

Le silence était retombé. Ce fut la vieille Madame de Laval qui le rompit. Elle se dirigea vers l'escalier en cachant à peine un bâillement derrière son éventail :

« Bonsoir à tous. C'était une belle soirée, un beau reversis et une belle conversation. Mais pourquoi ne nous parle-t-on jamais des droits de la femme ? »

*

Quelques jours après, Georges devait regagner Clermont. Nous marchions dans un silence sourd, quand Georges trébucha. C'était sur l'épais tapis d'une vigne vendangée. Comme on allait sur fin novembre, la petite herbe laissée pour se garder que les vendangeurs s'enfonçassent dans la boue, avait déjà un peu grandi. Mais le tapis vert était semé d'embûches. Parfois, une grosse pierre résistait sous la chaussure, vous déséquilibrait, manquait de vous faire tomber. Le buste de mon époux basculait en avant. Je lui tendis instinctivement les bras. Il s'aggrippa, se redressa. Il sourit. Alors, nous poursuivîmes nos pas, Georges s'appuyant sur mon épaule, moi tâchant de marcher avec la plus grande assurance possible.

Après les eaux de Néris, ses douleurs à la jambe droite s'étaient d'abord atténuées au point de se laisser oublier. Puis, elles étaient revenues, légères encore mais fréquentes à compter de ce printemps 1789. Depuis l'été, Georges ne savait plus ce qu'était se coucher sans souffrir. Maintenant, il pinçait les lèvres à chaque faux pas sur une pierre cachée dans l'herbe. J'évitais de voir son visage de séraphin aux joues pleines et aux lèvres charnues, s'aiguiser lorsqu'il heurtait un caillou.

Nous avancions côte à côte, sous les arches des échalas, liés par quatre en faisceaux assez hauts pour nous servir de voûte. On eût dit une église où les bois des ceps formaient de multiples nefs claires et aérées.

Soudain, peste ! ce fut moi qui trébuchai. La taille de mon ventre ne facilitait pas la marche dans la campagne. Comme je devais donner le jour à l'enfant au début de l'an prochain, à un ou deux mois de là, j'étais d'assez belles proportions déjà.

Cette soirée au château ! J'en étais sortie meurtrie du choc entre des êtres aimés, ma mère adoptive et mon époux. Mais je restais cependant pleine de compassion pour Georges. Nous avions voulu faire promenade ensemble. Lui, eût aimé le cheval, à cause de ses douleurs pour la marche. Comme il m'était interdit de chevaucher dans mon état de grossesse, on avait tranché pour une promenade en voiture. Mais, arrivés devant les vignes, devant l'alignement amaigri et nostalgique de ce qui avait été les exubérantes sources du vin doux de la vendange, nous n'avions pu résister. Attachant le cheval à un noyer, nous étions descendus faire quelque pas.

Sur sa colline, au-delà de la remontée des vignes châtaigne, Orcet gisait, les roux de ses toits éteints par la grisaille du jour. Le vieux clocher carré soutenait son toit plat avec peine, comme un vieillard tient ses derniers jours, sans illusion. Derrière, la Limagne stagnait. Les rectangles et les losanges des friches et des champs étaient engloutis dans une sorte d'étang sans vague et sans reflet, une bizarre eau de noix claire mêlée de traces de lait.

Malgré les chaudes couleurs de l'automne, la mélancolie montait en moi comme une crue de printemps où les eaux de la fonte des neiges transissent la nature.

Au-dessus, c'étaient les éléments qui noyaient les puys. Quoi de plus inattendu que l'horizon de la chaîne des puys ? Ce qui s'ouvre parfois en étal de joyaux rutilants, n'était ce soir-là qu'un obscur cul-de-basse-fosse. Les vapeurs méphitiques, les linceuls souillés de la Nature étouffaient les sommets dans leur geôle navrante.

Georges effaça une larme sur ma joue et y posa à la place un baiser.

*

Du petit doigt, j'écrasai une larme au coin de mon œil. Crotte ! J'aurais encore gâté le rouge sur ma pommette ! Au beau milieu de toute cette société !

Mais personne ne s'occupait de mon rouge. Face à nous, l'amante agitait son mouchoir de dentelle sans pouvoir prononcer un mot. Elle se tenait debout, à son balcon, avec la plus grande des peines. On savait, je sentais que ses jambes ne la tenaient plus, qu'elle s'agrippait à la balustrade pour ne point paraître défaillir, qu'elle s'effondrerait inéluctablement dès qu'il aurait tourné le dos. Son amant, Jean Fabre, jeune protestant de Nîmes, partait aux galères du roi. Il avait exigé de remplacer son vieux père condamné pour avoir participé à une réunion de la religion huguenotte interdite. On allait l'enchaîner pour le mener à Nantes.

La troupe des Quatre Vents arrivait de Paris. Elle se rendait au Midi, à Nîmes où on lui promettait grand succès. Mademoiselle de Lorsanges, en grande robe ancienne rutilante et à collerette empesée, interprétait le rôle de l'amante, une jeune aristocrate qui avait renoncé à un parti plus fortuné pour se vouer au jeune homme héroïque.

Dès que Jean Fabre fut sorti côté Reine[2], la comédienne pirouetta sur elle-même en tordant la taille qu'elle avait si fluette, parut enlevée telle un fétu de paille au vent du destin, puis s'abattit pâmée sur la balustrade, renversée la tête en bas. La coiffure défaite laissait choir la cascade d'un cuivre liquide. La gorge, libérée d'un corsage délacé sous l'effet de la douleur, débordait en un flot de chair vive dont l'abondance surprenait.

Debout, Georges fixait la scène, légèrement penché en avant, les mains sur le rebord de la loge, tandis que les applaudissements se déchaînaient. Il resta immobile un moment. J'applaudissais en l'observant. Enfin, il regarda le public du parterre, parut s'apercevoir que l'acte était achevé, commença d'applaudir à tout rompre.

Le parterre frappait des mains, trépignait, criait même. Il y avait quelques protestants dans la salle. *L'Honnête Criminel*, pièce de Fenouillot de Falbaire, interdite deux années durant, éveillait en eux des échos bien compréhensibles. Il eût aussi fallu compter au nombre de ceux qui manifestaient un tel enthousiasme, les jansénistes qui avaient ruiné la puissance des jésuites. Sans oublier, bien évidemment, les philanthropes et les patriotes. Le parti de Gaultier de Biauzat avait investi le parterre. Ceux de La Fayette et de Beaune se montraient plutôt dans les balcons.

Georges continuait d'applaudir.

Les comédiens se donnaient la main pour saluer en avan-

---

2. *Côté reine et côté roi* : côté cour et côté jardin.

çant vers le public, plongeant en grandes révérences qui dévoilaient encore les profondeurs foisonnantes du corsage entrouvert de Mademoiselle de Lorsanges. De la loge entre colonnes où nous étions, au-dessus de la scène, on eût cru que la comédienne portait seulement quelque vêtement destiné à étaler sa gorge sans en voiler quoi que ce fût, pas même, l'impudique, les boutons qu'elle avait, semblait-il, d'un rouge éclatant qui perçait la blancheur de la peau.

La nuit était déjà venue quand nous sortîmes, vers la demie de sept heures. On prit des chaises pour l'auberge du père Mouton où Monsieur Chazot, commandant de la Garde et ami de Georges, nous priait avec Mademoiselle de Lorsanges.

Imaginez que la comédienne exigea des mets légers, à la mode anglaise. Il convenait, savait-on, de ne se jamais alourdir avant le sommeil. Georges et Chazot acquiesçaient obséquieusement. Le père Mouton proposa un menu qu'il tenait pour ce genre de clientèle, venue de Paris ou de Lyon, qu'il savait traiter à la perfection. Potage d'herbes au jaune d'œuf sans beurre, carpe au court-bouillon, longe de veau à la marinade et pour finir œufs à la neige. Mademoiselle de Lorsanges applaudit. On n'était donc pas si mal, en Province ! Quand l'aubergiste proposa ses vins, cela commença à se gâter. Georges avait assuré que la réputation de sommelier de l'hôte courait de Corrèze au Rhône et de Bourbonnais en Lozère ! Il était capable de vous fournir sur-le-champ quelque grand cru que vous demandiez. Par-dessus tout, il n'avait pas son égal pour apparier un mets avec une bouteille. Pas un plat qui n'appelle son vin ! aimait-il à répéter l'air entendu. Il conseilla les vins de Loire qui ne chargeaient point. Un côteau de l'Aumance blanc, « vin pour la mer » fort prisé des Anglais, conviendrait à la carpe. Un bourgueuil de jeune cabernet ferait merveille sur la longe de veau. Si les dames préféraient bouder le fromage, une blanquette de Limoux accompagnerait les œufs à la neige, sans toutefois les affecter !

Maître Mouton achevait de décliner ses propositions, l'œil clos et le sourire béat.

« Je voudrais dîner au vouvray sec et pétillant, rien qu'au vouvray ! » dit la voix lourde de la Lorsanges.

Imaginez la tête de l'aubergiste ! La pratique ne discutait jamais sa science. Il avait servi les plus grands d'Auvergne sans que jamais lui fût fait l'affront de mettre en cause son art. Et ne voilà-t-il pas qu'une dame de Paris, une dame... c'est du moins ainsi qu'on la qualifie ! ne balançait une seconde à exiger qu'on lui servît le même vin tout au long du dîner !

Le plus fort était que Georges et Chazot, qui se piquaient pourtant d'être initiés au vin, découvrirent un charme soudain dans l'idée de ladite dame ! Le père Mouton s'éloigna offensé. Et voilà comment il fallut ingurgiter un des soupers les plus fins et les plus légers, ainsi que des plus coûteux de la ville, en buvant exclusivement un breuvage ingrat et piquant !

A la longe de veau, Mademoiselle de Lorsanges me servait elle-même du vin en riant :

« Vous ne buvez rien, ma chère ! Aimez-vous le théâtre ? »

Mieux que son vouvray ! Cette Lorsanges m'indisposait ! Mais j'avais bu plus qu'elle ne disait. Assez pour laisser l'optimisme prendre le pas sur le chagrin et pour laisser échapper un désir enfoui :

« Oh oui ! Toute petite, je rêvais de monter sur la scène et d'y remporter un triomphe. Aujourd'hui j'ai d'abord envie de voir ces grandes tragédiennes qui font pleurer la capitale.

— Il faut me venir visiter à Paris. Je vous conduirai dans les meilleurs théâtres.

— Qu'y donne-t-on ces jours-ci ?

— Ne m'en parlez pas, nous avons eu la bataille de Charles IX !

— La bataille de Charles IX ?

— Oui, imaginez qu'on refusait à Marie-Joseph Chénier de faire jouer sa pièce par la Comédie. Mais ce Monsieur Chénier a de la suite dans les idées. Des semaines durant, on entendit parler de Charles IX, davantage que de Polyeucte ou même de Figaro ! Les patriotes prenaient son parti, les Comédiens n'étaient nullement pressés, surtout les Noirs[3] ! L'auteur a fini par obtenir une représentation début novembre. Et là, ce fut extraordinaire ! Il fallait voir Monsieur Talma ! »

La comédienne se leva, acheva de se draper la poitrine d'une grande serviette, prit l'air martial, la fourchette brandie. Ce Talma avait déjà agité Paris en jouant Brutus dans une toge dessinée par le peintre David. Mais il faut avouer qu'on ne s'attendait pas à ce qu'il produisît un tel effet. Il porta pour la circonstance un sobre costume de velours noir rehaussé de quelques broderies d'or, en cheveux noirs et courts. Tous les comédiens, habitués aux longues perruques tuyautées et aux riches vêtements de soie, étaient stupéfaits. Mon Dieu, disait-on, il a l'air d'une statue ! Le rideau tomba sur un tonnerre d'applaudissements dont Mirabeau donna le signal de sa loge. Danton soi-même déclara :

« Si Figaro a tué la noblesse, Charles IX tuera la royauté. »

Mademoiselle de Lorsanges, ayant arraché la serviette, la tendait ainsi qu'une oriflamme. Elle se tenait debout sur la chaise. On pouvait voir qu'elle avait troqué la robe de scène contre une fragile robe de soie incarnat à l'anglaise. L'encolure plongeante faisait courir une fine garniture de tulle. Sous l'effet du geste théâtral, le décolleté nonchalant bâillait. Georges ne la quittait pas des yeux.

C'est alors que, avant de l'avoir délibéré, j'avançai le buste au-dessus de la table. J'allais être mère. Ma gorge, un peu lourde, roulait de côté, plénitude soulignée par la chasteté du velours qui la cachait. La gorge d'une mère

3. *Noirs* : aristocrates réactionnaires.

n'avait rien à envier à celle d'une histrionne ! Ou bien fallait-il être aveugle, crotte alors !

Quand j'allais passer dans le cabinet séparant ma chambre de celle de Georges, il m'embrassa soudain la taille, les épaules. Mes épaules, nues, glacèrent sous sa main. Il n'y avait pas de feu dans la cheminée. Je tremblai. Georges releva le châle sur ma peau, gardant une main entre tissu et chair, traçant d'un doigt lent dans mon dos une ligne brûlante, depuis le cou jusques aux reins.

« Si vous me faisiez la grâce de coucher à votre côté, je vous réchaufferais », souffla-t-il.

*

Monsieur Chazot me montra l'enfant. On l'avait paré d'une immense robe blanche de baptême sur laquelle s'enroulaient une mante et un capuchon.

« Ramenez-le vite, je vous en supplie ! dis-je en passant un doigt sur les coussinets de chat qui dépassaient de la dentelle, si menus qu'on osait à peine y toucher.

— N'ayez crainte, nous ne le mangerons pas. Et le curé pas davantage !

— C'est... qu'il fait si froid dehors. Et l'église est glaciale. »

Chazot leva le petit corps enveloppé de blanc :

« Crédieu, Jean-Pierre François Hippolyte Couthon, il est temps de se risquer dans le monde ! N'écoutez pas cette femme dont vous sortez à peine ! Croyez-moi, le mieux qu'on ait des femmes, c'est plutôt d'y entrer !

— Comte, je vous en prie ! » intervint la Comtesse.

Jean-Pierre François de Chazot, maître de camp de dragons, commandant du bataillon des chasseurs d'Auvergne et de la garde nationale de Clermont, allait porter mon second garçon sur les fonts baptismaux de Saint-Genès. C'était ce jour même du 21 janvier 1790 où j'avais donné naissance à Hippolyte vers la minuit. Chazot et Georges ne s'étaient pas fait faute de déjà commémorer l'événement, si j'en jugeais par l'haleine du père ainsi que par la verdeur inaccoutumée des propos du parrain.

La sœur de Claudine, à qui j'avais été présentée lors des obsèques, avait tenu à remplacer Madame de Biauzat en amitié. Elle m'avait à tout prix voulu aider à préparer les couches.

« N'en croyez rien, ce ne sont point les premières les pires ! Il vous faut prévenir contre une trop grande faiblesse, m'amie. Mangez des viandes, buvez du vin et prenez des confiseries. Tenez, dites donc deux mots à ces pêches confites ! Je les ai commandées à la cuisinière pour vous. Et puis faites de la chaise, chaque fois que possible ! Il vous faut des forces à tout prix. Les couches sont un supplice que ne supprimera jamais le roi ! »

Je commençai à avoir des sueurs, m'éveillant la nuit en pensées de la délivrance prochaine. Il faut dire que la « matrone » qui m'avait assistée pour Antoine, ne m'inspirait aucune confiance. Elle montrait une vue déjà plutôt raccourcie par les ans. Figurez-vous qu'elle avait réussi son diagnostic en brandissant le plus entier des fils aînés et ne m'annonçant, les yeux mi-clos, que je venais de donner le jour à une fille ! Quand Claudine elle-même l'eut invitée à s'approcher afin de mieux constater la chose, il fallut que la vieille recourût à la méthode de saint Thomas qui ne croit que ce qu'il touche ! Mais que faire ? Nos sages-femmes et nos chirurgiens ne dépassent guère le savoir des matrones, sinon en galimatias !

A la tombée de la nuit, j'entrai dans les douleurs. Quelle peur ! Qu'allait-il advenir de moi et de l'enfant, si les secondes couches étaient les plus risquées ? Pourquoi nous imposer telles épreuves, mon Dieu ? Je claquais des dents. Georges s'en inquiétait au plus haut point, voulait courir chez le chirurgien, se ravisait, commençait de me préparer une tisane de camomille.

Les douleurs ne cessèrent pas. Il courut chercher Maria. Celle-ci arriva, les cheveux blancs de givre et les joues en feu. Cependant, Georges était en quête du chirurgien.

Maria me rafraîchit le visage. Elle me donna un peu de vin. A compter de ce moment, je ne me rappelle plus rien avec précision. Il y eut le chirurgien. Il y eut aussi la matrone. Il y avait, heureusement, Maria. Son visage, aux joues pleines, colorées, aux solides sourcils qui se touchaient, à la bouche marquée de moustache. Ce visage robuste me souriait. De sa main, elle tenait la mienne.

Hippolyte eut des débuts difficiles qui m'accaparèrent, cependant que Georges était occupé à ses affaires. Une maladie de poitrine, surtout, tint le petit plusieurs jours dans les fièvres.

On le devait frictionner plusieurs fois la journée avec de la pommade pectorale « du sieur Goujaud » que l'on délayait avec du lait en une bouillie claire. Aussitôt la fièvre vaincue, il fallut compléter avec de la « gelée de lait ». On la devait préparer avec du lait de vache, de la moelle de veau sans os ni graisse et du jarret de derrière, le tout cuit à la braise dans un pot de terre, puis passé et refroidi dans un pot de faïence propre. Durant deux semaines, je refis la préparation chaque soir, afin qu'elle ne se gatât point. Les tétées étaient toute une cérémonie ! Car, avant de donner le sein à Hippolyte, ce qui prenait force temps pour la raison de sa faiblesse, il fallait lui donner auparavant une pleine cuillerée à café de cette gelée, laquelle il refusait d'abord et ne prenait que fort laborieusement, à force de patience et de temps. Chaque soir, l'opération prenait au mieux une bonne heure, deux, dans les cas moins favorables. Si bien que, écrasée de sommeil, j'ôtais un soir l'enfant de son berceau afin de le prendre dans mon lit.

Lorsqu'il rentrait du Comité permanent, Georges soulevait le rideau du lit, demandait des nouvelles de l'enfant si j'étais d'aventure éveillée et restait un moment en contemplation. Je m'endormais, épuisée, rassurée. Tout le temps que durèrent les fièvres, le père coucha dans ma chambre sur une chaise longue fort opportunément prêtée par Monsieur de Biauzat. Chaque fois que l'on s'alarmait de la santé du petit, la fièvre ou la diarrhée, il courait chercher le médecin.

Fin février 1790, Hippolyte était tiré du mauvais pas. Comme il tétait à qui mieux mieux, cela faisait monter le lait de plus belle. Ma gorge doublait de proportions. Je me prenais parfois à observer dans le miroir sur la cheminée ces globes enflés de lait et marqués de dessins de veines outremer. Aux bouts grossis et rougis, se pouvaient apercevoir, commençant à sourdre en deux ou trois petits points blancs, des gouttes de lait. Mais mon époux ne s'aperçut pas même de la métamorphose, occupé qu'il était toujours à prendre un somme entre ses mille affaires, celles de l'avocat comme celles de la province ou bien celles de la ville.

Bien des jours après la guérison d'Hippolyte, Georges rentrait toujours aussi tard. Même lorsque je n'étais point occupée à la tétée, il s'endormait lourdement. C'était maintenant dans sa propre chambre. Il l'avait regagnée depuis que la santé du cadet n'était plus propre à alarmer un père. Parfois, levée à l'improviste au milieu de la nuit, je l'allais observer à la lumière de la lune qui neigeait faiblement par la fenêtre. Maintes fois, il n'avait pas même pris la peine d'ôter son habit. Son visage d'ange un peu mûr respirait l'inquiétude, bien davantage que le repos. Ses sourcils, d'ordinaire si régulièrement arqués, serpentaient en se rejoignant en haut du nez. Sa lèvre avançait une moue énigmatique. Alors, je remontais sur sa poitrine la houppelande qui recouvrait son lit.

Un soir, pourtant...

« Est-ce vous ? »

C'était lui, mon époux, entrant dans ma chambre au moment où s'achevait la tétée. Par bonheur, j'avais passé une chemise de dentelle qui me seyait à ravir. Je pris soin de ne mettre nulle précipitation à refermer la dentelle sur mon sein plein et blanc.

« J'espère que je ne vous dérange point.

— Georges ! quelle question ! Vous êtes toujours si bienvenu...

— Je voulais vous parler.

— Oh oui !

— Vous entretenir de l'inoculation de la petite vérole artificielle.

— Ah ! Qu'est-ce donc ?

— Certains médecins procèdent maintenant à cette inoculation. Cela garantit l'enfant contre la maladie naturelle.

— Mais... ne faut-il préférer de laisser faire la Nature, plutôt que de rendre les enfants malades ?

— Votre objection est pertinente. Certains la défendent. Mais je crois qu'au bout du compte, ce sont l'audace et l'intelligence qui font le progrès, plus que la prudence... *L'Encyclopédie* de Monsieur Diderot en est l'illustration criante. Du moins cela est-il avéré dans les sciences et les arts.

Il faut fouler aux pieds toutes ces vieilles puérilités ; renverser les barrières que la raison n'aura point posées ; rendre aux sciences et aux arts une liberté qui leur est si précieuse !

Voyez-vous, rien n'est plus étranger à la raison que le tour d'esprit par lequel on refuse les inventions ! Mais telle est l'ironie du sort que c'est parfois chez qui devrait attendre des améliorations, que l'on observe davantage la réticence aux nouveautés. »

Georges s'échauffait, marchait de long en large en me citant cet ami, dont le nom ne me revient pas, lequel était chirurgien des Jacobins et des Dames Hospitalières et avait suggéré d'établir un paratonnerre. « Vi vieux ! » Mille clameurs s'élevèrent à l'instant dans la ville. On allait défier Dieu en pointant ainsi une lance vers le ciel. Jouer avec le feu, le feu de Dieu, jamais de la vie !

« Eh bien si, Marie ! Le bonheur est hors de portée des couards. Il appartient à ceux qui jouent avec le feu ! »

Sur cette réplique, mon époux prit congé. En fait de feu, le froid traversait la dentelle de ma chemise.

Par la suite, même lorsque Georges rentrait tôt à cause de sa jambe qui le faisait souffrir et que, après avoir nourri, lavé et endormi Hippolyte dans ma propre chambre, je me venais coucher à son côté, il était souvent profondément enfermé dans le sommeil.

Ainsi, certaine nuit froide. Mais quelle horreur ! Cet homme que j'avais tant pris plaisir à voir dormir, voici qu'il ressemblait à un homme mort ! J'étais glacée. Puis, très vite, j'eus trop chaud. Je bouillais.

Dans le cabinet voisin, je pus battre le briquet. Un plein gobelet d'eau glacée tirée de la cruche. Cela me saisit la poitrine. Les rideaux étouffaient toute lueur. Le « chaleil » sur l'écritoire, je bassinais mes tempes de cette eau de la cruche qui semblait près de geler. Cela fouettait mes joues, mon front. Le miroir. Il multipliait. J'observais. Le bonnet ôté, ma main de statue marmoréenne se levait, peignait longuement les cheveux noirs, un peu mêlés par l'oreiller. Ils reflétaient furtivement les éclats jaunes de la flamme. Les yeux s'ouvraient, ardant dans les franges obscures des cils. De la bouche fusaient des jets de buée. Alors, mes pieds nus recommencèrent à glacer sur les carreaux. Le froid enserrait ma poitrine par les mille jours ouvrageant la chemise de dentelle. Un frisson me ballotta. Un autre.

Je retournai me glisser dans le lit de Georges. La bonne chaleur ! Mais, très vite, elle redevint excessive. Hippolyte hurla de toutes ses forces. J'allai donner la tétée. Dans ma chambre, le froid m'ensevelit de nouveau la poitrine, les pieds, les jambes, le ventre. Je m'enfonçai dans mon propre lit. Des soupirs ténus sourdaient à mon flanc. Un petit animal flairant timidement la vie. Mais, petit animal timide, tu dévores la mienne ! Point n'était besoin d'être docteur en philosophie pour conclure.

Vrai ! c'étaient là mes premières nuits d'amour avec un autre homme ! Mon nouvel amant était bien capable de durer des nuits entières à sucer mon sein. Mais il faisait peut-être un peu chétif ! En tout cas, c'était un usurpateur ! Quel était ce quidam qui s'évertuait en vain à remplacer mon époux ? Il faut choisir, l'enfant ou l'homme ! L'enfant, lui, avait bien le temps d'avoir des préoccupations d'amour. J'allais mettre Hippolyte en nourrice, cela dût-il coûter, de l'argent et du chagrin. S'agissant de l'amour d'un mari, rien ne vaut d'être économisé, ni argent, ni peine, ni personne. Rien.

VIII

LA FÊTE
(été-automne 1790)

« Les idées de liberté élèvent... l'âme et donnent de... Mon Dieu comme cela traîne ! allons un peu de vivacité, aspire, reprends ! Les idées de liberté élèvent l'âme et donnent... et donnent... » et donnent de la crotte ! ah mais ! Ce discours ne vaut rien !

Ce discours ne valait rien du tout ! Je l'avais écrit, assise à la tablette du secrétaire. Il ne se prêtait pas à être joué devant la glace. Ou bien était-ce moi qui ne valais rien ?

Comment veut-on que je me sente dans le rôle de Madame l'épouse du président par intérim du Conseil général de la ville, ainsi en grosse chemise et bonnet de coton, trois mèches dégoulinant sur l'épaule, la peau encore luisante du sommeil et le regard manquant du feu artificiel des fards ?

14 juillet 1790 ! La fête de la Fédération devait commémorer, à Clermont comme dans toute la nation, cette magnifique journée où les Parisiens avaient renversé la forteresse de l'absolutisme. Place de Jaude, je devais présen-

ter les sentiments patriotes des femmes de la ville. La chose m'avait semblé aller de soi lorsque Georges m'en avait fait demande. Mais, maintenant...

Je passai la chaste robe blanche de coton fin qu'avec les autres dames, je devais porter à la tribune. Le joli diadème de taffetas noir s'orna ma foi fort bien d'une broche en or. Un air de rouge éveilla mes joues. Je me plantai devant la glace de la cheminée. L'on s'y voyait jusqu'à la ceinture qui prenait sous la gorge, à l'antique, laissant deviner l'arrondi pesant des seins, la chute de la taille, l'évasement des hanches. Un vêtement destiné à paraître chaste ! Comment allais-je trouver la force d'ainsi m'afficher ?

J'atteignis la grande ouverture de la place de Jaude. Le ciel, si discret dans la ville, me trempait soudain d'une averse drue d'or et de cobalt. Sur ma droite, un attroupement faisait poudroyer la poussière d'or, là-bas, tout au bout de l'extrémité Nord. J'égrenais la succession des petites maisons des tanneurs situées devant moi, le long du ruisseau qui courait « au jour »[1]. Sur ma gauche, la petite chapelle de Jaude bornait la vue.

Un bourgeois me toisa avec admiration. J'avais troqué ma robe de cérémonie pour une robe de brocart vert, une de ces robes léguées par Ursule. Les broderies d'argent, à peine entamées par les ans, la lourdeur du tissu d'épaisse soie me mettaient plus à l'aise que le coton fin qui vous dénude. Je marchai entre les flaques séchées, les pierres qui saillaient çà et là, le crottin qui restait de l'exercice de la troupe. L'estrade s'élevait près de la chapelle. Le fronton de bois qui la devait surmonter était encore en partie inachevé. Déjà, je transpirais. D'un regard circulaire, je fis le tour de cet immense lieu où je devais prononcer le lendemain des paroles solennelles en grand public. Un flux de ventre me darda les entrailles. Je dus courir pour rentrer.

1. *Au jour* : sur le côté Ouest.

« Avez-vous bien exprimé l'ardeur patriote des femmes de la ville ?

— L'ardeur patriote... précisément...

— Oui ?

— Il n'est point aussi aisé d'être patriote... pour une femme.

— Tiens donc, voici une chanson qui ne vous vient point aux lèvres d'habitude ! Je croyais que vous jetiez aux orties la femme timide et mineure.

— Ce n'est pas cela.

— Qu'est-ce donc ?

— Voyez, on devrait pouvoir dire que la Révolution apportera le bonheur.

— Eh bien ?

— En fait de bonheur, à l'instant, l'on verrait plutôt s'accroître la misère.

— Nous avons déjà tenu ce débat, ce me semble.

— C'est que les choses sont en l'état ! »

La chaleur de la journée s'était vite évaporée ainsi qu'il arrive souvent chez nous, en été. La Bise était rentrée ce soir en ville. Comme je n'avais pas encore fermé les fenêtres, elle avait investi aigrement la maison. Georges trouva qu'il faisait froid. Cela ne valait rien à ses douleurs. On avait passé le jour à transpirer, et voici qu'on allait trembler de fraîcheur ! Si ce n'était pas assommant, à la fin !

Agenouillée devant le feu, j'arrangeais les bûches, à larges mouvements du tisonnier. Je me taisais. Georges marchait de long en large, ainsi qu'il faisait toujours quand nous raisonnions. La lampe neigeait des flocons jaunes. Son pas irrégulier se rapprocha comme une peau de tambour que l'on tend. Ses mains d'eau fraîche coulèrent sur mes épaules. Sa voix était douce et ferme. Le patriotisme, comment pouvais-je en parler avec telle désinvolture ? Il fallait en ces jours combattre sur la place publique.

« Oui, oui, je sais... »

On ne parlait maintenant que du courage public de Georges. On disait qu'un jour le président de la société le rappelait à l'ordre en lui signifiant qu'il n'avait pas la parole. « Je la prends, égrena-t-il ainsi que le toscin, pour vous rappeler votre devoir ! » Le voici, le patriotisme. Et Monsieur de La Fayette, croisant le fer avec le Comte de Mirabeau, ténor de l'Assemblée, orateur écouté de l'Europe ! Fallait-il qu'il en eût, le jeune marquis, pour se risquer à proposer contre les vieux renards de la Constituante, sa propre rédaction des droits de l'homme ! Un chevalier sans peur et sans reproche. Ah, les chevaliers...

Mon regard se perdait dans les flammes, traversait la lourde plaque de fond de foyer, passait à travers la muraille, dévalait la rue, chevauchait à tout rompre sur la route, levait l'ancre à Nantes pour les îles. Là était un autre oiseau de haut vol, l'oiseau au plumage d'argent, l'enseigne de vaisseau de guerre, Monsieur Paul-Gilbert Aragonnès d'Orcet, tout droit dans la mitraille balayant le pont, serein dans la bataille.

« Quel homme merveilleux !

— Merveilleux, dit Georges avec un petit rire, l'expression est peut-être un peu démesurée. Vous me flattez exagérément, m'amie. »

La soirée s'étirait. Je ne pouvais chasser de ma pensée les grands oiseaux migrateurs. Tantôt c'était un épervier à plumage d'argent, tantôt un aigle rose distrait.

Soudain, Georges intervint :

« Allons, voyons ! Ce ne sont point Saints du Paradis ! s'échauffa-t-il. Sans doute, ces aristocrates libéraux sont-ils assez brillants, tout fardés et brodés qu'ils sont ! »

J'eus un frisson. Qu'avais-je dit ? Avais-je pensé à voix haute ? Encore un frisson. Mon époux avait repris sa marche, la voix posée. Mais, voyais-je ? Paul Gilbert était chevalier comme La Fayette était marquis. Nobles ! Ils ne craignaient pas le danger ? La témérité est une qualité de ceux qui dominent. Un privilège. Aux nobles sûrs d'eux, même la mort est plus facile. Avec quelle désinvolture certains Grands se lancent dans la Révolution ! Tandis que nous, humbles mortels, pour n'être point de ces privilégiés, nous devons agir avec prudence.

« Aussi est-ce pourquoi je ne puis trop parler de patriotisme. Les femmes, voyez-vous entendent bien le langage de la prudence. Nous hésitons à nous afficher, nous.

— Madame de La Fayette, elle, n'hésite point à se ranger aux côtés de son époux.

— Je ne demande qu'à faire de même auprès du mien, et vous le savez !

— Y a-t-il quoi que ce soit qui vous en tienne empêchée ?

— Mais oui ! Comment saurais-je parler au nom de toutes les femmes ? Comment saurais-je parler au peuple amassé place de Jaude en un jour aussi solennel ? Je ne suis pas avocat trempé par des années de débat, moi ! Songez-vous qu'il n'est pas de féminin au substantif "avocat" ?

— C'est ma foi vrai. Parlez donc dans mon sens.

— Est-ce vous, à cette heure, qui dites cela, que moi, femme, je dois être l'écho du mari ? Si je vous entends bien, le mieux eût été que vous épousassiez un cacatoès des îles, dont le plumage est fort brillant et qui répète fidèlement sans l'entendre tout ce que vous lui dites !

— Cessons, voulez-vous ? Vous avez de l'esprit, ce n'est point d'aujourd'hui. Mais il n'en reste pas moins qu'il vous faut en user pour parler à cette fête, Marie. La Révolution, le bonheur, ne peuvent aller sans les femmes.

Dites ce que je dois faire pour que vous parliez. Dois-je entrer à la Société fraternelle des deux sexes ?

— Sot ! D'abord, vous le pourriez. Ensuite, Monsieur le grand sot, vous savez très bien ce qu'il faut faire pour m'amadouer. »

Mon époux a glissé un coulis de baiser dans mon oreille. Un bain de chaleur coula en ma poitrine.

« Allons, lui dis-je, si vous me veniez aider à l'écrire, ce discours au nom des femmes ! »

*

En l'absence de Monsieur Gaultier de Biauzat, député à l'Assemblée, le Président par intérim du Conseil général de la ville devait parler. Derrière nous, sur l'estrade, parmi les édiles et les autres autorités civiles, écharpe tricolore en bandoulière et tête nue, Georges, s'appuyait sur sa canne. Au-dessus, se dressaient de lourdes colonnes de carton-pâte, de bois et de stuc, surmontées d'un ample chapiteau où courait une guirlande de lierre. Georges prit son souffle, lança sa harangue en levant le menton.

Je n'entendais ses paroles que par rafales :

Je n'avais d'autre titre pour prétendre à l'honneur que m'ont fait mes concitoyens... zèle le plus pur et le plus ardent pour leurs intérêts... jusqu'à mon dernier soupir... ville que mon cœur a adoptée tous les instants de ma vie...

Le reste se perdait dans l'air vibrant, courait s'égarer sur les toits et s'échappait dans les nues.

La Révolution unit tous les états... une redoutable et intéressante fraternité...

Dire que je vais devoir me trouver dans quelques minutes à sa place !

Je n'étais point si éloignée. Mais le peuple, voisinant tout à notre gauche, ne cessait de faire du brouhaha par-dessus lequel le vent d'Ouest étendait ses grands voiles bruissants. A notre gauche et à notre droite, devant le peuple s'étiraient les lignes des gardes, chasseurs et maréchaussée qui avaient aligné leurs bataillons et brigades afin d'encadrer l'enceinte. Les uniformes tricolores des gardes nationaux étaient, eux aussi, du plus bel effet. Face à nous, l'autel, où se tenaient les ecclésiastiques en blanc, pourpre et noir, flanqué de deux patènes d'or, dressées sur leur piédestal, encensant l'atmosphère.

Avais-je absolument en tête les paroles que je devais dire ? Je les savais par cœur plutôt dix fois qu'une, et pourtant il me semblait soudain que ma mémoire s'était absolument vidée. Le flux de ventre ! Pourvu que le flux de ventre ne vienne point ! Comment pourrais-je, s'il vient ?

Nous étions quatorze femmes, bourgeoises et nobles de la ville qui avions accepté de paraître officiellement en tenue blanche. Certaines eussent voulu saisir l'occasion pour étaler de splendides toilettes commandées pour la circonstance. Mais j'avais fait partie des voix qui s'élevèrent afin que nous revêtissions toutes la même tenue. Et cela était, ma foi, du plus bel effet, que ces femmes en légère robe blanche devant l'autel. Nous n'avions d'autre coiffure que nos cheveux et d'autre parure que nos charmes. Cependant, l'écharpe tricolore qui nous ceignait et la cocarde qui s'épanouissait sur notre poitrine, ajoutaient la dignité aux grâces.

Au pied de l'estrade, les hauts magistrats de la noblesse en costumes multicolores moirant et étincelant.

Georges achevait en forçant la voix :

... La reconnaissance du peuple envers les représentants et le bon roi qui s'occupent si efficacement de son bonheur !

On sentit frémir la foule à ces dernières syllabes jetées avec force et douceur. C'était maintenant au tour d'un « fils de la Nation », le fils de Gaultier de Biauzat de dire son compliment qu'il avait rédigé sur une grande feuille.

Après la messe, et les discours des hommes, viendrait celui des femmes, le mien. Mon Dieu, quelle impatience ! et comme j'eusse voulu que cela ne vînt jamais !

Quand on me souffla que c'était à moi, je plongeai vers l'estrade, dans la nuit noire.

Je retournai à ma place. C'était comme si rien ne s'était passé dans cette nuit profonde. Mais je savais que j'avais fait le discours. Un chant grandissait, émanait de mille poitrines, montait au ciel. *Domine salvum fac regem.* J'écoutai les yeux clos, écrasée d'une grande lassitude. Dès que le chant se fut éteint, la cérémonie était achevée. On commença de s'agiter, de se déplacer. Des bras m'emprisonnèrent par derrière. Georges me glissa dans le cou :

« Vous fûtes très bien m'amie. Et fort belle ! »

*

J'avais pendu à la crémaillère une oule pleine pour le bain de pieds de Georges. Ses douleurs qui se faisaient plus fréquentes, le lâchaient encore parfois la journée. Mais, au moment du coucher, elles se ressaisissaient de lui. Quand ses sourcils se rapprochaient à se toucher, je savais que mes rivales étaient au rendez-vous. Parfois, il arrivait que mon époux se levât pour faire les cent pas dans sa chambre. Mais comme cette soirée d'août était belle ! Pourvu qu'elle le fût également pour Georges ! D'ordinaire, les douleurs le laissaient tranquille lorsque le temps était paisible. Or, après l'orage noir de l'après-dîner, c'était maintenant un grand calme.

Par la fenêtre grande ouverte, les toits de Clermont, en assez grand troupeau sur la rue du Toureau, hésitaient entre les derniers ruissellements sanguins et le début de l'imprégnation de phosphore. Le ciel, soudain incolore, révélait sa vacuité. C'était la minute où le vide absolu de l'univers contaminait la ville.

Je remontai le seau de fer-blanc plein d'eau bien chaude pour le bain de pieds de Georges.

« Merci, m'amie. Mais vraiment, vous allez vous casser les reins à monter de tels poids !

— Votre pièce avance-t-elle ?

— Si elle avance ! Elle galope !

— Où en sommes-nous ?

— Scène IV.

— Fort bien ! Montrez cela ! »

L'Aristocrate converti était le résultat d'une dispute entre nous. En quoi, est ainsi démontrée l'utilité qu'il y ait des disputes dans les couples ! Le Comte de Chazot, commandant de la garde et parrain d'Hippolyte, avait un jour fait irruption chez nous :

« Il faut que cet homme apparaisse sous son vrai jour aux yeux des paysans qui l'idolâtrent sottement ! »

Il en voulait à de Biauzat, lequel critiquait dans ses lettres de Paris, la garde et son commandant. Sommé de prendre parti par ce militaire qui allait droit au but, Georges balançait, commençait d'approuver le Comte contre le député qui freinait maintenant la Révolution.

Monsieur Gaultier, l'époux de Claudine ! Allait-on les renier tous deux ?

« Georges ! Vous, trahir Monsieur de Biauzat ? Ce ne serait pas digne de vous. Cela serait traître non seulement envers lui mais aussi envers vous ! Rappelez-vous la lettre que vous lûtes avant-hier soir à l'hôtel de ville ! Elle était si généreuse, si exemplaire.

Georges balançait toujours. Gaultier était si jaloux de son pouvoir ! Alors, n'écoutant que ma reconnaissance et ma fidélité à Claudine, je chargeai. Je le fis en n'omettant de dire tout d'abord tout le bien de Chazot qu'il fallait assurer à Couthon. Certes, *l'Aristocrate converti* en sa personne était le plus honnête des hommes. Mais de Biauzat l'était aussi ! En fait, ajoutai-je :

« ... quelque ardent que soit, parmi les Français le feu sacré du patriotisme, peut-on se flatter que le sentiment du bien public commande perpétuellement à tous ? Quel est celui qui, connaissant les hommes tels qu'ils sont, oserait garantir son pays des brigues, des factions, des conspirations ? »

Georges approuva. Il était convaincu des torts de Gaultier mais voulait rester hors la querelle entre ses deux amis. Tous deux aristocrates convertis, illustraient cette formidable force de la Révolution qui enlevait les esprits avec plus de fougue qu'un jeune dragon enlève une héritière. Était-ce en polémiques qu'il fallait dépenser son énergie ? J'avais raison, renchérissait-il, il y avait mieux à faire !

On parlait beaucoup à Paris de Monsieur Condorcet, depuis certain *Essai* où il était question des femmes. De Biauzat lui même, ne devait-il pas sa notoriété à l'Assemblée, au fait d'avoir signé son ouvrage : *Doléances sur les surcharges que les gens du peuple supportent en toutes espèces d'impôts* ?

Oui, il fallait écrire ! Ce fut décidé, Georges écrirait une pièce. L'idée fut mise en chantier dès le lendemain. Il écrivait et je devais relire le style et l'orthographe.

« Votre scène est assez bien tournée. Mais la chute, la réplique finale de Céphise à son amant me paraît manquer de force. Écoutez cela :

Mon ami, j'ai condamné, peut-être avec aigreur, l'excès de votre sensibilité. Pourrez-vous m'en pardonner, Monsieur ?

C'est trop courtois, trop... pudique pour être à la hauteur de l'émotion qu'il faut imaginer à la jeune fille. Elle refuse, contre son cœur, l'amant dont son père ne veut pas pour gendre, tandis que l'amant lui reste fidèle. Quand j'y pense, mon sang se glace dans mes veines. Il y a du désespoir de la personne que prend à froid un renoncement à vie !

— Il est vrai !

— De tels moments se doivent dire avec moins de vernis. Moi, j'écrirais... voici :

Mon ami, j'ai condamné peut-être avec aigreur, l'excès de ta sensibilité ; c'est à toi de pardonner. Delcourt, me pardonnes-tu ?

— Bien... bien ! Écrivons ! Et puis nous allons relire, voulez-vous ?

— A une condition.

— Laquelle ?

— Que vous fassiez ainsi que vous faites à votre héroïne.

— A ne point vous connaître, on imaginerait le pire !... Mais je vous connais, et ne vois point de quoi vous parlez.

— Votre requête manque un peu de hauteur. Demandez-moi plutôt :

"Et puis nous allons relire, veux-tu ? »

Georges prit une bonne quinte de rire et moi de même.

« Si, ajouta-t-il entre deux hoquets de rire, si vous... Ah ! ah ! je n'y arriverai jamais ! si tu jouais toi-même Céphise quand on montera la pièce ? »

Jouer la comédie ? Dieu ! J'en avais tant rêvé ! Mais

je n'y avais jamais vraiment pensé. Et puis, les acteurs étaient d'un médiocre, à Clermont ! Les femmes, surtout, qui se mettaient sans goût et n'étaient pas jolies, sans compter leur accent du pays détruisant tout le charme de leurs répliques ! « Mon amé-an » ! disait à un gauche Rodrigue une Chimène rabougrie.

Georges semblait rêver. Ses yeux se fermaient presque, il renversait la tête, les lèvres s'avançaient, comme pour un baiser. Peste ! C'était à Mademoiselle de Lorsanges que s'adressaient ces grimaces ! C'était à la comédienne de métier qu'on songeait ? Elle n'allait tout de même pas jouer la pièce, celle-là ! Il ferait beau voir sa gorge amollie et démesurée de fausse jeune, portée par le personnage d'une vierge !

« C'est entendu, je jouerai. »

Il voulut que nous fassions sur-le-champ une lecture à deux voix de cette scène IV. Dès les premiers mots, je ne pus résister aux éclats de rire. Il déclamait d'un ton si gros qu'il eût déjà presque été comique :

« Enfin, mon adorable amie, je puis vous voir un instant et renouveler à vos pieds mon amour et mes serments ! »

Debout, la culotte remontée sur les genoux, les jambes fragiles, nues et velues, les pieds plongeant dans le seau de fer-blanc plein d'eau trouble, Georges était vraiment irrésistible en Delcourt ! Lui qui était censé plonger dans les serments d'amour, je le voyais plutôt mariner dans un vieux seau !

*

Le jeune Pierre Monestier baissait la tête, mettait genou en terre et me soufflait avec, ma foi, assez de souffle pour que les mots passassent la rampe des chandelles :

« Je t'ai affligée, Céphise... me pardonnes-tu ? »

On me privait de cet homme que me refusait mon père, l'aristocrate. J'étais emplie d'énergie inemployée, ardente comme un four. Retirant ou offrant mes doigts à la main de l'homme, je ne sais, prenant élan d'un recul de tête, les yeux tremblants, je jetais mon énergie d'un bloc, en une seule dernière réplique où le timbre de ma voix me surprenait moi-même, descendant ainsi qu'un orchestre, de l'aigre clavecin au rauque et rutilant violoncelle :

« Mon ami, j'ai condamné, peut-être avec aigreur, l'excès de ta sensibilité ; c'est à toi de pardonner... Delcourt, me pardonnes-tu ? »

Picard entrait côté Reine, je croisais Lisette en sortant côté Roi. Un feu nourri d'applaudissements crépitait.

Dans les coulisses, on entendait les applaudissements qui duraient. On me fit signe que je devais retourner en scène saluer le public. Sous le rideau levé, les lustres encore éteints ne permettaient point de voir la salle. J'étais toute godiche, révérence sur révérence, éblouie par les feux de la rampe, aveugle devant une mer qui grondait obscurément.

Soudain, le tumulte s'accrut. Quelque chose s'agitait au bord de la scène, bondissait. Je reculai. Sotte ! C'était un bouquet d'énormes tournesols qui flambaient de grands pétales canari frémissants. On l'avait jeté d'une loge.

Une autre loge s'agita. Georges y apparut, debout pour applaudir. Dans son ombre, une silhouette rouge, des épaules blanches : Mademoiselle de Lorsanges. Décidément ! Quand je me fus retirée et que Lisette et Picard eurent repris, j'observai derrière un pendillon que la loge de mon époux était restée allumée. Celui-ci demeurait penché vers la scène, semblant avoir oublié la présence de la Lorsanges. Elle se leva et sortit dans un grand déploiement de jupes qui n'attirèrent pas même l'attention de Georges.

Mon partenaire, l'interprète de Delcourt, s'assit dans la chaise face à moi. Avais-je dû en faire, des jalousies, en acceptant de me rendre au *Café littéraire* en chaise avec la compagnie du jeune premier devant qui les bourgeoises se retournaient ! Mon âge ou peu s'en fallait, ce jeune fils d'un limonadier avait, disait-on, le génie de la scène. Je le trouvais plus décoratif qu'émouvant. Grand, mince et blond, le Tout-Clermont féminin lui eût été volontiers acquis, s'il ne fût avéré dans toute la ville que son père avait commencé en vendant l'eau de la fontaine Saint-Pierre. Il la livrait en flacons pour de l'eau miraculeuse dont il assurait les propriétés stomacales et dépuratives. Saint-Pierre Monestier me regardait benoîtement. Quand vous êtes peu de chose dans le monde, vous passez la vie à espérer que quelqu'un vous remarque, ait besoin de vous, en vain. Un jour, soudain, plus besoin d'attendre, tous vous sollicitent. Ainsi que cette tête de chérubin ballottant au gré du pas des porteurs et roulant sur moi ses yeux de tête de veau. Tiens, je n'avais point encore noté ! Une tête de veau... Il est vrai qu'en scène, on se regarde sans se voir. Tandis qu'en chaise... Oui ! Une tête de veau cuite en gelée !

La chaise descendait vers la rue Neuve en longeant le marché aux Poissons. A cette heure du soir, bien que le soleil fût encore haut, les étals étaient remontés depuis bien longtemps. Par ces temps d'été, le poisson qui n'avait pas été vendu le soir se trouvait déclaré corrompu et abandonné sur le bord de la rue. Aussi, le parfum d'outremer était assez robuste ! « La marée des îles à l'heure où les crabes sortent de l'eau », ainsi que disait Paul-Gilbert ! Le jeune Monestier se précipita pour monter la glace.

« Laissez, monsieur, je vous prie.

— Mais, cette puanteur ! »

La jeune tête de veau craignait la puanteur ! Comme si elle ne devait pas à l'odeur de la rue, l'eau miraculeuse qui l'avait conduit des masures des faubourgs au théâtre et jusque dans cette chaise, au côté de l'épouse du président !

« J'aime cette odeur. Cela me rappelle les îles quand, au crépuscule, alors que le soleil a plongé dans les eaux et mué en phosphore, les grands crabes luisants viennent trotter aux pieds. »

Devant le veau abasourdi, j'ajoutai :

« Vous êtes bien trop jeune, monsieur, pour avoir vu cela ! »

On arrivait à la porte des Gras, située au bout de la rue Neuve. Devant le *Café littéraire*, carrosses, cabriolets et phaétons encombraient. Les porteurs se serrèrent pour laisser place à une voiture. C'était une remise[2] qui s'arrêta devant le café où elle acheva de barrer la rue. Un homme en descendit. Dans le jour baissant, on le voyait de dos en habit vert bouteille, il se haussait à la fenêtre, ôtait son chapeau et baisait la bouche de la personne qui... qui était la Lorsanges ! Décidément, cette fille était donc Messaline ?

La voiture partie, l'homme demeura un moment à la voir s'éloigner vers la place de Jaude, plonger et se dissoudre dans le plomb qui baignait la vaste place, alors que les créneaux des toits étaient d'acier rougi refroidissant. Enfin, l'homme se dirigea vers l'entrée du café. Il semblait souffrir d'une légère claudication qui lui faisait la démarche irrégulière. Soudain, au moment d'entrer, il se retourna, jeta un regard circulaire.

Georges !

« Qui êtes-vous, à la fin des fins, qui êtes-vous ? chuchotai-je.

— Mais... je suis Pierre, Madame. » répondait benoîtement ce pauvre Pierre Monestier.

Il était bien question de lui ! Prenant à peine congé de Monsieur Monestier, j'entrai à la suite de mon époux. Ma robe déchaîna les passions. C'était une « chemise à la reine » que la Comtesse s'était résolue à me donner parce qu'elle me plaisait et que, de toutes les façons, elle n'y entrait plus pour avoir pris un peu d'embonpoint. La soie tombait en mille plis, serrée à la taille par une ceinture noire, également en soie. Un haut falbala ornait le bas de la jupe. Mais ce qui faisait tout le charme du vêtement et l'émotion de l'assistance, était le décolleté d'une pro-

2. *Remise* : voiture de louage.

fondeur téméraire. Plus grave encore, la difficulté de distinguer la limite du tissu et le commencement de la gorge ! Car la soie était de couleur incarnat et nulle collerette ne marquait la frontière.

« Vieux ! si ce qu'on voit pas est à la hauteur du spectacle ! »

Les remarques fusaient. On entendait sans peine que le lieu n'était pas seulement rendez-vous de gentilshommes. Jamais je ne me suis sentie aussi déshabillée qu'à l'entrée dans ce café !

A une table, entouré d'une cour de femmes et d'hommes qui l'écoutaient dans la lumière épaisse, Georges parlait. Je serrai les dents pour ne pas fuir. Marie, tu joues en ce moment, l'intérêt de ton époux. Il s'agit de montrer que tu es désirable. Et désirée !

Au fur et à mesure que j'avançai entre les tablées, en direction de la grande table du fond où se trouvaient Georges et nos amis, à grandes enjambées sur les mules de satin qui balançaient ma taille, il se faisait sur mon passage un silence trouble. Sous ma taille, sans paniers, mes rondeurs maintenant bien rondes de femme mûrie, nues à fleur de la soie, tenaient en haleine un parterre d'hommes.

Durant un moment, je fus ainsi le point de mire. Enfin, Georges se leva, approcha et me fit à l'oreille proposition de nous retirer. Je fis mine de m'apercevoir de sa présence. Attendez un peu ! répondis-je. Je n'ai pas encore trempé les lèvres dans une tasse de café ! On me fit asseoir. Je tins longtemps la conversation. On s'émerveilla de mes connaissance en matière de théâtre. Car je dis sans coup férir le plus grand bien du *Réveil d'Épiménide à Paris* de Carbon de Flins des Oliviers, ainsi que des *Dangers de l'opinion* de Jean-Louis Laya. J'enchaînai sans respirer en défendant *Charles IX* que l'on ne voulait point rejouer. Enfin, je distribuai sur-le-champ force éloges à l'adresse de *le Philinte de Molière* où Monsieur Fabre d'Églantine, un jeune poète d'avenir, avait osé se mesurer au maître du comique et ce, avec bonheur, puisque tout Paris en riait.

« Est-on instruite de la mode !

— Voyez vous cela ! »

Mais où avais-je donc vu tous ces spectacles, moi qui ne semblais point en âge d'avoir voyagé à Paris ?

Je cachais mon secret. Georges m'avait fait entrer au Cabinet littéraire qui recevait rue Lascrotas, près de l'officialité, toutes gazettes et revues de France et de Navarre. J'y lisais tout : *le Patriote d'Auvergne, le Journal des débats et des décrets*, de Monsieur de Biauzat, *les Révolutions de Paris, l'Ami du peuple, la Gazette du Palais, le Journal de la mode et du goût, les Étrennes nouvelles des dames.*

Assurer aux yeux de Georges ma prééminence sur les autres femmes de cette assemblée... Voilà qui n'était point acquis d'avance ! Il y avait là une foule de gens qui se piquaient de connaissances, d'esprit profond. C'étaient des provinciaux qui voyaient davantage les dehors de la mode. Alors que je les savais peu instruits de philosophie, ils singeaient fort bien la Cour ou le Palais-Royal. Les mises manquèrent m'intimider. Robes de toutes les façons, rayées de satin, cramoisies de lampas, glacées d'or, coiffures « en hérisson », en « poufs », à l'anglaise, « à la capricieuse » et en panaches de plumes. Certaines femmes arboraient des mises plus révolutionnaires, quoique tout aussi tapageuses. Des robes de soie ou de coton, moulant sans vergogne, ajoutaient la provocation des couleurs « merdoie » ou « boue de Paris ». Le blanc d'une lévite à l'anglaise éblouissait. Quand Marie-Adrienne-Françoise de Noailles, marquise de La Fayette fit une apparition, vêtue d'une délicieuse robe-redingote tricolore, la salle entière n'eut plus d'yeux que pour cette libérale aristocrate, épouse de notre divin marquis, figure de proue de la Révolution. Elle, elle n'avait besoin de se donner l'air de ce qu'elle était, une idole en chair et en os.

Il fallait me battre, combattre de toute ma force. Mon

décolleté voisinait avec des dizaines d'autres décolletés. Il en était de plus marquants par la blancheur ou par le corsetage donnant un relief évocateur de fermeté. Il en était, surtout, de plus présents par le volume ! Une grosse bleue que je ne connaissais point, étalait ainsi une bonne vingtaine de livres de chair en deux énormes parts qui basculaient l'une sur l'autre, tant elles débordaient. Les yeux masculins en avaient, de la pâture, en cette mer aux vagues de gorges presque nues !

J'attendis que le raz de marée déchaîné par Madame de La Fayette s'amollît. Alors, je remontai au créneau en décochant un rire sitôt après quelque plaisanterie. Poussant et modulant mon rire aussi sensuellement que je pus, je récupérai l'intérêt des hommes. Puis, je me tins en alerte. Pas un mot ne passa hors de mon orbite sans que je lui fisse un sort. Je soutins quelque dispute qu'on voulût, de théâtre, de roman, de philosophie, de ministère ou même d'amour. Parfois, une question touchant le roman me permettait de me lancer dans cette mer si bien connue et tant aimée, avec une sûreté qui fit l'admiration de tous. Je ne cédai que lorsque l'assistance du café fut toute à mes pieds, les tables voisines désertées par ceux qui avaient approché leur chaise de la nôtre. Madame de La Fayette soi-même m'écoutait avec un apparent intérêt.

Alors, je vis que Georges était accoudé, le visage dans les mains et me regardait, fasciné.

« Si vous en étiez d'accord, Georges, nous pourrions maintenant appeler une voiture. »

Il se montra d'une impatience ! Le gouverneur de Clermont était sous mon empire. A peine parvenus au premier, il me poussa dans la salle à manger. Devant la fenêtre grande ouverte, il m'embrassait la gorge de coups de lèvres comme des coups de becs. Ployant un peu le buste, il passait dessous ma robe pour planter sa main sur ma cheville qui, dénuée de bas, en fut agitée de secousses. Au fut et à mesure que cette main remontait sur ma jambe, c'était un gantelet de métal glacé, brûlant, qui faisait naître dans mon coprs des rafales d'épilepsie.

Par la fenêtre, les murs se dévoilaient, étains et argents ardant dans l'encre infinie de la nuit. A ce moment, la rue du Touraud sentit soudain entrer en elle le Vent, l'immense offrande du Vent qui plongeait depuis les hauteurs du Cézallier, tout tendu de souvenirs aromatiques du plateau. Elle s'ouvrait à cette damnation bénie de la pénétration de l'azur, quand la nuit est tiède et moite. Les fragiles maisons de bois et de terre goûtaient la sérénité d'être rivées aux muscles du ciel. Une lutte apaisante se déclenchait, résistance des matériaux et coups de boutoir du Vent. Son ressac se mit à bruire d'un clapotis régulier. La fraîcheur s'anéantissait dans la transpiration des murailles et la chaleur que déversait le sirocco cinglant, enraciné outre-mer.

IX

SUZANNE
(printemps-été 1791)

Emmitouflée dans ma grosse mante, les mains serrées dans un manchon de renard, j'avais dévalé les escaliers. Tourné le coin de la rue en direction de Jaude, je me retrouvais devant la fontaine gelée. La fontaine de Saint-Genès semblait ainsi un lustre géant. En ce début mars 1791, il gelait sans désemparer depuis des jours.

Savais-je au juste ce que je pouvais bien venir faire à Saint-Genès à la nuit tombée ? Depuis quelque temps, Georges et moi dormions toujours séparément. Il assurait que ses douleurs le tenaillaient au coucher, pour peu qu'il bougeât, si bien que la moindre présence, le moindre geste lui était indésirable. La journée, nous ne nous apercevions guère, tant les affaires le submergeaient. Le soir, comme ce soir, j'étais seule.

Des lacis de glace avaient été tressés sur la fontaine. La bise glissait sur ces cristaux baroques, taillait sans merci mes joues. Elle affluait par la rue Saint-Genès, serpentant à peine depuis la cathédrale battue par les vents.

Rue des Aises, à deux pas de notre ancien appartement, les Carmes s'élevaient, plus hauts que Saint-Genès. Dans cette rue, ensevelie entre l'église et le collège, l'ombre était profonde, glacée. Les vitraux y jetaient des jeux de couleurs qui semblaient émaner d'un paradis.

C'était la Société[1] qui tenait séance. Je ne le pouvais ignorer. Car ces séances, alors journalières, étaient justement cause que je ne voyais plus mon époux. Aussi n'était-ce point hasard, si je me trouvais ce soir à la nuit tombée, alors que toute la glace du ciel tombait également, devant cette église noire aux vitraux si chauds, si exultants.

Georges se montrait toujours évasif. Les femmes, à la Société ? Pourquoi pas. Il faut voir... Afin de voir, il me suffisait de pousser le battant découpé dans l'énorme porte.

L'église était baignée d'une lourde lumière. Partout, des chaleils palpitaient, suspendus aux ostensoirs, perchés sur des corniches.

« Me rappelle bien, le colonel Chazot, y avait dit son fait, au Gaultier, du temps que l'autre y donnait des leçons depuis son château de Versailles ! »

L'orateur était éclairé *a giorno* d'une rampe de chaleils déposés sur l'accoudoir. Ses accents, modulés et martelés, heurtaient les voûtes, ricochaient entre les colonnes, jouaient dans les enluminures des stalles, s'en allaient déambuler autour du chœur, pour enfin réapparaître, étonnamment diffus et concentrés à la fois, nettement perceptibles encore.

« Comme l'affaire s'est calmée, on y a oublié. Mais quelque chose qui faut pas oublier, quand même, c'est que le Gaultier, y s'est fait députer par nous autres, mais c'est jamais qu'un aristocrate !

— C'est bien sûr, reprenait une autre voix, émise par quelqu'un qui s'installait à son tour en chaire. Vous voulez entendre les propres mots de ce beau Monsieur ? Écou-

1. *Société* : Société des Amis de la Constitution (futurs « Jacobins »).

tez encore ce qu'il nous écrivait, du temps qu'on donnait lecture de ses lettres comme si ce fût le messie qui eût pris la plume !

Je lis ! précisa-t-il, orientant la feuille qu'il dépliait de façon que les chaleils l'éclairassent :

... *a fait examiner* — c'est du pape qu'on parle ! — *la Constitution civile du clergé de France par une assemblée des théologiens de Rome les plus fameux* — ça est encore que de la curaille ! — *et ces théologiens, qui ne doivent leur place qu'à leur mérite personnel, ont décidé que notre Constitution est conforme aux principes de la primitive Église.*

Y'a qu'à voir ! Impossible de douter, après ça, que Monsieur Gaultier de Biauzat, ait été élevé chez les jésuites de Billom ! »

Un murmure se creusait, s'enflait. Cela allait être la bourrasque. Mais un vieux boulanger montait au pas de charge.

« ... tout ce qu'on veut, moi, j'y garde ma confiance, à Jean-François Gaultier ! C'est lui, qu'a demandé de supprimer la "pelière"[2] du marquis au Pont-du-Château ! Vous savez, s'il y avait pas été, aux États, Gaultier de Biauzat élu du tiers, qu'est-ce qui nous dit qu'on l'aurait bien votée, la Constitution civile du clergé ? Et oublions pas que ses fils, y z'ont été adoptés par la ville reconnaissante. A la fête de mai, on leur a demandé d'être fidèles à leur père. Alors, c'est qu'on va y être infidèles, nous, maintenant ? »

Le parterre de silhouettes indistinctes frémissait de passion. Quelques interpellations jaillirent :

« A bien raison !

— Que non ! »

Alors qu'il avait déjà commencé à descendre, le boulanger se ravisait :

2. *Pelière* : digue barrant l'Allier, obstacle à la navigation et au saumon, occasion d'un péage au profit du sieur marquis de Montboissier.

« Donne-moi-la, la lettre ! »

L'ayant conquise assez fermement, il était remonté en chaire, se rapprocha des chaleils :

« Moi aussi, je m'y rappelle ! Lire pour lire, y faut aussi lire le reste ! Monsieur Couthon, vous qu'êtes honnête et qu'avez été aux écoles, lisez-y ! »

Dans un murmure de casserole à frire où chauffait l'assemblée, je cherchai des yeux.

La voix de Georges retentit dans la pénombre, quelque part vers le chœur :

« Je veux bien, je veux bien. Qu'on me porte cette lettre et de la lumière. »

Un cierge sortit des ténèbres le visage jauni de mon mari.

Ce que j'ai appris de la résistance de quelques-uns...

Une silhouette de femme apparut à côté de Georges. Tiens donc, une femme ici !

... parmi ceux qui refusent de se soumettre à la Constitution civile du clergé, quelques personnes qui se trompent...

Mais qui est donc cette femme ?

... le plus grand nombre qui n'agissent que par intérêt et qui ne cherchent qu'à vous tromper...

La femme semblait vêtue avec recherche, à la dernière mode tricolore, d'après ce que j'en pouvais apercevoir derrière un champ de têtes. Je jouai des coudes afin d'approcher. Quand Georges en fut à la signature, j'étais presque devant lui :

Je suis avec respect, Messieurs, votre obéissant serviteur, J.-F. Gaultier.

« Il faut être honnête, disait Georges d'un hochement de tête. Gaultier ne défend ni le fanatisme ni l'Église romaine. »

La femme s'approcha, lui dit quelque chose à l'oreille. Se connaissent-ils ? Mais qui est-elle ? Comme des coups de pierre, ces questions se jetaient sur mon cœur.

« Toutefois, reprenait Georges en ayant acquiescé à l'égard de la femme, il est d'autres griefs contre de Biauzat. Aujourd'hui, cet homme compte parmi ceux qui ne veulent pas convoquer les électeurs pour désigner une assemblée qui fera les lois patriotes, débarrassée des aristocrates et des ecclésiastiques lesquels ne font à ce jour que les entraver ! »

L'inconnue portait une robe-redingote de drap bleu, largement ouverte par devant sur une jupe de tulle blanc. Les parements de la veste, en satin rouge, rutilaient à même la chair qui luisait, nue. Un cou charnu tenait haut le menton aigu, les lèvres marquées, le nez anguleux. Un instant, je crus croiser son regard. Un regard d'aigle, long, passionné, des yeux vair sous des sourcils à peine ébauchés. Mais non, elle ne pouvait m'apercevoir, moi qui étais dans l'ombre. Sa coiffure de hautes boucles blanchies laissait échapper des cheveux follets sur son front, lesquels l'eussent fait passer pour une rosière[3] s'ils ne se fussent ensuivis d'un mutin coulis d'arabesques, petits déliés châtaigne griffant un cou de coquine.

Elle attira encore l'attention de mon époux pour lui glisser quelque chuchotement à l'oreille. Non mais de quel droit ! N'allait-il pas se débarrasser de cette importune ? Mais il acquiesçait en souriant. Il laissait traîner son regard dans le décolleté, sur l'ombre courbe entre les croupes encadrées de parements rouges. Le goujat ! Voulait-il un lorgnon ?

Ils sont complices ! Quand Georges avait levé les yeux des seins jusqu'au regard de sa voisine, il y avait eu un éclair. Ils se connaissaient ! Dans la rue, comme j'avais pris la porte sans attendre, ma nuque était prise dans l'étau de la glace. Complices ! Je marchais dans les ténèbres. Du ciel tombait le froid écrasant de l'univers.

*

3. *Rosière* : jeune fille vertueuse à laquelle on décerne une couronne de roses.

Un après-dîner, alors que je m'apprêtais à sortir, mon frère Antoine vint en messager. La mère Couthon venait de passer !

Georges courut chercher un cheval. Sous la force de l'émotion, il ne boitillait presque pas. Il voulait partir sans attendre. Mais je le convainquis de ne pas chevaucher de nuit. Les trois lieues à couvrir eussent été bien trop dangereuses, dans l'obscurité, pour un cavalier souffrant ! Et puis, la mère était morte, que pouvait-on maintenant pour elle ? Tandis que se jouait à Clermont décisive partie pour l'avenir de mon époux. On parlait d'élire de nouveaux députés pour une nouvelle Assemblée nationale. Présider le Conseil général de la ville, c'était un magnifique piédestal pour un homme public. Pour un futur député du tiers ! Il ne fallait pas que Georges quittât le Conseil. Il ne le fallait pas.

« Vous ne voulez tout de même pas que je laisse enterrer ma mère sans moi !

— Qui vous dit qu'on l'enterre demain ? Envoyez aux nouvelles. Vous déciderez.

— J'irai aux nouvelles moi-même ! »

Parti à l'aube, soit à fort bonne heure en ce mois de juin, Georges était de retour avant midi. Il entra en trombe, chocolaté de poussière depuis les bottes jusqu'au chapeau, demanda son costume en se débarbouillant. Il grimaçait de la douleur à sa jambe, mais il serait encore à l'heure pour la séance de l'après-dîner. Les obsèques étaient prévues le surlendemain. Il avait obtenu qu'elles aient lieu le matin.

Six jours durant, il mena une vie de dément, chevauchant dès l'aube, siégeant à l'hôtel de ville jusqu'à la tombée de la nuit.

Un soir, il rentra plus tôt que de coutume, ayant quitté la séance, écrasé de fatigue. Après l'assiettée de soupe et le verre de vin que je lui servis, il s'effondra sur sa chaise, le visage dans les mains. J'approchai. Je lui ouvris les mains. Les beaux yeux noisettes de Georges étaient secs, mais rougis. Il cligna à la lueur du chaleil.

« Qu'avez-vous, mon époux ?

— Je suis si fatigué.

— Vous ne devriez pas courir ainsi les routes. Cela, ajouté à votre travail du Conseil, ne vaut rien à vos douleurs.

— Ce n'est point là ce qui me chagrine. »

Il parlait à voix basse, ainsi que si l'on eût pu surprendre notre conversation. Le père était parti laissant des dettes, de grosses dettes. Le frère avait fait face. La mère avait pris ses précautions. D'ailleurs, le père avait soi-même arrangé certaines dispositions afin que bonne part de dettes ne fussent imputables à la famille. Mais, si je savais comme l'on disait du mal de ce père !

« Voyez, me souffla Georges, les yeux luisants de chagrin, comme un homme peut mourir méconnu.

— Dites-moi.

— Il a laissé une lettre. Écrite pour moi avant de mourir. Il est mort comme il a vécu, en philosophe, savez-vous ? Tranquillement, ses affaires réglées et sa conscience en paix.

— Dieu soit loué.

— Je ne sais si Dieu y est pour quelque chose. Je crois plutôt que mourir s'apprend, ainsi que faisaient nos anciens Grecs et Romains. La paix de la conscience de mon père, je le sus dans sa lettre, était que je participerais au grand œuvre de Raison.

— Et la mère ?

— Elle, elle est morte comme on meurt d'habitude. Sans tragédie, mais... désemparée, si j'en crois le récit que m'en fit mon frère. »

Je voulus lui donner une caresse sur les joues. Mais il enfouit son visage à nouveau dans ses mains.

Quand il cessa de se rendre à Orcet, ce fut pour se tenir tout le jour à l'hôtel de ville. Je me trouvais maintenant déplacée au *Café littéraire* que son propriétaire, Monsieur

Bouscarat, venait de renommer *Café national*. Les jours qui avaient suivi la représentation de *l'Aristocrate*, on m'avait sollicitée, assaillie. C'était à qui me ferait le plus de caresses, à qui m'offrirait « le marasquin aux truffes », « l'élixir révolutionnaire » ou « la flore du Puy-de-Dôme », spécialités de Bouscarat fort prisées des élégants. Au bout de huit jours, j'étais à peine saluée de qui m'avait adulée sitôt après la soirée au théâtre. Huit jours encore et je passais ignorée entre les tables.

Je ne fréquentai plus le café, n'allant pas mendier un retour de mode !

Maintenant, je m'évertuais à meubler mes journées de lecture au Cabinet littéraire, de courses dans les magasins de nouveautés, de couture chez moi, devant la fenêtre...

... Ô jeune adolescent ! tu rougis devant moi.

A la souillarde, m'évertuant à frotter la même casserole depuis je ne savais combien de temps, me revenaient sans répit à la mémoire ces vers que j'avais appris au Cabinet sur une gazette de Paris.

Ô jeune adolescent ! tu rougis devant moi.
Vois mes traits sans couleur : ils pâlissent pour toi ;
C'est ton front virginal, ta grâce, ta décence :
Viens. Il est d'autres jeux que les jeux de l'enfance.

Ah, comme j'eusse voulu être capable d'écrire ainsi sur l'amour ! J'allai ouvrir le rabat de mon secrétaire, je pris la plume. Mais ma pudeur naturelle arrêtait ma main. Trouverais-je bonne recette dans le *Grand Vocabulaire* ? Ce vocabulaire, je m'étais quelque jour mis en tête de me le faire procurer par le libraire Poncillon, lequel avait dû le faire porter spécialement de Paris.

Pour bien écrire, il faut : 1) commencer par avoir une plume taillée... Oh ! comme si je le pouvais ignorer ! ... *2) se bien placer le corps...* Crotte ! Voyons plus avant : *... passer ensuite aux rondeurs ou apprendre à placer les déliés et les pleins...* Il n'y a décidément rien à tirer de cela !

Quoique, à la réflexion, les rondeurs, les pleins... Ah ah ! grand vocabulaire, vous êtes un petit libertin qui cache bien son propos !

L'auteur de ces vers sur les jeux de l'amour qui habitaient mon cœur était un jeune poète. Il se nommait quelque chose comme Chenu, Chenin... Chénier plutôt, c'est cela : Chénier !

Comment diable peut-on, si jeune, si bien écrire de *l'Art d'aimer*, comme ce monsieur André Chénier ?

Il me souvint soudain que mon père disait parfois : « Tu vois, Marie, le vin donne de l'esprit ! »

Je n'allais pas descendre à la cave du père Rioux, le logeur, tirer pour moi toute seule au tonneau de vin d'Orcet ! J'inspectai le placard de la souillarde. La Providence y avait laissé un peu de muscat ambré au fond de sa bouteille de verre blanc. Je bus, à même le goulot, le jus suave et embaumé. Cascade de cuivre liquide ! Alors, je m'installai derechef au secrétaire. L'effet magique de l'élixir fut instantané. La pluie de cuivre en moi, j'écrivis :

Douce mélancolie ! aimable mensongère,
Des antres, des forêts déesse tutélaire,
Qui vient d'une insensible et charmante langueur,
Saisir l'ami des champs et pénétrer mon cœur...

Si je mettais ces vers sur un billet pour les faire parvenir au chevalier de rêve ? Baste ! Où a-t-on vu qu'une bourgeoise honnête adresse ainsi un poulet[4] à un homme ? Jamais de la vie ! Quand bien même ne serait-ce que poésie !

A peine achevais-je ces réflexions qu'un tumulte m'attira de nouveau à la fenêtre. C'était devant la maison de Biauzat où se tenait une troupe bruyante. Un instant, je me crus ramenée des mois en arrière, alors que paysans et artisans venaient féliciter leur idole et lui faire grand charivari. Mais je ne rêvais point. On était de nouveau à mani-

4. *Poulet* : billet galant.

fester devant cette maison qui m'était si chère. Que pouvaient-ils bien avoir à faire là ?

« A bas les aristocrates ! Biauzat à la lanterne ! »

Mon Dieu, est-ce possible ? Je restai atterrée par tant d'ingratitude, attendant le retour de Georges jusqu'à une heure fort avancée de la nuit.

« Ah, c'est vous ? Encore enfermée ? dit simplement Georges.

— Je n'ai mis les pieds dehors de toute la journée. C'est qu'il y avait bien de l'agitation dans les rues. Avez-vous entendu parler de cette manifestation ?

— Devant chez Gaultier ?

— Oui.

— Que voulez-vous, le peuple veut maintenant des chefs sans particule...

— Ne peut-on pas défendre Monsieur de Biauzat, lui qui s'évertue tant à Paris ?

— Hélas, il n'est pas en mon pouvoir de le défendre. La « Société » va rédiger une pétition afin de réclamer des élections. Il faut que l'Assemblée soit renouvelée. Trop de ci-devant l'immobilisent ! Et savez-vous ce que vient d'écrire notre député qui tient à sa place plus qu'à l'intérêt public ? Il vient de nous faire savoir qu'il devrait faire refuser la parole aux délégués qui s'aviseraient de porter la motion à l'Assemblée !

— De grâce, ne mettez pas de l'huile sur ce feu !

— Il n'en a nul besoin, il flambe naturellement !

— Pour l'amour de Claudine, tâchez de l'atténuer.

— Il faut laisser la révolution se faire...

— Et diffamer la mémoire de Madame de Biauzat, mettre à mal son époux ?

— Vous allez vite en besogne ! Les femmes, vous n'avez pas la mesure...

— Vous, Monsieur le philosophe, qui faites de la philosophie en compagnie des dames...

— Plaît-il ?

— Croyez-vous que je ne sois point informée de cette tricolore qui vous suit partout ?

— Ah, Suzanne ?

— Ainsi, Suzanne est son nom ! Eh bien, Monsieur mon époux qui n'avez jamais accédé à mon désir de vous suivre à la Société, afin sans doute d'y pouvoir mener sans gêne cette plantureuse et tricolore nommée Suzanne, je note que vous faites en compagnie de qui vous arrange la philosophie qui vous arrange ! Dussiez-vous trahir un ami !

— Depuis quand ai-je autorisation à solliciter pour mes fréquentations ?

— Vos fréquentations, vous les pourrez mener désormais à votre mesure ! Ursule m'a invitée à Ligonnes où elle se rend la semaine prochaine. Adieu, Monsieur, profitez bien du bleu, du blanc et ainsi que du rouge ! »

*

Quand ma voiture surgit sur la terrasse du château, Monsieur d'Estaing s'y promenait aux côtés de Madame de Chazerat.

« C'est notre petite Mar... Madame Couthon ! »

Gilberte Rollet de Mirabel, épouse de Monsieur de Chazerat, commanda qu'on me portât un grand verre d'eau fraîche avant que de les accompagner dans le « tour de devant ». Puis, la jupe à peine tapotée, la chevelure non point encore rattachée, on me fit coiffer une thérèse[5] enveloppante aux bords nimbés de gaze, pour donner le bras au gouverneur d'un côté, à Madame de Chazerat de l'autre, le temps de quelque pas.

A cette heure du milieu de l'après-dîner, le soleil coulait son brasier blanc sur le couchant, à notre droite. A nos pieds, un vaste trèfle de mercure aveuglant.

« Votre bassin de Neptune est un rêve, ma chère !

5. *Thérèse* : vaste coiffure de gaze en forme de cloche.

— Aussi est-ce pour quoi je viens si souvent. Marie, vous verrez, on oublie ici les affaires du monde. »

Au fond de la cour, sur la mer des cimes de ramure du parc, s'élevait, comme flottant, la merveille des merveilles : le château de Ligonnes.

Ce château, construit par le père de l'intendant, était si beau et situé dans un parc si splendide qu'on le surnommait « le Versailles auvergnat ». A moins de huit lieues de Clermont-Ferrand, chef-lieu du nouveau département du Puy-de-Dôme, la famille de Chazerat aimait ainsi à inviter dans sa propriété, laquelle continuait d'afficher sans retenue l'opulence et le pouvoir d'Antoine-François de Chazerat, intendant de la ci-devant province d'Auvergne.

Ursule m'accueillit sur le perron, entre les colonnades : « Ma chérie, pressez-vous de vous débarbouiller ! On sert le cacao sur la terrasse du parc. »

A l'ombre d'une charmille, chaises et fauteuils de salon avaient été disposés en cercle. La plupart des occupants du château, nombreux en prévision de la fête, étaient descendus sur la terrasse. Les dîners se prenaient fort tardivement en été. On avait coutume de tromper l'appétit par un goûter que Madame de Chazerat donnait vers les cinq heures. Je relevai sur les côtés les paniers de ma robe de brocart pourpre, de celles qu'Ursule m'avait autrefois laissées. A peine étions-nous assises qu'Ursule demandait déjà une autre tasse. Elle adorait le chocolat. Monsieur d'Estaing prit lui-même le pot pour s'avancer vers nous. « Nous en étions sur le sujet de notre merveilleux Monsieur de La Fayette...

— Merveilleux ? interrogea ma compagne.

— Oui ! En tant que vieux guerrier, je suis insensible au charme masculin qui émeut les dames. Mon jugement sur le marquis touche l'homme public, cela s'entend. Mais, corrigeait aussitôt le Gouverneur, je gagerais que les dames n'ont à se plaindre de l'homme privé.

— Pour moi, je gagerais l'inverse !

— Oh, Ursule ! intervins-je, surprise de l'audace autant

que de l'attaque inattendue contre l'oiseau de haut vol.

— Marie, vous n'êtes pas seule à vous laisser tromper par les grands airs du marquis.

— Enfin, Ursule, me direz-vous...

— Laissez-m'en seulement loisir et je le fais sur l'heure ! Notre beau marquis semble beaucoup plus à l'aise sur un champ de bataille, voire sur le Champ-de-Mars, que dans le lit d'une dame.

— Mademoiselle de Saint-Hilaire, vraiment! »

Le vieux comte murmurait, plus rouge de visage qu'il n'était jaune d'habit. Ursule, sauçant un petit biscuit dans sa tasse, parla à voix retenue, de sorte que le Comte et moi étions seuls à entendre. Chacun savait que le Marquis dédaignait la marquise depuis des années. Mais on n'ignorait pas davantage à Versailles, n'est-ce pas, Gouverneur ? que Monsieur de La Fayette était fort bien avec Diane de Sémiane après avoir entretenu des liens serrés avec Aglaé d'Hunolstein. Et alors ? Rien que de très normal dans tout cela ! Au contraire, ce n'est qu'illustration de l'ardeur du bel oiseau ! Mais Ursule n'avait encore point fait donner la charge.

« Vous qui affectionnez les étalons, Marie, reprit-elle devant le Comte de plus en plus éberlué, sachez que Diane ni Aglaé n'ont lieu d'être fort lasses des assauts de leur amant. Il est de notoriété publique que cet homme couche avec les affaires plus qu'avec les femmes. Tout juste en verrait-il certaine une fois dans le mois, si ce n'est point, par chance, une nuit que le peuple s'agite et qu'on le mande à la tête de sa garde pour chevaucher sa jument blanche plutôt que certaines autres pouliches. »

Bien sûr, j'eusse dû être offusquée ! Parler ainsi de l'oiseau de haut vol ! Mais Ursule prenait un air si innocent pour débiter ces plaisanteries d'aigrefin et ce pauvre Monsieur d'Estaing s'étranglait si bien dans sa tasse, que ma gorge devint au rire incontinente. Car ma compagne d'enfance ajouta en guise de chute devant ce pauvre Comte qui passait par toutes les couleurs :

« Les bêtes de race ne sont plus ce qu'elles furent. Les dames, à ce jour, n'avons que faire de splendides palefrois, s'ils ne sont autres que chevaux hongres, voyez-vous ! »

Ursule et moi, nous échangeâmes, ainsi qu'au bon vieux temps, un coup d'œil lourd de belles charges de rire.

Le gouverneur d'Estaing ne pouvait plus longtemps fuir le combat. C'était maintenant l'honneur masculin tout entier qu'on attaquait.

« Mademoiselle, libre à vous de nourir des espérances particulières au sujet de vos fréquentations masculines. Mais sachez que nul ne peut soupçonner Marie-Joseph du Motier, Marquis de La Fayette, de manquer de virilité. Je m'en porte garant. »

Pfoum ! Voilà Ursule qui ne pouvait s'empêcher d'éclater de rire dans ses doigts. Il me fallut des prodiges de discrétion pour aider ma compagne à sécher ses larmes de rire, au moyen d'un mouchoir de dentelle du Puy. Car il fallait tâcher à ne point trop saucer sa figure de maquillage aux larmes et, surtout, à ne point offenser le gouverneur.

« Je vous rends volontiers les armes au sujet de la virilité, répondit-elle, voyant qu'il fallait bien parler. Du moins si vous l'entendez au sens guerrier, Gouverneur. Notre grand homme vient de signer un grand carnage au Champ-de-Mars. Malheureusement, ce fut en faisant couler le sang patriote, Monsieur.

— Le sang patriote, Madame, il ne coule nulle part ailleurs davantage que dans les veines du héros de l'indépendance des Amériques.

— On ne cesse de nous rebattre les oreilles de cette guerre vieille de dix ans !

— Le courage déployé par le marquis pour éviter le sang alors que le peuple assiégeait Versailles, ne date pas de si longtemps.

— Celui avec lequel il fit mitrailler la foule est encore plus récent. Il n'y a pas deux semaines.

— Monsieur de La Fayette aurait fait tirer sur la foule ! Je n'ose le croire ! » intervins-je.

Ce fut alors un chassé-croisé d'arguments, de souvenirs, lesquels traçaient de Marie-Joseph du Motier des portraits si contraires qu'on les eût juré n'être point du même homme. Le Gouverneur d'Estaing rapportait le retour du roi à Paris, lequel il avait lui-même vécu certain jour d'octobre deux ans auparavant en compagnie du Marquis. Ursule contait la fusillade du 17 juillet dernier au cours de laquelle, elle s'était trouvée au Champ-de-Mars, curieuse de tout ce qui bouge, quand elle avait essuyé le tir de la Garde et manqué d'être comptée dans les rangs des victimes.

Monsieur d'Estaing, debout, épaules de côté comme en duel, estoquait d'arguments en coups de doigts pointés.

Les femmes du faubourg Saint-Antoine et des Halles marchaient sur Versailles pour prendre du pain coûte que coûte, en octobre !

Ursule de Saint-Hilaire, dressée, la gorge haute, tirait à chaque phrase un coup de feu des yeux.

Les femmes de Paris offraient à leurs enfants du coco, du pain d'épice, du gâteau de Nanterre. Elles se promenaient au Champ-de-Mars, en juillet !

En octobre, jette le Comte, La Fayette fit montrer le roi, la reine et les enfants à la fenêtre du palais !

En juillet, lance Ursule, le Marquis fit marcher la garde, avec des canons chargés à mitraille, par les quais !

La Fayette chevauchait en octobre, à côté du carosse royal, de ceux des dames d'honneur, de la lourde berline de Mesdames, des voitures des députés, de celles des courtisans !

Le Marquis fit en juillet manœuvrer la garde en trois colonnes, parmi lesquelles on pouvait compter des chevaliers de Saint-Louis, des dragons et des perruquiers !

En octobre, La Fayette ramenait le roi à Paris avec son peuple !

En juillet, le Marquis donnait à la garde l'ordre de tirer sur le peuple !

Georges ! oh, Georges, où donc les choses nous conduisent ?

Comme je m'étais enfuie, je trouvai l'écritoire du petit salon de compagnie qui m'offrait plume, encre et papier.

Georges,

Me voici donc à Ligonnes en compagnie de ma bonne Ursule. Mais, dans ce château où je croyais devoir être tenue hors des malheurs du monde comme au paradis, les nouvelles de Paris parviennent comme la tempête.

Faites ce que vous croyez devoir. J'ai confiance en votre jugement pour conduire notre vie. Je suis persuadée que nul mieux que vous, qui êtes philosophe, ne la pèse en toute équité.

De même, quant à la façon dont vous traitez les affaires publiques. J'ai confiance en vous et je sais que jamais, jamais, sous aucun prétexte, vous ne feriez tirer sur le peuple.

Donnez-moi des nouvelles, si vous avez le temps et s'il vous plaît.

Je vous baise avec tendresse.

Marie.

*

Les jeunes candidats au titre de « roi » s'assemblaient devant nous. L'on était en milieu d'après-dîner, passé l'heure où le soleil barrait l'horizon. L'air devenait plus léger, moins noyé de lumière. Le concours allait commencer.

Monsieur de Chazerat organisait le jeu du tir à l'arc en son parc, dans la prairie qui jouxtait le bassin de Neptune au levant. Ce jeu avait eu lieu à Clermont pour la dernière fois avant la Grande Peur. L'Intendant tenait à entretenir les bonnes traditions chez lui. Au lieu du traditionnel mois de juillet, lequel était si chargé par la fête de la Fédération, Madame de Chazerat avait choisi la fête de la Vierge, le 15 août.

Toute la matinée avaient retenti les cris et les coups de fouets des voitures et chars amenant spectateurs et archers.

La cérémonie fut inaugurée par la messe en la chapelle Saint-Antoine. Puis, selon la tradition, le défilé formé derrière le bassin, passa devant nous en bon ordre, l'épée au côté, la médaille à la boutonnière, tambours battant, drapeau déployé, chacun à son rang de réception avec l'arc sur l'épaule et une flèche dans la main gauche. Au premier rang des archers se tenait le « papegai » : le roi qui avait abattu l'oiseau la dernière année.

Vers les sept heures, le jeu s'achevait. L'ancien roi n'était point empereur. Car il avait dû laisser l'oiseau, abattu par un autre concurrent. La coutume voulait que les nouveaux francs-archers choisissent la dame qui devait prendre place à côté d'eux.

Soudain, les joues me flambaient comme un feu Saint-Elme. Un jeune homme était là, venu se placer devant moi, genou sur l'herbe, m'offrant l'arc et les flèches en signe de soumission.

De tout le repas, je n'osai ni le regarder ni lui parler. Je mangeai les yeux dans les victuailles. Madame de Chazerat avait désiré un menu champêtre à base de pâtés. En conséquence, le four n'avait cessé de ronfler la veille au sous-sol des communs. Il en était résulté de petits chefs-d'œuvre. Pâtés de venaison, s'ensuivirent des pâtés de membre de mouton, eux-mêmes chassés par les pâtés à l'anglaise ou au lièvre que je trouvai fort écœurants en raison du sucre qu'on y avait incorporé. Ils furent supplantés par les pâtés de jambon suant leur graisse, pour finir par les « divins » pâtés de macreuse au lard, auxquels je me trouvai dans l'absolue incapacité de seulement goûter. Par bonheur, l'intendant avait eu fantaisie d'arroser le tout uniquement de « vin gris » de l'Yonne, un vin blanc légèrement cipolin qu'on montait très frais des caves et qui apaisait les piqûres des épices dispensées à foison dans les pâtés.

Par malheur, ce vin était d'un traître ! Son suave parfum d'aubépine le laissait boire en toute innocence.

Poussée par les croûtes, les épices et les graisses des pâtés, je ne jurerais point qu'on ne m'en servît que de raison. A chaque demi-verre, une gerbe d'aubépines me caressait et me griffait la langue. Au fur et à mesure qu'on emplissait à nouveau mon verre, un grand verre en tulipe de cristal ciselé sur un pied long et délié, le buisson d'aubépines s'épanouissait en moi. A huit heures, les jeunes gens se retirèrent.

La chandelle brûlait un peu mes yeux. Il y avait des heures que j'étais dans le lit à compter les moutons ! Ceux-ci étaient passés en beaucoup plus grand nombre qu'ils ne seraient jamais dans toute la propriété et dans les fermes voisines réunies ! J'avais encore l'estomac fouetté du buisson de vin gris. Mais la tête aiguisée... Le jeune homme ! Parti sans un geste ! Les linceuls me brûlaient. La tête me bouillait. Le flux de ventre, les vapeurs se le disputaient. Assez ! Il fallait me lever.

Mon appartement donnait sur un corridor qui courait en galerie surplombant le pourtour du grand salon. Penchée à la balustrade, je distinguais chaises et fauteuils recouverts de l'étain de la lune qui tombait à flots par le dôme du haut.

Dans le salon d'été, c'était déjà un songe. Entre les colonnes qui ruisselaient d'argent, de grands vases d'obsidienne faisaient jaillir à profusion des arbrisseaux métalliques aux fleurs pourpres. Mais je poussais le vantail. La nature était si belle que jamais on ne la pourrait égaler dans quelque salon que ce fût.

A mes pieds, serpentait un ruisseau de vif-argent. Je devais passer sur un pont d'or. Au-delà, le parterre de fleurs moirait du violet au blanc selon l'humeur de la lune qui batifolait avec les nuages. Plus loin, la grande allée tranchait la forêt aux marbres mouvants et s'étirait, blafarde, jusqu'au reflet vague du grand canal.

J'eus le pressentiment de quelque chose, une sorte de crainte, bientôt balayée par le désir de marcher, suivre l'allée en direction du canal, avaler de cet air métallique coulant de la lune. La cohorte des vingt-quatre statues, dieux, déesses et philosophes d'acier jalonnait mon pas. Soudain, à l'entrée de la grande allée, le jet d'eau du bassin rua, se mit à gaspiller ses perles de moitié ou presque, par-dessus bord. C'était le Vent. Le Vent qui, après ses prémices de tiédeur, se levait, s'élançait, complotait.

Plus loin, la lune tamisait sa fine poudre d'argent. Le Vent geignait. A l'approche d'un bouquet de noisetiers, les plaintes du Vent devinrent oppressantes, semblant des lamentations humaines. Elle s'amplifiaient à mesure que j'approchais des noisetiers. Je me risquai dans le lacis des troncs grêles. Plaintes et halètements se faisaient plus distincts. Je m'arrêtai. Il se pouvait agir de quelque animal pris au piège, un chien ou même un animal sauvage, un renard, un sanglier, peut-être y avait-il danger. Les bruits persistaient. La curiosité l'emporta. Je passai prudemment la tête au-dessus d'une haie de feuillage.

Dans l'ombre se mouvait une forme haletant et vagissant. Malgré la pénombre, je vis qu'il s'agissait de deux corps. Seins blancs et rouges étalés, elle jetait la tête de gauche et de droite. Poitrine noire à découvert, il se juchait sur ses bras arcs-boutants. Elle lançait au ciel des bras roses et ronds. Il creusait et bandait le bronze de ses reins. Elle nouait ses jambes au bas rouges sur une chemise luminescente. Il haletait, il regardait. Elle riait, elle geignait. Ils s'agrippaient, se balançaient en douces ondes retenues. Ils se lançaient en bonds déments.

De retour dans l'allée, je me demandais si ce n'était pas moi qui, démente, eût tout inventé de ce songe.

Au matin, une lettre de Georges fut apportée.

Ma chère,

Je lis avec plaisir que vous prenez les choses avec davantage de philosophie.

Mon amour pour vous n'en est que renforcé.

S'il vous plaît, ne tardez point à me rejoindre. Car j'ai besoin de votre soutien dans une entreprise de la plus haute importance dont je vous confierai le secret.

J'ai également, faut-il donc vous l'écrire ? le plus grand besoin de votre tendresse.

Georges.

Deux heures plus tard, je faisais route vers Clermont.

*

Georges avait laissé la poudre mais gardé l'habit, comme faisaient le plupart des bourgeois habitués de la Société. L'habit de drap noir qu'il portait ce matin de fin août, remplaçait avantageusement son vieil habit vert bouteille. Une cravate de soie blanche nouée haut ainsi qu'il aimait à le faire, des bas blancs et des souliers vernis sans boucle, complétaient sa mise qui me semblait parfaite pour un candidat à la députation. Il parlait avec aisance :

« Mais qu'avait donc de criminel notre pétition à l'Assemblée pour irriter si fort Monsieur Biauzat ?... Le renouvellement de la législature est le seul moyen de détruire la cause unique de nos maux passés, présents et futurs ! »

« Bien ! fort bien !

— Ce qu'y cause bien, hé ? »

Mon Georges, c'était si vrai qu'il parlait bien, que je prenais des frissons dans le dos lorsque sa voix s'élevait sous les voûtes de la cathédrale. Elle se levait, vrombissait comme un cantique et vous enveloppait de sa chaleur qui se répercutait entre les colonnes.

« Je suis aussi fonctionnaire public, dépositaire et organe de la loi ; je n'ai d'autre titre, pour me maintenir dans la confiance, l'estime et la considération dont j'ose me flatter de jouir, que l'irréprochabilité de ma conduite et la pureté de mes vertus ; et ces titres, je les invoque, non avec orgueil, mais avec la confiance d'un homme de bien. »

Les mains des gens battirent, mais battirent ! Hippolyte eut peur de ce vacarme plus fort que l'orage. Il éclata en sanglots si aigus qu'ils percèrent le tonnerre des applaudissements. On s'en aperçut et cela fit rire :

« Vois le petitou ! C'est le petitou à Couthon avec sa mère ! Vive les Couthon ! »

Il fallut s'approcher de Georges avec Hippolyte qui continuait de pleurer dans mes bras. On nous pria de monter en chaire. Comme il avait laissé sa canne à quelque pas, j'aidai Georges en lui prêtant une épaule, tandis que l'autre bras portait l'enfant. La cathédrale croulait dans un fracas d'enthousiasme. Du haut de la chaire, je distinguai la dénommée Suzanne qui, sous un chapeau tricolore, toute petite parmi la foule, applaudissait.

Cette fin du mois d'août, les événements se précipitaient. Ayant tenté un moment d'arrêter le temps en déclarant le roi inviolable et les élections inopportunes, on devait à Paris se rendre à l'évidence : le temps marchait toujours. Les élections étaient enfin débloquées et auraient lieu début septembre. De Pillnitz, l'empereur Léopold et le roi de Prusse envoyèrent une déclaration où ils se disaient prêts contre la Nation à « *agir promptement, d'un mutuel accord avec les forces nécessaires* ».

Des îles, même, les nouvelles arrivaient, qui montraient comment l'histoire avançait aussi. A en croire les marins, les esclaves de Saint-Domingue se tenaient prêts à se soulever pour demander aussi pour eux les droits de l'homme.

A mon arrivée de Ligonnes, Georges était apparu sur le seuil dès que la voiture s'était arrêtée. Il traversa la rue en boitant sur sa canne, s'arrêta à distance, me regarda l'approcher. Debout, légèrement penché sur sa jambe gauche valide, en costume de drap café, celui que j'avais moi-même commandé au tailleur, il se découpait sur la terre de Sienne de la rue, le gris foncé des pierres de la maison. Le gris du ciel amené par le vent, si clair qu'il éblouissait plus que le bleu d'un jour de Bise, faisait cligner des yeux. J'approchai en regardant mon époux retrouvé, ses boucles noisette sans poudre, ses narines qui battaient, ses lèvres qui se pinçaient. Tout près, je vis que les mouvements des paupières n'étaient pas dus à la lumière. Car une larme courut en brillant sur sa joue.

Ces quelques jours, je ne me souviens pas de m'être arrêtée. Je courus deux semaines durant. Je courus voir une à une toutes les dames, les bourgeoises comme les nobles, sortant d'un salon pour entrer dans une cuisine. Je courus aux côtés de Georges pour me montrer aux Carmes, aux Cordeliers, aux Jacobins. Je courus au *Café national* où Bouscarat laissait la conversation pour m'accueillir les bras ouverts. Pas le temps pour la mélancolie ! Car, avant tout cela, j'avais pris Hippolyte à la maison et le faisais coucher dans ma chambre. Non, vraiment, je ne crois pas avoir vécu de moments aussi pleins que ces jours. A tel point qu'un soir où, par hasard, Georges me demandait si j'avais dîné, je me trouvai incapable de me rappeler si j'avais dîné ce soir-là ou seulement la veille !

Le 9 septembre 1791, c'était au tour de Georges d'être candidat. Il n'avait pas dormi de la nuit à ce que le bruit inégal de ses pas m'avait appris. Nous étions en fin d'après-dîner, de ces après-dîners d'automne où le ciel se montre ici dans son infinité d'un bleu pâle et profond d'océan inconnu qui donne le vertige. Le soleil tiédissant déjà, avait à peine échauffé les toits sans entrer chez nous. Je mis un châle de laine noire frangé de blanc. Mon époux eût déjà dû être de retour. Au coin de la rue Saint-Genès, dans le flot de lumière coulant du couchant, sa chaise n'arrivait jamais. Je n'y tins plus. Hippolyte dans mes bras, je courus aux Cordeliers.

A peine étais-je au bas des marches depuis une minute, les grands électeurs sortaient. Avaient-ils mis le nom de mon époux dans le vase, ces messieurs en habits brillants, en costumes rutilants ? Choisis parmi ceux qui payaient très cher l'impôt, avaient-ils voulu de l'avocat des pauvres pour représentant ? Je crus voir l'habit rose de l'oiseau de haut vol, le mitrailleur de la foule. Un coup au cœur ! Cet aristocrate ne voulait pas du peuple. Il ne pouvait voter pour Georges ! Ma tête pesa, mes jambes plièrent, on me soutint.

« Vois la petite dame Couthon, elle va se trouver mal ! Y faut y tenir son petit ! »

Parmi ceux qui sortaient de l'église apparut enfin la silhouette claudicante de Georges. Il avait le teint si clair qu'il semblait éclairé d'une chandelle intérieure. Vieux ! Pas besoin de commentaire, mon mari était député à cette Assemblée fameuse dans le monde entier ! Mes jambes fourmillaient. J'entrai en triomphatrice dans le café Bouscarat, au bras de Monsieur le député Georges Couthon qui se passait ainsi de sa canne, flanquée de ses collègues Maignet, Gibergues, Thévenin et Téalier. Moi qui avais passé des jours à parler, parler, parler pour Georges, je fus incapable de prononcer un mot de la soirée.

Le lendemain, j'ai eu une fièvre nerveuse occasionnée par l'émotion que j'avais éprouvée. Maria venue me soigner me parla d'un ton bourru :

« C'est bien temps de se coucher, quand on est femme d'un député !

— Je sais bien, Maria, je sais bien. Cela ira mieux demain, je crois. Je me lèverai.

— Si c'est pas malheureux ! C'est avec lui, que tu devrais te coucher ! Faut le féliciter, ton homme ! »

Coucher avec lui ! Voyait-il cette Suzanne qui apparaissait parfois ici ou là à ses côtés ? A mesure que venaient ces pensées, un grand vide s'ouvrait dans mon cœur. J'éclatai en sanglots.

« Ah, ça ! s'adoucit Maria, c'est que tu pleures ?

— Ou-ou-oui, sanglotai-je.

— Et pourquoi donc, ma drole ?

— Georges n'a plus le temps de s'occuper de moi. Il

y a tant de femmes belles et... fascinantes et hou-hou-hou, sanglotai-je de plus belle en réalisant soudain l'ampleur du risque, à Paris, ce sera bien pire, les belles dames seront légions ! Des Suzanne, combien y en aura-t-il ? »

Maria me fit asseoir. Elle ficha ses yeux gris dans les miens et souffla ses mots comme pour me les insuffler :

«Drollette, c'est sûr qu'à Paris, ça doit pas être les femmes qui manquent. Et des qu'elles ont pas peur de jouer de la cuisse pour arriver ! Mais écoute-moi, je vais te dire une chose. Si tu veux sûr que ton homme il ait envie de toi, tu sauras bien y faire ! Et, quand c'est qu'une femme y fait bien, faut qu'y soyent qu'en bois, les hommes, pour pas fondre comme glaçon en plein soleil !

— Peut-être, dis-je en séchant mes larmes.

C'est égal, la capitale doit abriter des beautés si magnifiques...

— Magnifiques, magnifiques ! hochait-elle la tête. En amour, ça veut pas rien dire, ça ! Mieux vaut petite vaillante que non pas grosse ''fégnante'' ! »

TROISIÈME CAHIER

L'ANNÉE VERMEILLE
(début 1792-début 1793)

X

À PARIS
(début 1792)

Les gouttes de sueur sourdaient au coin des narines et aux tempes de Georges. Son bain chaud le mettait toujours en grande transpiration. Malgré la senteur du souffre, je ne détestais point être à ses côtés. Ainsi dans la vapeur équatoriale, je me pouvais croire aux îles. Je jouissais à l'idée du gel qu'il faisait dans les rues de Paris, en ce mois de février 1792.

« Avez-vous une plume ?

— Mais oui, je vous écoute. Dictez lentement, je vous prie.

— Mes chers concitoyens... »

Georges parlait lentement, faiblement, les yeux clos, comme se reposant même pendant la dictée.

« ... Depuis quatre jours je ne sors point. — Mettez... mettez donc deux points — : les gens de l'art ont décidé que mon état exigeait absolument que je gardasse la chambre et surtout que je m'abstinsse...

— Comment écrit-on abstin ?...

— Abstinsse ! — avec deux s —... que je m'abstinsse pour quelque temps des séances trop laborieuses de l'Assemblée. — Heu, ajoutez... —

— Dois-je mettre un s à la fin de quelque ?

— Pardon ? Un s ! Non, à ce qu'il me semble. »

Georges ne sortait plus depuis quelques jours. Ses jambes se refusaient maintenant toutes deux à le porter. Peu s'en fallait, en effet, que la gauche ne fût aussi paralysée que la droite, laquelle lui servait tout au plus de balancier. Mais s'il n'y avait eu que cela ! Imaginez dans quelle détresse il se pouvait trouver, lui qui voulait toujours soumettre son corps aux travaux les plus forcés et qui n'avait plus alors à sa disposition que ce qu'il nommait lui-même « mon misérable corps ». Les jambes paralysées, urinant avec peine, souffrant le martyre la nuit et tenant mal la fatigue du travail de cabinet qu'il s'imposait, mon époux était astreint par les médecins à un traitement par les bains et le régime.

Je me prêtai volontiers au rôle d'infirmière. Chaque matin, Maria apportait le lait de chèvre acheté à prix d'or ou presque à quelque marchande des rues. Je devais tonifier ce lait au moyen d'un fer rougi et par l'addition de quelques grains de cachou. Le soir avant le coucher et même le début de l'après-dîner quand Georges n'allait pas à l'Assemblée, c'était un long bain chaud rendu gazeux par le foie de soufre et l'acide muriatique. Quant à l'électricité, on lui en avait d'abord appliquée à la jambe droite dix jours durant.

L'électricité ! Ce phénomène nouvellement connu semblait quelque puissance douée de tous les pouvoirs. C'était une force magique que l'on montrait dans les salons où l'on faisait étinceler des boules et se dresser les cheveux des dames. C'était une puissance du ciel, fort redoutée, que l'on s'essayait à domestiquer en posant les premiers paratonnerres. Les médecins déclaraient ce principe capable de revivifier la jambe du représentant Couthon.

Mais il était seulement résulté de son application une

plus grande souffrance de Georges, au point que je n'eusse pour un empire accepté qu'on renouvelât cette pratique.

Je me prêtais non moins de bonne grâce au rôle de secrétaire de mon époux. Ainsi écrivais-je ce jour-là une lettre à ses chers Clermontois qu'il ne laissait pas trois jours sans une missive.

« ... L'accaparement du sucre est toujours le prétexte de ces insurrections partielles ; mais la cause secrète tient à un système bien plus profond... »

Mes mains tenaient la plume mais mon entendement était à l'écoute. J'avais la primeur des réflexions du député qui avait frappé l'Assemblée dès le premier jour, au point que sa proposition sur le protocole de réception du roi fût adoptée et que *l'Ami du peuple* l'avait encensé.

« ... L'on veut le désordre parce que c'est dans le désordre que les scélérats voient l'espoir de renouveler la Saint-Barthélemy...

— A ce point ?

— Certes, Marie, certes ! Ces manifestations de femmes ne sont que machinations. »

Machinations, les manifestations de femmes pour le sucre et le café ? Les femmes devaient-elles sans broncher attendre la disette ? Et que dirait mon travailleur d'époux si je ne lui servais son café bien sucré ? Peut-être serait-ce alors une tout autre chanson... Sans doute y a-t-il des gens qui ouvrent leur bourse à qui veut bien crier dans la rue. C'est égal ! Les femmes ne descendent pas pour le plaisir !

« Qu'est-ce qui vous fait dire cela ?

— J'ai assisté à l'émeute de mai. Je ne vous en ai rien dit afin de point retourner le couteau dans la plaie. C'était du temps que vous aviez bien d'autres soucis. Ah, elles n'avaient pas à envier celles de Paris, nos femmes de Clermont !

— Où étiez-vous donc ?

— Avec Maria, je rentrais de visiter Hippolyte. Nous nous heurtâmes à la foule rue Saint-Genès.

— Quelques trublions en mal de sabbat !

— Vous ne devriez point ainsi parler. Le peuple était devant la maison des Paquin, revendeurs en grains. Ils avaient éventré les portes. Les femmes remplissaient leurs tabliers. Elles allaient déguerpir quand arrivèrent la garde et les chasseurs. Ils les contraignirent à vider leurs tabliers. Ils leur tordaient les mains. Ils les traitaient de voleuses. Comment peut-on traiter de voleuse une mère qui prend le grain pour le pain de sa famille ?

— Je ne vous dit pas cela ! Je sais, le grain était monté à un prix excessif. Mais je ne vois point que ce soit motif de saccage ni surtout bon moyen pour bonne fin ! »

Mon époux n'avait pas achevé ces mots qu'une rumeur montait dans la rue Saint-Honoré. Elle parvenait au fond du cabinet reculé où, dans une ancienne alcôve, Girot, tenancier de l'hôtel de Charost, avait fait aménager un cabinet de bains. Les locataires de la rue Saint-Honoré étaient regardants au confort ! Ce n'est point que j'eusse de raison de m'en plaindre, surtout en ces jours où je faisais office d'infirmière. Mais Paris était l'univers des contrastes. Ainsi, isolés dans le beau quartier entre les Tuileries et la place Royale, calfeutrés dans la chaleur du bain au fond d'un cabinet douillet, nous parvinrent les cris des femmes de Paris attaquant un convoi de sucre pour l'arraisonner.

Georges eut un moment le regard las, les paupières pesantes. Dans sa chevelure bourrue, ses rouleaux défaits s'écartaient en oreilles de chien de part et d'autre des joues creusées. Il esquissa un sourire amer, sous le nez allongé, les narines marquées. Seule vigueur de sa physionomie d'alors, la pointe à fossette au menton sur la mollesse de la gorge à bourrelet de chair.

Il referma les yeux, laissa reposer la tête sur le rebord de la baignoire de zinc.

« Vous devez avoir raison, m'amie. L'Assemblée échoue à faire le bonheur des gens. Et moi, je suis d'autant plus désarmé que ma maladie m'ôte les forces. Rien ne sert de s'obstiner en vain. Je m'en vais démissionner. Un autre saura accomplir avec plus de force, sinon davantage de zèle, cette tâche que nous avons entreprise. »

Soudain la nuit tombait dans une forêt profonde et terrible, hantée par les maladies, les brigands et les bêtes féroces. Je sortis du cabinet, haletant, à l'air frais.

Mon mari, démissionner ? Le héros du premier jour de l'Assemblée, dont toutes les gazettes relatèrent comment il trouva magistralement solution au problème de la réception du roi en disant que les députés le recevraient debout et découverts mais qu'ils se couvriraient ensuite, tandis que le roi s'installerait, non dans un trône « scandaleux » mais s'honorerait « de s'asseoir sur le fauteuil du président des représentants d'un grand peuple » ? Démissionner, mon époux ? Le secrétaire de cette Assemblée qui secouait le monde ? Le défenseur acharné des pauvres paysans ?

« Tenez-vous si fort à faire grand cadeau aux "noirs" ?

— Plaît-il ? demanda Georges en levant les yeux lorsque, ayant ouvert la porte du cabinet, je lui lançai ces mots.

— La lettre de Monsieur Robespierre à Duplay, en laquelle le clairvoyant homme d'Arras prend soin de se recommander à vous, le prouve assez : vous êtes l'un des meilleurs espoirs de la Révolution !

— Mais... la Révolution... est bien mal en point. Et que puis-je pour elle, en cet état ? Les paysans se révoltent partout. Ce n'est point de ma baignoire que je vais leur donner satisfaction !

— Et pourquoi pas ? C'est dans la tête des philosophes que la Révolution a commencé. C'est dans les bras des femmes et des paysans qu'elle se poursuit. Et ce n'est que dans la tête des philanthropes qu'elle s'achèvera !

— Comment l'entendez-vous ?

— C'est à vous, de dire les nouvelles lois !

— Il n'est point si aisé...

— Peut-être, mais il le faut !

Alors, Monsieur le député, je reprends la plume et je vous écoute. Qu'avez-vous à dicter pour les paysans ? »

Georges sourit en disant que c'était là belle façon de forcer la main. Puis, il demanda un verre de Malaga, une tasse de café, une pincée de tabac à priser et un grand seau d'eau chaude ajouté à son bain. Alors, il commença de me dicter son fameux discours sur le rachat des droits seigneuriaux.

*

Le vacarme s'étouffait à l'Assemblée législative, ce mercredi 29 février 1792. C'était comme si un crépuscule la venait d'envahir, avec sa crainte des prédateurs nocturnes. L'orateur montait péniblement les marches de la tribune, s'accrochant, se hissant des deux mains, faisant suivre son buste de ses deux jambes pendantes. Vu de dos, son habit vert olive était marqué de voussure, presque bossu. Mais, lorsque s'étant solidement calé sur le dossier de la tribune, Georges se tourna, son regard aigu, sa coiffure châtaigne aux rouleaux impeccables, à peine retouchés par la maladie de légers coups de mine, sa cravate blanche roulée haut, au jabot de dentelle que j'avais bien empesé, ainsi que sa douce mais solide physionomie, commencèrent d'en imposer.

Du côté de la galerie que j'occupais en compagnie d'une foule de gens agités, les jacobins[1] Condorcet et Carnot que je reconnaissais pour les avoir admirés souventes fois, faisaient faire silence par de grands signes qu'ils adressaient en face aux feuillants[1], lesquels affectaient de poursuivre leur conversation.

Alors, dépliant le cahier de feuilles que j'avais rangé dans sa poche, Georges attaqua d'une voix douce et claire.

1. L'Assemblée législative était ainsi composée :
— à droite : les feuillants, partagés entre les clans laméthiste et fayettiste ;
— à gauche, une minorité : les jacobins, du philosophe Condorcet (modéré) aux cordeliers (extrémistes), en passant par les démocrates dont Danton et Couthon, ainsi que les « brissotins » de Brissot (que Lamartine appellera girondins) ;
— au centre : la majorité d'indéterminés.

Messieurs,

Nous touchons peut-être au moment où nous allons, les armes à la main, défendre notre liberté...

Ses mots, chargés de quelque force évidente sans que l'on sût précisément laquelle, flottèrent un temps autour de lui, gagnant le président, les secrétaires qui levèrent la tête. Puis, ils montèrent les gradins, lesquels se taisaient à mesure de cette sublimation, jusqu'aux tribunes frémissant, soudain saisies d'un silence total.

... un grand peuple qui veut fermement être libre sera toujours invincible ; ou il écrasera ses ennemis, ou il ne leur laissera, pour prix de leurs conquêtes, que des déserts et des cendres.

Oh, Georges, mon époux, où trouvâtes-vous ces mots ? Ces phrases si sonnantes, que vous me dictâtes si spontanément ? Qui eût cru, à vous avoir vu souffrant dans ce bain, les gouttes de sueur au front et la grimace de douleur aux lèvres, que vous dicteriez ainsi des paroles immortelles !

Les yeux grands ouverts, le buste carré contre la paroi de la baignoire, les sourcils froncés, d'une voix blanche si brûlante qu'elle me parcourait l'échine avant que d'animer mes doigts tenant la plume, Georges Couthon dictait le prochain discours qui animerait la Nation.

... l'on veut éclairer le peuple, et moi je voudrais le soulager, l'on veut l'attacher à la révolution par des discours, et moi je voudrais l'y attacher par des lois justes et bienfaisantes.

Georges prenait une mine soucieuse pour continuer :

Les dispositions éclatantes de la nuit du 4 août ne présentèrent bientôt pour le peuple que l'idée d'un beau songe dont l'illusion trompeuse ne lui laissa que des regrets...

Ma main s'était arrêtée, mon esprit courait. La nuit du 4 août, si populaire chez nos paysans, si aimée de ceux qui commencèrent la Révolution...

« Ne craignez-vous point de dresser contre vous ceux que vous cherchez à convaincre ? Dites donc d'abord tout le bien qu'on peut dire de cette fameuse nuit du 4 août.

— C'est sagement observé m'amie. Au reste, ce n'est que justice. Reprenons.

Chacun de nous a vu cette nuit à jamais mémorable du 4 août 1789, où l'Assemblée constituante, pure à son aurore, prononça, dans un saint enthousiasme, l'abolition du régime féodal...

Ce fut un crépitement général d'applaudissements, des bancs lamethistes et fayettistes[1] aux bancs de Brissot et même à ceux des amis de Marat. Cet « Ami du peuple » ne nous inspirait aucune confiance. Il se donnait toujours des airs de comploteur. Ses déclarations étaient bien souvent incendiaires, voire à la limite de la démence. Il était néanmoins beaucoup plus réfléchi qu'il ne semblait d'abord et les événements lui donnaient souvent raison. En outre c'était l'ami politique sincère de Georges. Quoique nous ne le vissions jamais hors l'Assemblée, il ne ratait une occasion d'applaudir le « courageux député du Puy-de-Dôme ». Des « feuillants » aux « cordeliers », l'Assemblée applaudissait mon mari qui disait le discours écrit de ma main.

... ce n'était pas précisément l'honorifique du régime féodal qui pesait sur le peuple ; il l'outrageait, l'avilissait, le dégradait sans doute...

« Oui, oui ! C'est cela ! »

On approuvait sur les bancs des amis de l'oiseau de haut vol.

... Mais les droits dont le peuple sentait le plus le poids et qui influaient plus essentiellement sur son bien-être, c'étaient les droits utiles, tels que les cens, censives, rentes seigneuriales, champarts, terrages, agriers, arrérages complants, lods et ventes, reliefs, et autres de ce genre. Or, tous ces droits ont été conservés par le décret de l'Assemblée constituante du 15 mars 1790.

Les oiseaux de Monsieur de La Fayette avaient subitement clos leurs becs. En l'absence du chef de clan qui n'avait été rééligible, ils hésitaient fréquemment à prendre parti avant d'avoir reçu des ordres. De leur côté, on observait attentivement les mouches qui eussent dû voler si la saison l'eût permis. Côté gauche, on se regardait à peine dans les entours de Brissot. De rares mains applaudissaient chez les jacobins.

La motion du représentant Georges Couthon, consistant à rendre possible le rachat partiel et à exiger des seigneurs la preuve de leur propriété, fut poliment applaudie et renvoyée en commission.

Ah, Georges, mon Georges ! Vous qui parlez agrippé au bureau afin de ne point choir, qui froncez les sourcils aux coups pernicieux des douleurs, vous êtes le phénix de cette très illustre Assemblée que vous vous permettez de secouer de la belle manière !

*

Ma chère Marie,

Quelle joie de vous annoncer ma venue à Paris pour le tout début du printemps.

Je ne me fais point aux cahots de la poste et vous savez que je ne supporte pas le carrosse. Aussi partirai-je sur ma bonne pouliche, dans notre campagne en proie aux émois de sa renaissance. Voici qui me rappellera les beaux printemps où nous chevauchâmes tous deux.

J'ai une petite surprise pour vous, mon adorée.

Antoine Brunel.

Sa lettre me parvint à la mi-mars, alors que tout était maussade à Paris. Le ciel se faisait moins glacial mais conservait son teint d'ardoise. Les rues étaient sales et mouillées. Même la rue Saint-Honoré où se trouvait notre logement. Celle-ci abritait des commerces de modes, de fourrures et autres boutiques de luxe ouvrant sur la boue et la mendicité.

Maussades, surtout, étaient les nouvelles de l'étranger. Tantôt les princes faisaient des déclarations contre nous, tantôt ils obéissaient à l'ultimatum du roi, en dispersant les émigrés. A Saint-Domingue, on s'égorgeait sur la question de savoir si les Noirs étaient bien des hommes.

De plus en plus de voix s'élevaient pour la guerre contre les princes. Des femmes de Paris avaient présenté à l'Assemblée une pétition pour combattre. Georges lui-même clamait à qui voulait entendre qu'il pleurait ses jambes l'empêchant d'en découdre avec nos ennemis.

Seul avec Robespierre, Marat s'opposait à cette guerre :

... elle laissera le champ libre aux ennemis du dedans... elle achèvera de dilapider les biens nationaux et d'accélérer la banqueroute publique ; elle consommera la perte de tout ce que la France renferme de bons citoyens, et elle épuisera l'État de toute la jeunesse patriote...

J'entends que l'Ami du peuple et Maximilien étaient seuls parmi les grands. Car Maria portait *l'Ami du peuple* à la poche et n'en voulait point démordre :

« Drolette, la guerre, c'est que faire se saigner entre eux les pauvres jeunes coqs qui z'y comprennent pas rien, pour que les rénars qui z'y comprennent, y se partagent tout tranquillement, surtout les jeunes poules et que, même, y se tapent sans vergogne les vieilles poules au bord de la tombe, vu que c'est que des charognards ! »

La nuit, lorsque Georges ne rentrait pas trop tard de l'Assemblée, il s'enfermait dans son cabinet pour quelque travail qui ne pouvait attendre. Ces soirées n'en finissaient pas.

Voici qui me rappellera les beaux printemps où nous chevauchâmes tous deux...

La pouliche de mon père allait l'amble, à cinquante pieds devant moi. J'entendais son pas de bois sur le chemin battu, à peine amolli par la rosée. A la traversée d'un chaume de seigle, le pas se fit de papier.

Allais-je parler ?

Nous étions au pied de la butte d'Orcet. Maintenant, le jour était blanc sous un ciel épais comme pierre. La voûte de basalte s'abaissait dans le lointain jusques au fond de marbre gris veiné de bleu-noir que déroulait les monts du Sancy. En ce petit matin, était-ce de printemps ou bien d'automne ? les bois terre-de-sienne dentelaient sur la colline voisine, au-dessus des vert d'eau de la vigne qui surplombaient les bronzes des pâtures.

« Père » dis-je en un souffle.

Trop éloigné, il n'entendait pas. Sa monture poursuivait de son pas régulier. Sur la robe fauve de la pouliche alezane, le dos de cuir du cavalier était de teinte presque égale. Il portait comme toujours le pourpoint cuirassé qui soulignait sa musculeuse poitrine de petit guerrier grec. Son tricorne à plumes de paon jetait ses bleus ocellés de turquoises. Ses grandes bottes jaunes retroussaient des revers à l'ancienne. A des yeux étrangers, il eût passé en cet appareil pour quelque spadassin en quête de sa troupe.

« Père ! »

Mon père retint sa pouliche. L'étalon nous rapprocha. Il se tourna, releva son tricorne, me regarda sur l'épaule.

Lorsqu'il entrait au salon, en sa tenue de spadassin, il faisait quelquefois rire les hommes. Mais l'œil des dames, s'il riait, c'était de tendresse pour lui. Ses joues grêlées, son nez fort, ses yeux noirs effacés entre les paupières plissées, sa bouche cachée sous la moustache à pointe, tout concourait à ce qu'on ne pût le dire beau. Jusqu'aux cheveux, taillés à la diable, qui jaillissaient du chapeau, souvent ébouriffés par les courses à cheval. Pourtant, sous l'apparence taciturne de son front de « Maure » basané, son regard luisait. Une fine lueur d'or sourdait entre ses paupières et vous enveloppait de sa chaleur. Il suffisait qu'il me regardât pour que je fusse plongée dans quelque bain d'or. Quelque Eldorado...

L'aventure ! Les grands horizons du rêve vécu ! Je ne sus jamais dans quelles circonstances il avait, dans sa jeunesse, sillonné les routes de l'Europe, courrier secret pour le compte de quelque prince et ami d'Aragonnès. Je ne compris jamais, non plus, comment cet homme avait épousé ma mère, si différente de lui. Quand elle avait vu les costumes d'apparat, ramenés de divers pays, elle s'était écriée :

« Bon ! voilà de bon drap, de quoi faire robes et tabliers ! »

Nous en avait-il conté, à mon frère Antoine et à moi, des aventures de grand chemin ! Des combats sans merci avec des routiers mercenaires sur des routes désertes. Sur ordre de qui mandait, on ne devait laisser que des cadavres défigurés. Aussi, le temps pressant, on était contraint de leur arracher le visage avant même qu'ils eussent achevé de mourir ! J'en avais des tremblements dans le cou, rien que de l'écouter. Nous en avait-il conté, des luttes au-delà des forces, dans les Pyrénées verdoyantes soudain muées en enfer blanc et glacé, où il fallait tirer le cheval des heures et des heures, à en croire périr ! Il nous avait aussi conté certain trouble épuisement dont je saisissais alors mal la raison. C'était au départ matinal de quelque manoir isolé. Une veuve blanche à chevelure d'ébène avait bien voulu lui offrir l'hospitalité. Alors, une étrange fatigue couchait le voyageur, les reins brisés, sur l'encolure de son coursier.

Je me raidissais soudain, encore emplie par l'or de son regard. Car je devais poser à cet aventurier une question qui le pouvait faire éclater de colère. Les paroles de ma mère sonnaient toutes fraîches à mon oreille.

« Garde-t'en bien, malheureuse ! »

La pouliche touchait l'étalon dont la crinière frissonnait. Père continuait à me regarder.

Mon père ! Mâchoires serrées. Plus sévère encore que d'habitude. Il semble de si mauvaise humeur ! Pas le moment de lui parler de Monsieur Couthon, l'ennemi de la famille ! Pas le moment !

Il ne dit mot. Mais son air attentif était une interrogation. Je répondis précipitamment :

« Ce n'est rien ! » Mais j'avisai aussitôt que mon comportement devait sembler des plus sots et j'ajoutai :

« C'est... que je suis toujours émue par le spectacle de la nature au matin. »

Le vieux bourru eut une grimace, tira sur la bride pour tourner sa tête. Il la fit approcher à petits pas, s'arrêter tout près, flanc contre flanc de l'étalon. Le cavalier prit appui au pommeau de la selle, dressa le menton. Ses yeux semblaient clos, davantage encore que de coutume. Mais je les savais vagabonder dans cet air fin qui baignait la plaine silencieuse. Une trouée de soleil, dans notre dos, versa un tulle rosat sur le marbre des monts du Sancy, une giclée de cerise sur la joue piquetée de bleu. Un feuillettement discret agitait les peupliers qui tendaient le ruisseau de leur pente d'étain. Un rossignol attardé poussa sa mélodie chantournée, nostalgique.

Mon père releva sa main gantée de gros cuir bruni par le temps, tira sur son gant, passa un doigt nu sur ma joue, doux comme un œuf de mésange. Il grommela d'un coup de moustache :

« Moi de même. Cela me mord toujours un peu le cœur. »

*

« Ne cesserez-vous, Père, de nous rebattre les oreilles de votre Fête ? »

Toine Brunel était arrivé à Paris fin mars, exactement le premier jour du printemps. Quand il parut au seuil de ma porte, en cuirasse et chapeau empenné, je manquai croire à une apparition. Il tenait sur ses bras un fantôme de femme dont la minceur eût été inouïe, une robe-redingote vermeille dont le satin péquiné[2] jetait des feux rouge brillant et noir profond.

Ce soir, il rentrait tout juste du Champ-de-Mars où se venait de dérouler la « fête de la Légalité ». Ce n'était point de chance. Car Georges dînait pour une fois à notre

2. *Péquiné* : rayé de couleurs alternativement brillante et mate.

table et n'avait nul désir, mais alors nul ! qu'on lui contât cette fête des partisans de l'ordre réactionnaire.

Toine Brunel ne tarissait point de détails. Quels hymnes majestueux composés par Messieurs Chénier et Gossec ! Les mêmes que pour les funérailles de Mirabeau et du grand Voltaire ! Eussiez-vous été présents, que vous n'eussiez point manqué d'en être fort touchés. Tout était grand, fort, jusqu'aux éléments qui se mirent de la partie. Imaginez qu'au moment le plus solennel, l'orchestre jouant debout sur l'énorme autel de la Patrie, nul ne pouvant retenir ses larmes à la mémoire du martyr, l'averse se mit à tomber.

« L'Être suprême qui pleurait votre héros, je présume ? »

Aïe ! Georges rompait le silence à sa façon ! Il s'approchait de père en s'aidant d'une canne.

« Ne plaisantez-point du maire d'Étampes, cet homme pur assassiné lâchement.

— Pur, dites-vous ? Je m'étais laissé dire que le tanneur Simoneau vivait du labeur de soixante ouvriers et qu'il avait requis quatre-vingts hommes de troupe pour garantir sa marchandise contre les taxateurs[3].

— On croirait lire *l'Ami du peuple* ou *le Vieux Cordelier* !

— Oh, Père !

— Notez que je ne vous en veux point. Tous font de même, à ce jour. Une mode succède à une autre. Quand cessera-t-on de laisser quelques enragés faire l'opinion. Tout ce galimatias...

— Ce galimatias, comme vous dites, sachez qu'il n'est peut-être pas toujours de mon goût. Il y a, certes, bien des outrances. Mais de deux choses l'une, Monsieur, ou l'on défend les ci-devant et leurs accapareurs, ou l'on défend le peuple.

3. *Taxateurs* : militants populaires qui imposaient un prix modéré à des denrées afin d'empêcher qu'elles fussent objets de spéculation.

— Votre peuple, parlons-en ! Chez nous, patrie de l'avocat champion des paysans, il ne fait pourtant pas si bon être manouvrier ! A Lempdes, on vient d'envoyer la gendarmerie contre les manifestants. De même à Cournon et à Pont-du-Château. Aux Martres-de-Veyre, ce furent la garde et les dragons ! »

La gendarmerie, la garde, les dragons, aurait-on tiré sur le peuple ? Mon Dieu, quelle est cette justice qui chasse les dragons tueurs de pauvres gens, pour ramener ceux-là incontinent ?

« Je... n'en savais p... point le détail... » bégayait Georges qui cueillait sa deuxième canne de jonc pour s'éloigner. Puis, au bout de trois pas, il se retournait :

« Mais je n'approuve nullement ces émeutes. Cette violence a pour tout résultat de dresser contre la Révolution les rétrogrades dont vous prenez le parti.

— Vous ne me surprenez guère ce disant, mon gendre. Vous réprouvez la violence quand elle vous dérange. Et vous l'approuvez lorsqu'elle vous arrange. Quand elle accapare les biens des Aragonnès, par exemple.

— Père ! oh, père, comment pouvez-vous ?

— Monsieur, vous êtes un calomniateur et un ennemi de la Nation ! Vous avez de la chance d'être mon beau-père !

— En voilà bien assez, ne trouvez vous point tous deux ? » lançai-je les oreilles enserrées entre mes paumes de mains.

Comme j'eusse voulu que s'entrouvrit la terre pour qu'une telle scène s'abîmât dans le silence !

Il y eut un espoir, un temps d'incertitude au cours duquel il me sembla que mon époux se laissait mettre d'autres pensées en tête. Le député avait tant de préoccupations. Malheureusement, Toine Brunel ne capitulait pas. La mine ennuyée et presque méprisante, père porta le coup de grâce.

« Et vous, Monsieur, si j'entends bien, vos discours sont toute votre part à la guerre pour la défense de la Nation.

Moi, je suis bien malchanceux de vous avoir pour gendre ! »

Père partit avec ses bagages. Je l'ai moi-même congédié.

Il y avait longtemps que je n'avais eu telle secousse nerveuse ! La bassinoire que j'avais gardée avec moi dans le lit ne m'avait point réchauffée. J'étais glacée jusqu'au cœur qui me faisait très mal. Je ne dormais point. Des choses allaient en moi, traversant mon esprit comme des vols d'oiseaux, vives et zigzagantes. Les biens des émigrés que l'on confisquait... le château, ma chambre, mon étalon, que devenaient-ils ? La guerre... Mon père partirait-il ? Père, oh, père, où êtes-vous dans ce Paris nocturne ? Ces Nuits de Paris si mal famées ? Restif que vous êtes, vous n'êtes pas invulnérable ! N'allez-vous point vous faire détrousser, étriper ?

Nous étions en pleine nuit de fin d'avril. Le temps encore presque hivernal ne m'arrêta point. En légère robe de soie, munie d'une grosse mante, éperdue, je sortis pour la première fois seule la nuit rue Saint-Honoré. Aux carrefours, des ombres se profilaient, filles et escrocs de tous acabits. J'obliquais afin de les éviter. Paris la nuit est le royaume du crime. Je dus le bonheur de filer sans être inquiétée, à la nuit épaisse et à la mante si obscure que je me confondais avec les ténèbres. Je courus bonne partie de la ville, l'ayant maintes fois sillonnée de jour pour aller aux Halles en compagnie de la fille Girot. Même la nuit, c'était moins sale que Clermont, les balayeurs y faisant certains jours leur office. Mais l'obscurité me contraignait à écarquiller les yeux pour ne point prendre de bain involontaire dans un des innombrables ruisseaux.

Le croirait-on ? Je ne trouvai point mon père au bord d'un de ces caniveaux ! Il n'était pas benêt au point de rôder ainsi, lui ! Ne serait-il, ce vieux renard, bien au chaud chez quelque veuve hospitalière à cheveux noirs ? Ma fille, il vous faut rentrer ! Que faites-vous donc à cette heure dans les rues de Paris, à en braver les dangers ? Il commençait à pleuvoir. Crotte ! Bienheureuse, si je parviens à retourner chez moi sans encombre.

Je m'en retournais profondément préoccupée... il pleuvait. Les échenés[4] répandaient à flots l'eau des toits et les rues formaient autant de torrents qu'on ne pouvait passer sans danger. Celui de la rue Montmartre était un fleuve d'immondices. Il m'arrêta. Le comble de l'embarras, c'est que nous étions nouvelle lune. De ce fait, les réverbères n'étaient point allumés.

Je ne revis plus père à Paris.

*

Un à un, je fermai les seize boutons de la robe de père. Parvenue au dernier, lequel se trouvait près du bas de la robe touchant terre dans la position repliée où je me trouvais, je me relevai enfin.

La psyché — je n'avais eu de cesse d'en trouver une ! — me reflétait en pied. Cette robe-redingote frappait d'abord par son vaste col vermeil qui s'étalait largement sur les épaules. Du col, descendait le buste en entonnoir, dont le serrage jusqu'à la taille était souligné par le rapprochement du boutonnage en V. Cela faisait ma taille encore plus fine. Il se peut imaginer spectacle plus horrifique ! Ensuite, filait jusques aux pieds le boutonnage vertical des grands boutons métalliques rouges, tandis que les hanches en cloche laissaient choir le satin péquiné aux rayures alternativement noir mat et vermeil brillant.

Père avait un goût plutôt... rude pour sa propre mise, mais il habillait la femme merveilleusement ! Je fronçai le sourcil. La femme ? A mieux y regarder, sous l'ampleur du col, sous l'abondance de la cravate en dentelle, la gorge était gommée. La longueur des manches masquait les bras jusques au dos de la main. Le pan rayé touchant le sol,

4. *Echenés* : sortes de gargouilles qui projetaient l'eau de pluie au milieu de la rue.

effaçait jusqu'à l'idée même qu'il y eût une chaussure pouvant receler un pied mignon.

Père, vous ne manquez de goût, mais vous qui n'avez point votre pareil à séduire les veuves, vous êtes un puritain quant à votre fille !

Et Georges ! aimerait-il ? Me regarda-t-il ? lui qui ne leva pas même les yeux ce matin afin de me répondre.

Encore tout ébouriffé, les rouleaux en désordre, les joues chinées des mille petits points fauves de la barbe qu'il n'avait pas encore faite, il relisait une lettre reçue la veille.

« Vous voici bien absorbé. Cette missive est donc si importante, que vous la relisiez plusieurs fois ?

— Sans doute... sans doute... grommelait-il.

— De quoi y traite-t-on ?

— Des récents événements à Clermont. On y a fait pétition pour un institut dans la ville.

— Voici une bonne nouvelle. Nos enfants seront instruits. Mais... vous avez l'air tout soucieux ?

— Moi ? Non non. Vous devez vous tromper, grommelait-il encore.

— De qui est-elle, cette lettre ?

— De... la citoyenne Suzanne Mignot. C'est... qu'elle est la correspondante pour la Société.

— Ah, je vois ! et... ne traite-t-elle que de ce seul sujet, si généreux et désintéressé ?

— Mais oui ! »

Ce disant, Georges avait précipitamment replié la lettre. Je voyais, en effet.

Depuis quelque temps, il me fallait être douée du don de voyante extra-lucide. Car nous n'avions point de discussion. L'affaire de l'institut menait fréquemment chez nous les députés du Puy-de-Dôme. On ripaillait plus que de raison. Le vin du pays coulait à flots, ce qui n'était guère recommandé pour la maladie de mon époux. Car celui-ci eût dû s'en tenir au régime prescrit par les hommes de l'art, lequel interdisait liqueurs et café et ne permettait le vin qu'avec mesure. Je tentais de modérer la diligence avec laquelle on exigeait que je tirasse les pots au tonneau apporté de Clermont.

« Enfin, Marie, tenez-vous à laisser les amis crever de soif ? »

C'était la première parole que Georges m'adressait de la soirée. Il y avait des heures que je servais, tout en pêchant des bribes de conversation au passage. Les propos devenaient aigre-doux. Messieurs Romme et Soubrany, députés de Riom, ne soutenaient plus le projet d'institut à Clermont.

Monsieur Romme se leva :

« Laissez, Marie, j'irai tirer au tonneau !

— Mais non, laissez-donc, Gilbert.

— Je vous en prie, permettez-moi, Marie. »

Nous nous retrouvâmes tous deux à l'arrière-cuisine, chargés des pichets, devant le petit fût, à écouter le vin glouglouter.

« Vous eussiez dû m'écouter, Marie. Cela vous eût laissé loisir de prendre part à la conversation.

— Je ne crois pas que mon époux le désire. L'instant est délicat. Vous êtes divisés, ce me semble...

— Cela ne justifie point qu'on vous ôte le droit à la parole.

— On ne me l'ôte pas. Les femmes bourgeoises ne l'ont jamais acquis chez nous, vous le savez.

— Qu'est-ce que vous me chantez là ? Vous ne suivez point l'actualité, ma chère. D'abord, nous sommes à Paris. Des femmes font des clubs, savez-vous ?

— A ce qu'on prétend, oui.

— Venez me voir jeudi. J'ai une surprise pour vous. »

Le lendemain, je tombai par hasard sur des feuillets calligraphiés, Georges m'ayant priée de chercher dans sa chambre certaine lettre dont il avait besoin. La lettre se trouvait bien dans le secrétaire. Mais elle ne cachait qu'en partie une autre lettre. En prenant celle que Georges désirait que je lui descendisse, je glissai machinalement le regard sur l'autre lettre ainsi découverte.

Fait à Paris ce trois novembre 1791

Depretz méd. Tenon, Gastellier, Ch. de Beauvais, d.m.p.

L'abattant du meuble refermé, j'allais descendre. Curieux, que Georges ne m'ait point fait état de cette lettre ! Elle datait déjà de plusieurs mois. Y aurait-il quelque secret ? S'il s'agit de ses affaires... Mais, touchant sa santé, je dois m'en inquiéter !

Je rouvris le secrétaire, précautionneusement.

Le malade pour lequel nous sommes consultés est né avec une constitution faible et délicate. Il a été livré, dès l'âge de dix ans, à des excès dans les plaisirs solitaires...

Voici pourquoi il ne me la montre point, cette lettre !

... les plaisirs solitaires qui ont affaibli ses organes et empêché leur entier développement ; à l'âge de la puberté, il n'a fait que changer le mode des excès multipliés auxquels il s'est livré. De là a résulté l'extrême débilité des solides, l'irritabilité du genre nerveux et la disposition à l'arrêt des liquides. A ces diverses causes...

J'observai mon époux en lui donnant la lettre qui avait occasionné ma découverte d'une tout autre. Le costume fermé, au col haut sur la cravate impeccable, il s'abîma dans une profonde lecture, la mine de circonstance du représentant affairé.

Les excès...

Cette robe de satin pékiné à raies noires et rouges n'était pas mise à rester inaperçue. Avec mode assortie, un de ces immenses chapeaux à larges bords mous, je ne devais point manquer d'attirer le regard.

Donc, Marie : voir dès aujourd'hui chez la modiste de la rue !

Mais, ne soyons point béotienne. Cette robe m'enferme décidément beaucoup. Comment faire qu'un homme plie les genoux, « fonde comme glaçon en plein soleil », en cachant les beautés naturelles ? Est-ce bien ainsi qu'une femme pousse aux excès ?

Je déboutonnai rageusement la rangée de gros boutons métalliques qui verrouillaient seize fois ma vertu. Sans doute l'ai-je déjà dit, je n'ai jamais pu supporter les barrières ni les verrous. Ma robe jetée sur le fauteuil, j'en fis autant du corset à l'ancienne. Au diable le corset ! Bien des dames, d'ailleurs, n'en voulaient plus. Sans corset, j'étais presque nue. La blancheur de ma gorge, les deux poids un peu lourds de mes seins... Je relevai les bras, les seins s'affermissaient, tout en se rapprochant pour dévoiler les bouquets noirs des aisselles.

Rien de détestable en tout cela, sauf erreur !

Mon pantalon de coton blanc, à jours passementés d'un ruban de taffetas blanc et à dentelle blonde bouffant sur le genou, était peut-être un peu sage. Je l'ôtai. Ainsi, j'étais moins sage ! Les bas gris s'achevaient juste au-dessus du genou, pris dans de simples jarretières de soie rose. Les cuisses blanchissaient, galbées encore, mais un peu épaissies peut-être.

Attention, Marie ! Si les hommes ne veulent point de haridelles ascétiques, ils répugnent pourtant à étreindre des jambons de concours agricoles. Il faut me raffermir un peu ça ! monter régulièrement, comme autrefois. Ce ne doit point être les manèges qui manquent, à Paris !

« Va ! me dis-je à haute voix, il n'est que temps de t'occuper d'être belle ! »

Maria m'approuva : « As raison, petite ! On dit que c'est dans les vieux pots qu'on fait la meilleure soupe, mais c'est pas la peine d'attendre qu'y vieillissent, va ! »

XI

LA NUIT
(été 1792)

Elle accrocha son ombrelle sur un bras, m'empoigna le coude de l'autre.

« Vous ne trouverez pas de voiture à cette heure, m'amie. Je m'en vais vous faire un bout de chemin. »

Le soir s'allongeait en une lumière bleue qui débordait depuis les quais jusques à nous. Au sortir du Club, la tiédeur de l'air surprenait. Élise Ribeyre m'avait été présentée chez lui, l'avant-veille, par Gilbert Romme. Le député de Riom, connu pour avoir parlé à l'Assemblée du droit de vote des femmes, était fort prisé des dames qui s'évertuaient pour les droits du sexe. Dès qu'elle m'eut fouillée de quelques questions, Élise m'invita.

« Je vous prendrai mardi pour vous conduire au Club ! Vous verrez, je ne doute pas que vous soyez enthousiaste de Théroigne. »

Nous prîmes le chemin de l'île Saint-Louis. A l'entrée du Pont-Rouge, un tourniquet était tordu de manière à ce qu'on pût passer sans encombre. Il était autrefois gardé par un officier chargé du péage, expliqua ma compagne. Un liard pour chacune à bailler dans ses mains noires, nous eût alors rappelé que la Révolution restait à faire ! « Maintenant, elle est encore à parfaire ! » ajoutait-elle en serrant mon bras.

« Le spectacle de la Nature est presque à la hauteur des féeries du théâtre » proférait Élise, le regard perdu sur le flux de la rivière. Son vaste chapeau vert émeraude, à plumes d'on ne savait quel étrange animal, laissait filer les dragonnes blond décoloré qui jouaient dans les grands anneaux d'argent pendus à ses oreilles. Surmontés des sourcils noirs et arqués, ses grands yeux jaunes étaient cernés et allongés vers les tempes d'un fard doré. Elle s'accouda au parapet.

Du milieu du Pont-Marie, la Seine s'encrait d'un liquide bleu foncé, ridé parfois de pliures au vert phosphorescent, comme si elles révélaient un feu caché dans l'onde déjà refroidie par la nuit tombante.

La bouche d'Élise rutilait dans la pénombre, lippe fortement pourprée, tandis que, sous des pommettes vermillon, les joues se creusaient de l'artifice d'un fard ocre. Deux mouches noires marquaient le profil que je voyais. Elle en portait trois, ou bien même quatre, je ne sais plus, afin, disait-elle, de « ponctuer la mine comme il convient de ponctuer la phrase ». Elle n'était point vraiment belle, mais très émouvante, ainsi qu'un masque, dramatique.

Je croyais revoir Théroigne de Méricourt, parlant au Club. La « reine de Saba », ainsi que l'appelaient les hommes, avait quelque chose de commun avec Élise. Elle aussi semblait porter un masque de théâtre, de tragédie. En robe-redingote de soie rouge, le sabre énorme au côté, d'un pas léger de panthère, elle montait à la tribune. Son masque inspiré lançait des regards comme des éclairs.

Comment, tandis que le pouvoir exécutif habite le plus beau palais de l'univers, le pavillon de Flore et les colonnades du Louvre, le pouvoir législatif est encore campé sous les tentes, au Jeu de paume, aux Menus, au Manège...

comme la colombe de Noé qui n'a point où poser le pied !

Du fond de la salle, on entendit monter les approbations des femmes.

Au parapet du pont, l'on entendait monter le caquetage des femmes au bain[1] en bord de la Seine, sous la première arche. Il était impossible de distinguer les phrases, dans les conversations qui se croisaient, les rires qui se surmontaient. On entendait parfois quelque gaieté. Un mot s'échappa, monta et resta là, comme suspendu en l'air : « agacerie ». Un autre : « langueur ». Un autre encore : «motte ».

Ma compagne tira la conclusion que nos sœurs au bain ne se devaient point du tout abandonner à l'ennui. Je hasardai que les lestes propos faisaient penser à des filles. Élise répondit que c'en était peut-être, peut-être point. Et que cela était indifférent de connaître leur état. Filles ou pas, elles étaient femmes, nos sœurs. Il n'y a pas de sot métier, m'amie, il n'y a que de sottes gens. Des gens qui croient devoir mépriser les choses de l'amour, alors qu'ils ne pensent qu'à elles et qu'au fond ils en ignorent tout. Au fait, entendez-vous ce qu'elles disent ? Savez-vous ce qu'est une motte ?

« Je... non point exactement.

— C'est le mont de Vénus, ma bonne. Et, voyez-vous ce qu'est une agacerie ?

— Hein ? Ah ! Je... Je voudrais que vous me reparliez de Théroigne, s'il vous plaît. »

Le masque redevint tragique :

« Une autre fois. Venez, nous devons rentrer avant qu'il soit nuit noire. »

*

Nous suivions le quai caillouteux, longeant le haut mur

---

1. *Bain* : cinq ou six bateaux de bains « cabanés » (couverts et fermés) offraient leur service payant sur le fleuve.

du jardin des Tuileries. Ainsi à découvert, on risquait moins de mauvaises rencontres. A nos pieds, la Seine clapotait maintenant d'un noir d'encre. Une vague mousseline de clarté s'étendait, depuis le halo de lune engoncé dans les nues, jusques à nos pieds qui parvenaient à peine à éviter les pierres. Hors les petits clapotis de l'eau, c'était le silence.

Le silence ? Des rires de femme sautèrent en chapelets le mur des jardins. Élise se mit en devoir de trotter le long du mur, cherchant quelque moyen d'observer l'intérieur du parc. Comme elle allait plus vite que moi, je me laissai distancer, ne distinguant déjà presque plus sa silhouette noire. Car elle avait jeté un fichu de soie noire sur ses épaules.

« Venez ! venez ! » l'entendis-je appeler d'assez loin, quoique à voix mesurée. Je pressai le pas en me dirigeant vers le mur d'où me semblaient parvenir ses appels.

« Mais venez-donc, vous dis-je ! » chuchotait-elle maintenant.

Je vis que le mur, quelque peu éboulé, offrait une brèche vers laquelle montaient des blocs en degrés désordonnés. Perchée au sommet de l'éboulis, elle redescendit d'un pas pour me tendre la main, tandis que l'autre tenait un doigt sur sa bouche.

De la lumière orange filtrait sous les feuillages entre lesquels on apercevait des groupes lointains, en costumes brillants et chamarrés.

« Les "noirs", soufflait Élise à mon oreille. Ils n'ont pas leur pareil pour se colorer ! »

Son petit souffle de rire ne me fut point du tout communicatif. Quelle peur ! Imaginez qu'on nous eût surprises ainsi, à épier les aristocrates dans ce temple de la réaction ! Tout ce qui, ci-devant de Paris, n'avait point épousé la Révolution, s'était en effet retranché au palais des Tuileries.

Quand reprit, tout proche de nous, le rire frais et franc qui nous avait premièrement alertées, j'avoue que je me fusse enfuie sans réfléchir, si mon amie ne m'eût fermement serré la main. Le bosquet d'où provenait le rire n'était point éclairé. De sorte que la scène se déroulait pour nous en ombre chinoise, devant la clarté des lanternes qui donnaient la lumière alentour d'un kiosque où évoluaient la plupart des « noirs ». Une grande silhouette de femme se détacha, bras tendus, au bout de ces bras une silhouette d'homme, plus grande encore.

« Je devrais être là, dit-elle ; on y parle d'affaires importantes ; mais vous me faites oublier tout l'univers. Et, cependant, quel temps pour faire l'amour ! Peut-être à la veille d'un départ, d'une guerre sanglante ?

— On sait quand on sort de chez soi, belle amie, répondit l'homme, mais on ne sait pas quand on y rentre. Si, pourtant, vous partez, je vous suivrai... au bout du monde. Mais sans vous, jamais ! »

Ce disant, la silhouette de l'homme se baissait. Les deux silhouettes se mêlaient, se redressaient ainsi mêlées, celle de la femme se détachait par le haut, se rejetant en arrière, à califourchon sur celle de l'homme.

Ce spectacle de l'intimité d'autrui...

Les voilà bien, les femmes aristocrates de France et de Navarre ! Ah, la nuitée auvergnate de Ligonnes ! En allait-il différemment de la nuitée bourguignonne, de la Bretonne ? En tout cas, cette Nuitée aux Tuileries, quelle nuit parmi *les Nuits de Paris* !

Quand le rire de la dame, un rire que j'eusse presque juré connaître, se mua en une sorte de glapissement rauque, je désirai fortement m'en aller. Je tirai sur la main d'Élise.

« Restons, glissa-t-elle dans mon oreille. Ils sont trop près. Nous donnerions l'alerte en fuyant maintenant. Par contre, si nous savons être discrètes, ils sont tout à fait inattentifs, ainsi occupés. »

Les glapissements se venaient de changer en une sorte de chant, une mélopée insupportable. Un moment, ils devinrent des cris. Un peu étouffés, il semblait qu'on en retînt la force de la main. Mais ils venaient si violents, si profonds, qu'ils paraissaient venir d'un au-delà.

Voyons, que disait-elle, la grande Théroigne ? Ah, ce chant ! Fermer les yeux et les oreilles ! Oh, ces cris ! Penser, penser fortement au discours du Club. Bâtissons-le, cet autel, et que tous y contribuent, que tous apportent leur or, leurs pierreries...

... « Ouf ! je ne connais rien de plus éprouvant que d'assister chastement à telle scène, disait Élise alors que s'éloignait le bruit des pas. Et vous, qu'en dites-vous ?

— ... il faut que les peuples apprennent, par la vue seule, où réside le vrai souverain.

— M'amie ! m'amie, me secouait-elle, m'entendez-vous ? Cela vous aurait-il choqué au point de vous faire déraisonner ?

— Ne criez point ! J'entends, que diable. Vous allez nous dénoncer !

— M'entendez-vous vraiment ?

— Mais oui. Soyez rassurée. Je pensais délibérément et fortement à autre chose. C'est une infaillible méthode de ma connaissance, afin de m'évader de quelque situation inconfortable.

— Ah ? Cela pourrait-être de grande utilité, en effet. Et quand donc en avez-vous fait apprentissage ?

— Heu... il y a... eh bien, voici une minute ! » dis-je en éclatant de rire, entraînant mon amie dans ce rire, au point qu'il nous fallut boucher mutuellement nos bouches afin d'en étouffer le bruit.

« Sauvons-nous, maintenant, dis-je quand je repris ma respiration.

— Trop tard, on vient à nouveau.

— Il est peut-être enco...

— Chut. »

L'homme avait fouillé à terre, sans doute à la rechercher de quelque chose, s'était approché de notre cachette. Soudain, des yeux ! Mon cœur affolé donnait de grands coups pour fuir ! Il était là ! Il nous voyait ! Il nous regardait en silence.

« Dolmancé, vous ici, dit Élise ? »

Le pavillon se dressait, étroit, plus haut que large. Monsieur Dolmancé, une connaissance d'Élise, nous avait fait entrer dans les jardins et conduites jusqu'ici. A la vérité, il avait raison, nous courions moins de risque dans ce pavillon isolé que sur le mur où il nous surprit dans la position d'espionnes. La pièce unique était meublée d'une vaste bergère et d'épais tapis. A chaque encoignure s'élevait une mince colonne terminée par un chapiteau. Un lustre de douze bougies, flambant à hauteur des chapiteaux, déversait sur nous des flots de lumière qui nous faisaient ciller, après la pénombre du jardin.

Un valet suivait Dolmancé portant un plateau chargé de verres et d'une bouteille de vin blanc.

« J'ai fait monter pour vous cette bouteille de Savigny, prise sur la réserve de la Maison du Roi. A dames de valeur, boisson valeureuse, dit-il en s'inclinant. Puis, servant le vin, il ajoutait : de toute manière, je ne crois pas que le roi ait loisir d'encore en boire longtemps.

— On est donc pessimiste aux Tuileries ? demanda Élise.

— Il y a deux partis, l'un pour la réaction immédiate en profitant du regain de Sa Majesté, l'autre pour l'émigration. A mon avis, c'est du côté de ce dernier qu'est le bon sens. Mais nous ne sommes point réunis afin de parler politique...

Goûtez ce vin de Savigny. Il est réputé "nourrissant, théologique et morbifuge". »

Morbifuge, certes ! Vous sentiez la vie s'écouler dans la bouche et vous pénétrer l'âme. C'était, selon le propre commentaire de notre sommelier d'occasion, merveilleuse solution combinant l'allégresse d'arômes printaniers, la douceur d'humeurs chaleureuses et la certitude de sucs acidulés.

Notre hôte nous accorda permission d'alléger notre mise, à cause de la chaleur, laquelle était assez grande dans ce pavillon. J'ôtai mon fichu, Élise fit de même et alla jusqu'à délacer son corsage. Elle engageait de nouveau la conversation sur les affaires. Il répondait courtoisement. Sans doute, M. de La Fayette n'avait été que piètrement inspiré d'abandonner ses troupes pour venir soi-même menacer l'Assemblée. Mais l'invasion du palais par la populace, si elle fut pacifique, n'était qu'une sommation. La charge allait venir, sans doute aucun. Goûtez-donc ces bonbons !

Baste ! L'oiseau de haut vol commençait à m'insupporter ! Au reste, mon esprit gagné par le vin, n'était guère enclin à croiser le fer avec notre hôte. Curieusement, Élise que je savais si partisane de la Révolution, devisait volontiers.

Je goûtai les bonbons sucrés. L'étrangeté de leur goût me fit soupçonner quelque particularité. Pourtant, la bienséance m'interdit d'en demander la composition. L'homme nous servait dès que nos verres baissaient de niveau. Quant à moi, qui n'avais rien pris depuis le frugal souper de cinq heures, mon « niveau » monta, proche de la côte d'alerte.

Nous étions toutes deux entièrement nues sur la bergère, tandis que l'homme, debout en chemise blanche et culotte noire damassée d'or, nous observait. A la faveur de l'attitude ployée d'Élise, ses seins très blancs se logeaient presque sous ses bras.

« Voyons, dit Monsieur Dolmancé à Élise, si vous serez une bonne institutrice ? »

Chose dont je m'étonne et dont je rougis, je n'étais alors nullement incommodée de cette situation ! Moi, épouse et mère, femme d'un héros positif, investie du rôle de conteuse de sa vie exemplaire... Sous les yeux de cet homme inconnu ! aux Tuileries ! Les révolutions sont des baguettes magiques... Que penserez-vous si je vous conte plus avant cette aventure ? Je dois néanmoins poursuivre, afin de ne rien vous celer de moi, de mon corps comme de mon âme.

Élise tient une jambe au sol, une autre repliée. Le poli

de sa peau attire ma main. Je caresse son mollet, mélange parfait de mollesse et de fermeté. Du genou rond à la cuisse, j'éprouve la douceur du plus fin des tissus. Jusqu'aux abords de taffetas de son bijou, ma main se glisse.

« Oui, oui, m'encourage-t-elle.

Examine mon "con"... C'est ainsi que se nomme le temple de Vénus. Cet antre que la main couvre, examine-le bien : je vais l'entrouvrir...

Cette languette qu'on trouve au-dessous se nomme le "clitoris". Là gît la sensibilité des femmes ; c'est le foyer de toute la mienne ; on ne saurait me chatouiller cette partie sans me voir pâmer de plaisir... Essaie-le... »

Georges se trouvait proche des lignes ennemies. On disait qu'il négociait je ne sais quelle alliance avec je ne sais qui sous le prétexte de prendre les eaux à Saint-Amand.

Je me levai fort tard le lendemain, les jambes douloureuses, la tête enflée de l'intérieur.

Cette nuit de philosophie dans le boudoir me laissait fiévreuse, ainsi que si j'eusse contracté quelque maladie. Cependant, adepte du secrétaire de la section des Piques[2], Dolmancé tirait la philosophie des actes de nos corps. C'est, du moins, ce que m'assura Élise, lorsqu'elle me remémora cette nuit.

Mes souvenirs étaient flous. Dans une brume, il me semblait voir ses mains s'approcher de mon temple avec lenteur et solennité. Dans mes jambes ouvertes, sous le voile de brume, sa tête plongeait. Dans la brume marine, des vagues lentes mais violentes faisaient lever la houle et l'ouragan.

Pourtant, le libertin m'avait respectée, précisa-t-elle en ajoutant :

---

2. *Secrétaire de la section des Piques* : Donatien, Alphonse, François, ci-devant marquis de Sade, était secrétaire de cette section de la place des Piques (Vendôme), quartier de la rue Saint-Honoré, dont étaient membres Robespierre et Couthon.

« Ne serait-ce justement là ce qui est cause de votre indisposition ?

— Plaît-il ?

— Nous, femmes, comme vous savez, sommes fort capables de nous passer d'homme. Mais enfin, il faut bien avouer que cela va au mieux, si nous en disposons ! »

*

Ma chérie,

Lorsque vous recevrez cette missive, je serai par les routes de l'exil, peut-être hors de France déjà. Car voici que l'on m'attend, mon équipage chargé dans le grand carrosse du Monsieur que vous savez.

Ah ! comme j'eusse voulu éviter ce dénouement, moi qui l'ait tant aimée, votre Révolution. Mais je suis trop compromise par l'homme qui m'aime et m'établit un jour dans sa maison. Aussi serais-je ici en danger d'être l'objet de cette frénésie meurtrière qui saisit aujourd'hui Paris, où l'on fait carnage de tout ce qui, de près ou de loin, a quelque chose de ci-devant.

Je vous ferai tenir prochainement le moyen de me joindre, afin que vous ne me laissiez sans nouvelle de vous, ce dont je vous assure que je ne le souffrirai point.

Je vous embrasse, ma sœur.

Ursule.

Lorsque Georges rentra des eaux, je retrouvai mon époux. Il était tel qu'il m'avait quittée, vacillant sur ses deux cannes de jonc. Hélas, à la perte de ma compagne s'en ajoutait une plus cruelle encore : celle de mon amant.

Pour l'époux, ce fut l'accueil public des ovations de l'Assemblée. On tint à lui faire verser son allocation, malgré qu'il fût allé prendre les eaux. Car il avait aussi accompli là-bas certaine mission officielle. Tout à la joie de cette réception, il ne vit pas que j'eusse aimé lui faire accueil à ma façon. Depuis notre mariage, c'était la première séparation. Alors que je l'avais accompagné en mission à Blois, dans le Cher en automne l'an passé, il s'était cette fois montré inflexible. Non, non ! je ne devais point insister, Saint-Amand était à portée de canon de l'ennemi. Là n'était point la place d'une épouse !

Imaginez qu'en ce début de septembre 1792, on assassinait dans Paris ! Le peuple avait pris les Tuileries[3], ulcéré des reculades de l'Assemblée pour déchoir le roi, ainsi que des menaces du despote prussien, le duc de Brunswick. Durant tout le voyage de Georges, j'avais été entourée par Élise, les filles de Girot, notre logeur, ainsi que la famille Duplay qui résidait non loin de l'autre côté de la rue Saint-Honoré. La période était riche en sources d'inquiétudes et causes d'affliction.

Après avoir quitté son poste pour venir chercher à intimider l'Assemblée et tenté en vain d'entraîner ses troupes sur Paris, La Fayette, le héros que j'avais tant admiré, émigrait en passant à l'ennemi. Bel oiseau de haut vol métamorphosé en charognard puant !

Un soir, j'ai grossi la dose d'opium que mon époux prenait au coucher contre ses douleurs. J'avais lu que ce remède a aussi des propriétés aphrodisiaques. Je me suis présentée à son lit en chemise de tulle transparent.

Mon époux, mon héros adoré, redevenez mon amant ! Mais ses jambes, qui sans l'opium n'étaient que douleur lancinante, se trouvaient comme mortes ce soir-là. Georges resta inerte, abattu, épuisé.

« Je ne vous comprends plus ! lui dis-je au réveil, le matin. Comment pensez-vous approuver ces odieuses exécutions que l'on fait par milliers dans nos prisons ?

— On apprend à hurler avec les loups. En visitant le champ de bataille, j'ai vu des cadavres de patriotes, mutilés, défigurés, saignés par les armées des princes. Il est légi-

3. *Prise des Tuileries (10 août 1792)* : insurrection préparée par les fédérés venus de Province, la garde nationale et les sections de Paris qui demandaient la déchéance du roi et une nouvelle Assemblée.

time que le peuple exerce sa souveraine justice dans nos prisons.

— Le sang appelle le sang ! C'est vous, l'avocat, qui dites ceci !

— Les riches, les puissants, ne font plus la loi. Ils deviennent criminels en complotant. Les prisons regorgent de ces comploteurs ennemis de la Révolution, suppôts et espions du despotisme. N'est-il pas légitime d'exécuter des coupables ?

Avez-vous oublié le qualificatif ? « Avocat des pauvres ». J'ai souvenir d'un temps où vous en aviez plein la bouche. Aujourd'hui, sur vos lèvres, le fiel a chassé l'encens, à ce qu'il paraît.

— Des vôtres, les années ont chassé la courtoisie, à ce que j'entends !

— Vous savez, dit-il, la mine paisiblement irritante, que la courtoisie aussi est en révolution. On ne doit plus dire madame, mais citoyenne. Cela n'ôte rien à la fermeté, voire à la douceur des propos, citoyenne Couthon.

— Il se peut, *Monsieur* ! mais je constate que de vos mains, la douceur est chassée par le sang !

— Le sang, le sang, vous n'avez que ce mot à la bouche !

— Monsieur mon mari, criai-je, j'aurais bien celui de certaine autre liqueur, si vous n'étiez incapable... »

Georges détourna la tête sous le soufflet.

Sotte ! triple sotte !

Le lendemain soir, une belle dame inconnue de moi, venait prendre Georges en tilbury pour aller à l'Opéra. Il rentra tard. Je finis, au bout d'une journée d'hésitations, par demander à Georges qui était cette dame. Il répliqua vertement :

« Un député ne répond de ses actes que devant la Nation. »

Quelques jours plus tard, me trouvant à passer près de la cuisine dont la porte était entrouverte, j'assistai à une scène « charmante ». Agenouillée sur le carreau, Fanche, fille cadette de Girot, baignait les pieds chétifs de Georges. Le corsage de la petite béait, montrant deux petits seins comme des poires de la Saint-Jean.

Allez comprendre les hommes, tout de même ! Cette petite catin de Fanche Girot, qu'avait-elle que je n'eusse point de mieux qu'elle ? Il ferait beau voir que mon époux se nourrît d'imagination avec cette gourgandine à peine verte, plutôt que de faits avec une épouse mûre à point ! Saperlotte ! cette fille, elle ne connaissait pas Marie !

La semaine suivante, nous déménagions de la maison Girot pour nous installer chez Duplay où nous allions côtoyer les frères Robespierre.

XII

LE VERTIGE
(automne 1792)

Georges approcha son fauteuil. Il me regardait dans un demi-sourire, les paupières pesantes du manque de sommeil, les lèvres charnues pincées de souci aux commissures, l'apparition des rides cernant la bouche en ébauche de sourire. Pas de doute, dans ce visage fatigué, ce sourire, cette détente, c'étaient ceux du succès.

Il venait d'être réélu au premier tour : député du Puy-de-Dôme à la Convention nationale. Quatre autres de ses camarades sortants avaient reçu le même plébiscite.

Depuis quelque temps, il ne quittait plus, même pour se préparer, le fauteuil roulant offert par l'Assemblée. Celui-ci présentait l'avantage de pouvoir être déplacé au moyen de manivelles qu'il mouvait des deux mains. Ainsi pouvait-il aller et venir dans l'appartement sans changer la position de son corps ni réveiller ses douleurs.

Il approcha encore. Je l'aidai à nouer sa cravate qui prenait plusieurs tours de cou et donnait un joli nœud bouffant, formant jabot simple sans dentelle. Son vieil habit noir était réservé aux cérémonies. Il partait ordinairement ainsi à l'Assemblée, en habit de drap vert anglais, à col montant et à triple rabat sur les épaules. Il avait, comme toujours, fait monter le coiffeur pour friser ses impeccables rouleaux de chaque côté. Sa coiffure sans poudre montrait la trame blanche d'un treillis poivre et sel. Ses prunelles étaient châtaigne comme au premier jour.

Le premier acte de la Convention fut l'abolition de la royauté et la proclamation de la République. Les armées françaises avaient battu à Valmy l'envahisseur étranger et despotique. Un poète allemand, assistant à la scène, écrivit :

Ici, de ce lieu, aujourd'hui, pour le monde commence la nouvelle histoire.

Nous étions au début octobre 1792. Pour la première fois, une nation avait élu ses représentants au suffrage universel. Nice et la Savoie venaient d'opter pour leur rattachement à la patrie de la Liberté. Verdun libérée, on prenait Mayence et Francfort. Depuis quelques jours, mon mari oubliait ses douleurs, trompait sa fatigue et rajeunissait ses traits.

« Je rentrerai la nuit bien tombée, s'il n'y a pas de séance nocturne.

— Faites ce que vous devez, mon ami, faites. »

Mon époux franchit le degré du seuil d'une lenteur presque allègre, ses cannes de jonc coincées sous le bras droit qui s'arrimait à la serrure, tandis que l'autre main s'appuyait à plat contre le mur.

Georges ! Le bonheur du succès de vos vœux, le bonheur que vous faites pour les gens, pourrait-ce être à nouveau le bonheur pour nous ?

J'allai mettre un peu d'ordre dans nos chambres. Maria était toujours, elle aussi, par monts et par vaux, depuis qu'elle avait un « ami » sans-culotte. Lorsqu'elle partait voir son compagnon menuisier au faubourg Saint-Antoine, elle se chargeait des courses et emmenait Hippolyte qui était ravi de courir les rues. Mais elle me laissait le ménage.

Le bureau de Georges présentait toujours le même aspect, depuis qu'il travaillait surtout à la Convention. Je soufflai précautionneusement sur les feuilles et donnai un petit coup de plumeau sur les livres. Une lettre attira mon attention, à demi cachée sous un livre.

Adressée à Suzanne Mignot, elle contait la situation en termes d'une chaleur ! Elle s'achevait par la formule : *Votre Georges.*

Non mais quelle audace ! *Votre Georges !* et puis quoi ? Ah, le scélérat !

J'allais déchirer la lettre.Non, je m'arrêtai. Je la jetai sur la table. Je tâtai derrière moi. Bienvenu fauteuil ! Je m'effondrai. J'avais la tête lourde, lourde. Le vertige.

Comme j'étais dans un jour d'indisposition, les douleurs me prirent un moment, à rappeler ou presque les couches. J'eus de la peine à distinguer les objets qui m'entouraient. Le décor se noyait d'un flou ondulant. Ma tête était pleine de liquide brûlant.

Je m'en fus au cabinet, me laver et aussi jeter de l'eau sur mes yeux, sur mes tempes, sur mon cœur et encore à mes tempes.

La fraîcheur me fit revenir.

Pourvu que je n'aie point la fièvre !

Une sortie me devait être salutaire.

« Bon soir ! » dit la vieille voisine de sa chaise. « Bon soir ! » ajoutèrent poliment deux dames debout au seuil de la porte suivante. « Bon soir ! bon soir ! » disaient-ils tous, artisans prenant le frais, filles faisant mine de s'intéresser à la circulation, filous guettant les colliers ou même les chaussures des dames. « Bon soir ! » dirent les orangères qui étaient assises sur leurs caisses de fruits luxueux, destinés à la belle clientèle de cette rue. Ne se moquaient-ils point de moi ? On eût dit qu'ils s'étaient tous donné le mot. Vous parlez d'un bon soir ! N'étaient-ils de ces gens qui allaient hurler à la Convention ?

Au Pont-Royal, le quai des Tuileries moirait comme une

fine étoffe. Sur le pont, le vent d'ouest me prit les jupes et les mèches de cheveux. Il n'était pas froid mais chargé de senteurs malodorantes qu'il amenait des faubourgs où les égouts puaient. Je tournai le dos au couchant lequel déversait le déluge de lumière rosée et puante comme de la sanie sur la Seine miroitant. Au levant, la Conciergerie se détachait, comme une galère appareillant, menaçante proue noire à la pointe de l'île sur un fleuve de fiel...

La grande porte à deux battants était gluante, autour de la poignée de fer forgé en forme de coquille Saint-Jacques, juste au-dessous des deux grosses coquilles ornant en bas-relief chaque panneau. Au-dessus, le balcon de Duplay, l'Auvergnat qui nous hébergeait moyennant finances, soutenu par des corbeaux couverts d'écaille.

« Y' a une lettre, drole, y a une lettre ! »

Maria brandissait la lettre du haut de l'escalier en riant, comme chaque fois qu'arrivait une lettre de Clermont. Était-ce de Marie Aragonnès ?

Le coup me fit vaciller, m'accrocher au tablier de Maria, me cacher dans le gros tissu du cadi[1] de ménage qui sentait l'ail et le lard rance, et pleurer, pleurer.

« Eh bé, eh bé, drolette, qu'est-ce on a ?

— La lettre... hou hou hou...

— Eh bé quoi, la lettre, quoi ?

— C'est pour hou hou Georges ! hou hou hou...

— Et alors ? C'est bien normal ! Arrête un peu de pleurer, qu'on y comprend pas même rien ! Tu sais seulement pourquoi tu pleures ? »

Si je le savais ! Mais je voulais cesser. Arrête, Marie, arrête ! Elle a raison.

« Je pleure, dis-je hachée d'un gros sanglot, parce que la lettre à Georges est écrite de la main de Suzanne Mignot.

— Et alors quoi, si elle veut y écrire, celle-là, à ton

1. *Cadi* : gros tissu de laine non peignée.

homme ! Après tout, si ça y démange, de se la chatouiller avec la plume !

— Veux-tu te taire ! répliquai-je. C'est bien le moment de tes grosses plaisanteries !

— Moi, je m'en vais te dire une chose, petite. Tu devrais être bien contente, qu'elle y écrive ! C'est qu'y vaut mieux qu'elle se la chatouille avec une bonne plume d'oie, que non pas venir ici, se la faire chatouiller avec le petit doigt du Georges !

— Chuuuut ! dis-je en ne pouvant m'empêcher de commencer à sourire.

Maria rit avec moi, me câlinant le front, tirant sur le col de ma robe.

Elle était à s'y méprendre telle que, la première fois, elle me consola, rue des Ayses. Ses cheveux d'un châtain moyen, noués en deux tresses sous la nuque étaient toujours couverts d'une coiffe. Mais, signe des temps et de son compagnon de sans-culotte, sa coiffe était maintenant de tissu à rayures tricolores. Elle faisait les gros yeux sous les sourcils si épais qu'ils se touchaient.

« C'est égal, Maria, Georges aime Suzanne, je le sais. Je l'ai lu dans une lettre. D'ailleurs, il n'a plus envie de moi.

— Drolette, dit-elle en relevant une mèche sur mon front, ainsi que, il y avait quatre ans, quand elle m'allait donner un conseil, ça ne va pas, de se faire du mauvais sang pour un rien.

— Tu appelles ça rien !

— Drole, dit-elle en fronçant tellement les sourcils qu'elle en était fascinante, je te dis pas que dans la vie on porte jamais peine. Je t'explique comment qu'y faut savoir y vivre. C'est tout ! »

Ce disant, elle tira de dessous sa robe d'étamine[2] une gazette pas plus grande que sa grosse main qui la tenait à plat comme un saint-sacrement.

2. Étamine : étoffe de laine légère.

« Tiens ! »

C'était un numéro du *Père Duchesne* orné d'une gravure représentant un sans-culotte les pistolets à la ceinture, la pipe au bec et la cocarde au chapeau ainsi que la hachette à la main.

« Toi que tu sais lire, qu'est-ce y a d'écrit ?

— Eh bien...

— Sous la gravure :

— *Je suis le véritable Père Duchesne, foutre !*

— Eh oui ! dit Maria, hochant la tête comme si elle approuvait un interlocuteur convaincant.

— Ensuite, en bas, est écrit : *Le plus difficile à écorcher, c'est la queue, dit le proverbe. Je m'étais toujours douté que...*

— Ah oui, c'est ça ! à rénar, rénar et demi ! Le Père Duchesne, y se doutait bien qu'on essayerait d'empêcher qu'on y juge, le Capet ! Le Père, y pense qu'y faudra bien finir par y couper le cou, à çui-là, le despote qui nous les a fait crever de faim et de froid, nos petits ! Oui, oui !

— Peut-être. Mais, quel rapport avec la lettre de Suzanne ?

— Le rapport, drole mienne, c'est que le Père Duchesne, y sait ce que ça sait un homme.

Mais moi, ajouta-t-elle en ponctuant de coups de tête, je vais t'y dire et une bonne fois pour toutes ce qui te faut savoir, toi qu'es une femme. C'est pas le premier coup que tu te noies dans une pissade de mouche. Tu dis que ton homme y veut pas ? Mais, ma vieille, prends-en un autre !

— Enfin, Maria, abandonner mon époux...

— Je te parle pas de ça, pauvre innocente ! Je te dis de prendre un autre homme pour t'aimer ! Les hommes, à Paris, c'est pas difficile, y en a plein les rues ! A ce qu'y paraît même qu'y seraient encore plus que cent mille ! Et alors, drollette, écoute-moi bien. Pour celle qu'est pas manchote, c'est tout le contraire de ce qu'il a dit le Père Duchesne. La queue, c'est ce qu'ya de plus facile à peler, chez l'homme. Et fais-moi confiance, n'importe lequel, quand tu y en a commencé à peler un bout, c'est pas de te laisser toute seule qu'il a envie !

— Maria ! tes plaisanteries engraissent à vue d'œil ! »

*

« Me mèneriez-vous dans Paris la nuit ?

— C'est déjà fait, je crois...

— Je ne pensais pas à cela. Je voulais... Je voudrais aller là où les philanthropes se retrouvent, côtoyer les grands hommes de la Révolution. On dit qu'au Palais-Royal...

— Égalité ! Il est vrai que c'est le lieu qu'il vous faut. Mais il ne se nomme plus Palais-Royal. Maintenant, c'est Palais-Égalité, m'amie[3].

N'y êtes-vous vraiment jamais allée ? J'ai peine à le croire. C'est à deux pas de chez vous !

— Certes. Mais un tel endroit est à mille lieues de ceux que fréquente une honnête épouse de représentant d'une honnête révolution.

— Ah ! ah ! m'amie, répondit Élise en m'embrassant, j'aime votre esprit et j'aime qu'il sache également se moquer ainsi de sa propriétaire.

Nous irons ce soir-même, si vous voulez. »

Dès l'entrée sous les colonnes, on nageait dans la « Liberté » ! Le Palais n'avait pas usurpé sa réputation. En pleine nuit, il éblouissait de lumière, de luxe et d'or. Début novembre, la nuit est déjà fort noire à l'heure de sortie des spectacles, laquelle avait été choisie par Élise pour me faire entrer dans ce monde. Au Perron, au coin des marchands de vin et des petits cafés, les marchands

3. *Palais-Égalité (parfois surnommé palais de la Liberté)* : ce lieu commerçant, mondain et libéral, appartenait à l'ex-prince d'Orléans : Philippe-Égalité, député jacobin de Paris.

d'or entrebâillaient leurs manteaux sur des éclats précieux qu'ils dévoilaient au passant.

« Quand on voit le manège de loin, ne dirait-on qu'ils dévoilent autre chose ? » plaisantait ma compagne.

Sous les marronniers, tentés par le temps encore si clément, circulaient et s'asseyaient élégantes et précieux, dans leurs mises à la nouvelle mode.

Les hommes, toutefois, n'attiraient guère l'œil, malgré l'originalité de la coiffure en désordre, le cheveu court, mèches au front. Mais les femmes ! L'une, armée d'un énorme éventail de bois qu'elle brandit sans nulle utilité, est dressée dans une lévite « boue de Paris » qui en fait une authentique prêtresse des rues. Une autre, en anglaise merdoie[4], est mollement assise sur le banc, à écouter un homme. Celui-ci, debout devant elle et ses compagnes, fait de grands gestes d'orateur.

« Venez, dit Ursule. Ces orateurs se prennent tous pour Camille Desmoulins, mais ne sont ni aussi beaux ni aussi éloquents. »

Ni aussi beaux ? Je hochai la tête. J'avais eu le temps de détailler celui-ci. Il était jeune, le cheveu fou et la lèvre sensuelle, un large anneau canaille à l'oreille. On comprenait que ses auditrices, lesquelles semblaient toutes d'âge confirmé, se passionnassent pour la logique.

Les deux petites galeries étaient si pleines de monde que nous y fûmes bousculées. Des catins attendaient entre les colonnes de bois. Tenues par des bretelles, les robes prenaient sous la poitrine, étalant les seins aux bouts fardés en guise d'enseigne. Plus loin, un vieil homme négociait avec une enfant accompagnée de sa mère.

« C'est révoltant !

— M'amie, ne vous mêlez de ce qui ne vous regarde, si vous souhaitez éviter de graves ennuis. Nous sommes ici dans le royaume du prince maçon et jacobin qui fait

4. *Merdoie* : merde d'oie, couleur à la mode.

ce qu'il veut de la police et des mœurs. Comme ce Monsieur est en outre un homme, il fait cas de la femme à peu près comme d'unc vache, bonne à trairc et à monter ! »

Je jetai un coup d'œil alentour pour voir si l'on nous écoutait. Car, bien qu'Élise eût parlé à voix basse, la véhémence de son propos sur le propriétaire des lieux m'inquiétait.

« Attention à vos bijoux et à vos poches ! C'est bourré de filous. Filons ! »

Au premier étage, c'étaient les jeux.

Nous montâmes au deuxième étage des galeries. Là officiaient les grandes prêtresses de Vénus.

« Les courtisanes de haut vol, annonçait Élise.

— Est-ce pour ça qu'elle sont au second ?

— Ah ah ! Bien ! Mais c'est plutôt parce qu'elles volent au niveau du gros gibier.

— Le gros gibier ?

— Chuuuut, dit-elle comme on passait près de nous. Puis elle ajoutait en chuchotant : Certaines ont des amants richissimes, banquiers, manufacturiers...

Mais, enchaîna-t-elle en me prenant le bras, ce n'est point là non plus le genre d'homme que vous cherchez.

— Vin vieux, Élise ! Quand vous ai-je dit que je cherche un homme ?

— Allons m'amie, allons ! Ne faites plus l'enfant.

— Mais je vous défends bien... »

Nous passâmes devant le *Café italien* et *La Grotte flamande,* le *Café de Conti,* le *Café mécanique.* Devant le *Corraza,* Élise me dit à l'oreille :

« Là est le repaire des jacobins. Ces messieurs parlent et boivent ici, tandis que leurs femmes lavent et cousent à la maison.

— Entrons-nous ?

— Très peu pour moi ! Ces jacobins sont plus antiféministes que tous.

— Vous êtes injuste. Pensez à Gilbert Romme.

— Je sais ce que je dis. Des femmes comme nous seraient malvenues au *Corraza.* »

Elle avait choisi le *Café du Palais-Royal.* Ce café se divisait en deux salles, séparées par des pilastres qu'ornaient des guirlandes peintes en chaînes de feuillages verts. La salle du fond était plus obscure, tandis que celle où nous étions entrées luisait *a giorno* de maintes lampes de Chine suspendues au plafond. D'immenses vitrines carrelées donnaient sur le passage. Sitôt assise, je baignai dans une claire lueur crème. Une lampe se trouvait juste au-dessus de cette table. Il s'agissait d'une lanterne de soie grège qui devait contenir au moins six bougies, à en juger par le flot de lumière éclaboussant le plafond et retombant sur nous en un ruissellement.

« Changerons-nous de place ? Nous sommes si affichées dans cette lumière !

— Mais c'est justement ce qu'il faut.

— Je me sens comme en scène, éblouie par la rampe.

— C'est cela, si vous voulez. En scène ! Alors, en attendant que je vous donne des leçons de maintien et de diction, soignez votre sourire, voulez-vous ?

— Vous me faites faire un joli métier ! », dis-je à ma comédienne d'amie, tout en exécutant un sourire qui lui était en premier destiné.

Une femme passa. Sur une redingote noire dont le col s'ouvrait à même la gorge nue, des chaînes d'or traçaient des arabesques sous les feux follets des boucles d'oreilles et des lorgnons.

A peine étais-je remise de l'effet de l'apparition, que survenait un groupe bruyant et bigarré, six à huit personnes, des femmes à fanfreluches entourant deux hommes en sombre. La voix de l'un d'eux, tonitruante et gouailleuse, un peu avinée peut-être, dominait le tumulte :

« Il nous faut du vin ! Et du bon, Mère Étienne, on me connaît ! »

« Nous sommes gâtées. Voici des comédiennes accompagnées de Danton en personne », souffla Élise.

Danton ? Je ne l'avais jamais vu d'aussi près. Ses gros mollets saillaient dans les bas blancs sous la culotte. Sa bedaine gonflait la veste qu'elle ouvrait. Un peu démesuré en tout ! Et l'autre, voyons ?

L'autre, oh ! mais qu'il est donc beau !

Le jeune homme était accoudé à la table autour de laquelle virevoltaient les femmes en mousselines multicolores. Sa chevelure bouclée s'ouvrait sur le front d'où elle ruisselait jusqu'aux épaules. Les sourcils et le nez forts se tempéraient de la douceur de la bouche et surtout du menton rond comme une petite pomme. Il avait le regard perdu quelque part dans les guirlandes de feuillages du plafond.

« Tiens, je croyais que vous ne vous intéressiez point aux hommes ! dit Élise.

— On pourrait nous entendre...

— Savez-vous seulement qui est ce beau jeune homme ?

— Plus bas, je vous en supplie. Alors, qui est-ce ?

— Marie-Joseph Chénier, auteur-metteur en scène de *Charles IX*, la coqueluche des femmes patriotes. Lorsque... »

Nous n'eûmes guère le loisir de commenter l'événement. En effet, Élise s'étant bloquée dans son propos, l'œil fixé derrière moi, je suivis son regard en tournant la tête et oh !

Georges passait, venant de l'arrière-pièce.

Marchant péniblement sur ses deux cannes, il suivait une dame d'assez grande beauté un peu mûre, qui marquait le pas afin de ne pas trop le laisser en arrière. Ils sortirent.

Levée, je les avais suivis de loin jusqu'à la porte. Élise me recommandait de me tenir tranquille. Tranquille ! Comme si c'était facile, avec cette horde d'animaux galopant dans ma poitrine !

Nos cafés fumaient encore. C'était ici, à ce qu'on disait, que l'on dégustait le meilleur de la ville. Ma chérie, sentez, avant de goûter !

« Crotte ! Il s'agit bien de cela ! Ne faites point celle qui ne sait pas que j'ai reçu un coup.

— Au cœur ou à l'orgueil ?

— Aux deux.

— Eh bien, ce sont deux coups de trop pour une femme intelligente. Vous avez trop lu de romans où l'on passe des centaines de pages à vous convaincre d'une prétendue propriété contre nature du cœur d'autrui... »

Elle se tut, l'œil à nouveau fixe.

« Qu'avez-vous encore ?

— J'ai que le citoyen Chénier, qui ne voit jamais personne autour de lui, me paraît avoir recouvré la vue pour vous.

— Vous plaisantez ? »

Debout, entraîné vers la sortie par ses bruyantes compagnes et Danton qui le soulevait presque de terre en lui donnant le bras, Marie-Joseph Chénier me regardait !

« Co... commandez-nous du vin, voulez-vous ? »

Élise s'exécuta. Nous trempâmes les lèvres dans le petit Junay glacé. Je le reconnus, à son teint d'ambre soufré et à son arôme de fleurs inconnues mais familières. J'étais sûre d'y avoir été initiée par... qui déjà ? Paul-Gilbert, peut-être.

« La connaissiez-vous ?

— J'attendais pour voir si vous ne m'en feriez question. Qui ne connaît Sophie Condorcet, ci-devant Marquise, ex-chanoinesse de Neuville, écrivain et reine de salon littéraire, née de Grouchy et épouse du dernier grand philosophe vivant, lequel est penseur écouté de la Convention ?

— Et vous pouvez dire le tout sans respirer ?

— Ah ah ! Vous avez raison de railler, c'est l'arme suprême. Mais vous en aurez besoin, si vous entendez lutter. Parce que là, m'amie, vous avez une rivale de taille. »

*

En cet automne 1792, je me sentais pour la première fois étrangère aux événements. C'était comme si, jusques alors, la Révolution se fut faite en moi, ainsi que la digestion naturelle, pas toujours bonne, mais enfin... Tandis que ce matin-là, je la sentais hors de moi, sans haine particulière, mais étrange. Les conventionnels que Georges eût voulu frères, se comportaient plutôt en frères ennemis. Devant un député qui voulait réduire Paris « au 83e d'influence comme chacun des autres départements », Georges soutenait la capitale jacobine. N'était-ce trahir l'Auvergne ? Victorieuse à Jemmapes, notre armée envahissait les Pays-Bas. Qu'est-ce donc que cette Liberté à la pointe des baïonnettes ? Quelle est cette Nation qui libère les femmes en fermant les couvents, pour lancer ensuite dans le monde des « missionnaires armés » ?

Quant à mon époux, c'était comme s'il descendait de son piédestal. Celui qui descendait dans l'arène ne portait plus pour moi la robe de docteur. L'homme qui sortait avec la première venue ne pouvait continuer à représenter l'Être suprême ! Au reste, il était un peu falot à côté de voix nouvelles qui se levaient ! On ne parlait chez Duplay que du jeune Saint-Just. Saint-Just ! La première fois que j'entendis prononcer ce nom, il me parut prédestiné à être révéré. Les Robespierre contaient son discours de début novembre.

L'Assemblée s'interrogeait sur le fait de juger le roi. Alors, un jeune inconnu demanda la parole.

Tout roi est un rebelle et un usurpateur...

« Il fallait l'entendre, disait Robespierre le jeune, interrompant sa lecture du *Journal des débats*, il était calme, mais tranchant. Il est jeune, il est beau. »

C'est vous qui devez le juger, Louis est un étranger parmi nous : il n'était pas citoyen avant son crime ; il ne pouvait voter, il ne pouvait porter les armes...

Et pendant ce temps-là, *le Moniteur* publie que Georges, boiteux, souffreteux et grincheux, parle du prix du grain. Il faut se rendre à l'évidence, les idoles s'abattent aussi. La statue de Louis XIV, monarque qui domina le monde, vient d'être renversée par des va-nu-pieds armés de simples cordages.

Élise m'avait sans peine convaincue d'aller voir *Othello* au Richelieu.

« Shakespeare, le plus grand des tragédiens, traduit par Ducis, le plus prisé des adaptateurs et joué par Talma ! Il y aura le Tout-Paris de la scène ! »

Au début, je fus fascinée par Talma. Il incarnait Othello avec son talent habituel. Mais, très vite, je me surpris à parcourir des yeux la salle du Richelieu.

Chénier était-il présent ? Si le tout Paris de la scène était là... Mais j'eus beau écarquiller les yeux, passer en revue toutes les rangées de chaises du parterre, les unes après les autres, je ne vis personne de connu dans cette foule qui s'agitait, éternuait, parfois apostrophait un comédien. Si l'auteur se trouvait dans une loge, je ne le pouvais distinguer. Car les lustres éclairaient peu, afin d'économiser la chandelle en ce début de guerre où l'hiver s'annonçait difficile.

« Êtes-vous bien certaine d'être intéressée par les comédiens ? demandait Élise. Comme je ne daignai point répondre, elle conclut : Ah, je vois, vous cherchez Shakespeare-le-Jeune ! »

A l'entracte, Élise m'accompagna au foyer.

« On ne sait jamais, on peut y faire quelque rencontre » ironisait-elle en descendant les escaliers. Nous entrâmes sur la galerie. Au-dessous aboutissaient les portes du parterre. Au-dessus, les moulures du plafond entrelaçaient des Amours et des trompettes de la Renommée. Au mur, des miroirs.

On ne sait jamais, on peut y faire quelque rencontre...

Je m'approchai d'un miroir. J'examinai la robe de mon père, à rayures rouges et noires. Selon la mode que j'avais pu voir au Palais-Égalité, j'avais abandonné la cravate et le plastron pour dénuder la gorge. Une épingle avait été nécessaire pour rétrécir un peu le décolleté, afin qu'il ne fût point trop dévastateur. Ainsi, le regard était pris dans l'entonnoir des boutons rouges qui l'invitait à descendre entre les seins, pour être arrêté avant la chute. Ni trop peu, ni trop !

Je rejoignis Élise qui conversait avec une jeune femme si savamment fardée que je la pris pour une péripatéticienne.

« Je vous présente Caroline Petit-Vanhoye, comédienne d'avenir.

Marie Brunel, femme de lettres et militante du Club. Elle est également l'épouse de Couthon. »

Quand la comédienne se fut éloignée, je priai Élise de laisser ses manières du Club des Femmes, pour le cas où, par un hasard extrême, elle eût été conduite à me présenter un grand auteur de théâtre. Elle a souri, s'est redressée :

« A vos ordres, commandant. »

Il n'était pas grand, mais bien proportionné. Il portait ce soir-là un frac serré dont le noir seyait à son teint si pâle, si romantique. Il avait ce regard lointain, énigmatique, que je lui connaissais.

« Citoyen Chénier, je te présente Marie Couthon. C'est une partisane de ton théâtre.

— Très heureuse, Citoyen.

— Citoyenne... »

Le dramaturge venait en deux secondes de perdre sa mine lointaine.

« Citoyenne... » Il s'arrêta de nouveau, se bornant à me regarder. Puis, décidant de rompre enfin le silence, il dit :

« Quoique venue d'une province reculée, vous êtes, à ce qu'on dit de vous, femme de grande connaissance. Que pensez-vous du spectacle ?

— Dommage que nous ne soyons pas à la représentation de *Charles IX*.

— Vous voulez me flatter ?

— Je suis si heureuse...

— Me feriez-vous le plaisir de m'accompagner dans ma

loge, afin que nous échangions nos impressions sur le spectacle ?

— Ne me prenez point pour une personne qui cherche à se faire payer à souper !

— Mais, Citoyenne, je ne dis point cela...

— Vous ne le dites, mais le pensez ! Eh bien, Citoyen, sachez que pour le souper, j'ai ce qu'il faut à la maison !

— Qui penserait le contraire ?

— C'est bien davantage, que je cherche avec vous !

— Ah ? eh bien... Citoyenne... vraiment... »

« Bien, ma fille, bien. Je n'eusse fait mieux », m'avait murmuré Élise en entrant dans la loge de Chénier.

La fin de la pièce de Shakespeare adaptée par Ducis est d'un tragique ! Le Maure poignarde Desdémone, puis, voyant qu'on l'a trompé, il meurt accablé de remords. Le parterre fut si bouleversé qu'il protesta bruyamment contre la « cruauté » de l'adaptateur.

Pour moi, si j'étais palpitante d'émotion, ce n'était point à Ducis que je le devais. Certes, grâce à Talma, au fur et à mesure de l'approche du dénouement, l'on sentait peser peu à peu la lourdeur du destin. Mais cependant, autre chose pesait. Je me trouvais accoudée à la rambarde, à côté d'Élise. Dans mon dos. Marie-Joseph Chénier se tint debout un moment. Lorsque je lui adressais une question, il se penchait pour me répondre à l'oreille.

« Je trouve Desdémone très bien. Qu'en pensez-vous ?

— Je suis de votre avis. Par contre, je ne sens pas le personnage du Doge. Qui joue ?

— Un remplaçant au pied levé. Je ne sais qui est-ce, mais il est mauvais. Très mauvais.

— J'aime ce décor. Un lit sur la scène, quelle audace au Français ! De qui est-ce ?

— Vous ne croyez pas si bien dire. C'est... »

Mais des protestations parvenaient de la loge voisine : Chut ! Taisez-vous ! Silence !

Chénier prit une chaise pour s'asseoir dans mon dos, afin de continuer à me parler à l'oreille. Il dit encore quelques mots que je ne me rappelle pas. Car ses lèvres frôlaient mon oreille et toute ma nuque vibrait comme un arceau de cabriolet lancé au grand trot. Il était là, tout près, écartant les jambes pour les passer de chaque côté de ma chaise. Il sentait l'œillet de montagne. Il respirait comme un frottis de soie. Son souffle était un liquide chaud dans mon cou. Je ne voyais plus la scène.

A la sortie, ce fut un véritable enlèvement de l'auteur Chénier. Il était réclamé par Danton et par d'autres. Nous fîmes attendre la voiture une bonne demi-heure devant les colonnades du théâtre.

La nuit était bleu-noir, percée ici ou là de la pelote rousse d'un reverbère. Le cocher demandait si l'on partait. Je fis encore attendre un peu. Élise s'endormit. Les passants se firent rares. Malgré la vitre, le froid immisçait sa caresse perfide dans mon décolleté. La mort dans l'âme, je donnai l'ordre de rentrer.

*

Il faisait un froid de février, quoique nous ne fussions qu'en décembre. Georges descendait de la chaise qui l'avait mené du Manège jusque dans la cour, entrant dans la maison par le passage couvert. A le voir, le rouge du froid aux joues comme un ci-devant fardé, les cannes de jonc, dont celle à pommeau recourbé, aux mains gantées comme un précieux du Palais-Royal, les jambes flasques sous son long manteau semé de flocons de neige ainsi que poussière, empoigné sous les épaules par le père Duplay et un compagnon, on n'eût assurément point dit que c'était là un des ténors de l'Assemblée.

Il était encore tôt, la nuit à peine tombée.

« Bonsoir, mon ami. Vous rentrez à bonne heure.

— S'il ne tenait qu'à moi, je serais encore à la Convention. Robespierre a de nouveau attaqué, pour le procès. Mais les brissotins font sourde oreille.

— C'est dommage, sans doute, pour la Révolution. Mais c'est tant mieux pour votre état.

— Il a déclaré qu'on doit éliminer Louis comme « une

mesure de salut public, un acte de providence nationale à exercer. »

— Vous allez faire une bonne nuit.

— Il n'est de pire sourd que qui ne veut entendre.

— Votre bain est chaud, mon ami.

— Me voici donc dans mes foyers, à parler de bain chaud avec ma tendre épouse ! Ceci au lieu d'aller au club, juger le roi et disserter sur l'essence de la démocratie avec les chefs jacobins ! »

Sa voix s'était affaiblie. Il souriait d'un air un peu dérisoire. Mon époux !

« Mon ami, lui dis-je, peut-être d'autres sont-ils fort habiles à passer les nuits en parlottes au café ou à la société, à agiter les esprits en préparation des parties du lendemain. Hé quoi ! que vous importe ? si l'on vous admire de toutes parts pour savoir, à la tribune, placer le coup en plein feu ! »

Georges quittait sa veste, grommelant comme un chien ravi de la remontrance du maître.

« Allons, entrez dans votre bain de soufre. Je dois sortir ce soir. Maria vous servira votre vin chaud et votre opium. Si vous avez quelque besoin, vous n'aurez qu'à sonner ! »

Dans le fiacre qui me menait à l'Hôtel des Américains, je relus encore une fois le « poulet » de l'auteur à succès Chénier qui m'y donnait rendez-vous.

Les sabots des chevaux tintaient allégrement sur le pavé. Je roulais dans la nuit, dans un monde d'étoffe obscure, douce, sourde, orné des pompons d'or des réverbères qui glissaient en haut des vitres, tandis que, dans le bas, ils zébraient le miroir noir des pavés.

Je tirai sur les pans de ma robe rayée. Le satin éclairait de sa moire la pénombre de la voiture. Je resserrai la capeline en peau de loup sur mes épaules, renfouis mes mains dans le manchon, également en loup. Je sentais bon du haut en bas. Sur les conseils d'Élise, j'avais passé la matinée à m'embellir, pommadant mes cheveux avant de les laver, baignant mes pieds d'eau de rose alcaline, enduisant de pâte mes mains, mon visage, ma gorge...

Marie-Joseph s'était levé à mon entrée. Dans le cabinet particulier où l'on venait de m'introduire, en large veste floue à col simple échancrée sur une cravate à la diable, il griffonnait sur des feuilles, en attendant, le verre à la main.

Mon Dieu, saurais-je comment faire, avec un écrivain ?

Mon cœur battait tant que j'eus peur que cela ne se vît. Il me baisa la main et se rassit en souriant après m'avoir tenu la chaise.

La table était mise de couverts de vermeil au luxe un peu tapageur, d'assiettes fleurdelisées, de verres de cristal très finement ciselé.

Il m'a encore regardé en souriant :

« Cela vous plaît, j'espère ?

— Quelque peu passéiste, répondis-je en riant, montrant les fleurs de lys.

— La Révolution n'a pas encore eu le temps de tout réinventer. Au demeurant, la table est peut-être une des seules "ci-devant" qu'il ne faut pas suspecter. Vous verrez, la cuisine est ici délicieuse.

— Nous verrons.

— Cela ne vous choque point que j'aie commandé qu'on nous serve dans un salon particulier ?

— Nous verrons... »

J'acceptai de goûter le Sauternes qu'on lui avait servi en m'attendant.

« Il est jaune d'or, parce que fort vieux. »

Je voyais. Puis, je fermai les yeux. Une mêlée indistincte de force et de douceur. Au bout d'un temps, un bouquet de senteurs immodérées. Aaah ! C'étaient les soucis qui partaient en fumée, dans la chaleur du salon et l'arôme du vin liquoreux. On comprend qu'il soit de belle humeur, l'écrivain !

Les huîtres vertes d'Angleterre, venues par poste, furent servies sur un lit de fines algues. Le sommelier avait recommandé un Tokay, le plus moelleux des vins de l'Est, pour « Madâme », disait-il, selon la mode ancienne. Chénier me parut un peu mélancolique. Souvenir du Sauternes.

« Aimez-vous mon théâtre ?

— Sans doute. Que croyez-vous que je fasse ici ce soir ? »

Des cuisses d'oie nouvelle rôties, servies dans leur graisse, permirent d'apprécier le Pauillac 1786, dont le sommelier sussura le nom et le millésime à mon oreille, avec la mine d'un bienheureux.

« Vous devez aussi aimer mon vin !

— Mais oui... Nous parlions de *Charles IX.* »

La tourte aux rognons, fortement relevée de quelque sauce à la moutarde, fut un splendide piédestal pour le bourgogne. Je crus que le sommelier atteignait au sommet d'un plaisir solitaire, quand il prononça, les yeux clos, en une sorte de geignement :

« Madame, Vosne 1784... »

« N'est-il pas un peu vert ? demandai-je.

— Disons plutôt franc, Madame, corrigea le sommelier.

— Exact, notait Chénier. Il n'est personne de plus qualifié pour le mot juste, que l'artisan ou l'amateur ! Vous verrez, sur le fromage, cette franchise sera divine. »

A propos de franchise, l'auteur à la mode poussa les feux :

« Mais nous sommes à parler boustifaille ! Ne parlerons-nous point d'amour ?

— Comme vous voudrez...

— Vous êtes une amie de la comédienne Élise Ribeyre, je crois.

— Oui.

— Avez-vous sur l'amour ces opinions extrémistes des femmes-soldats ?

— Je ne vois pas de quoi vous parlez. Pour quelques-unes qui vont aux armées, la plupart de ces femmes n'ont rien de militaire. Elles sont insoumises, tout au contraire.

— Je ne leur conteste point cette insoumission. Je

déteste les femmes esclaves. Puisse la Révolution mettre les oies dans notre assiette et les ôter de notre lit !

— Le trait est piquant mais... bien de la vigucur du genre masculin.

— N'aimez-vous point que les hommes soient vigoureux ? »

Que répondre ? La question était si floue ! et mes idées si embrumées ! Par bonheur, on apportait le dessert. Cela fit diversion. Sur le pâté au chocolat, piqué de tranches d'oranges, le sauternes fit à nouveau merveille.

Je me sentis en verve.

« Vous vouliez que je vous parle d'amour ?

— S'il vous plaît.

— Il est vrai que, les hommes, vous ignorez souvent le prix des choses pour nous. Voyez-vous... Nous, les femmes, ne sommes pas tournées seulement vers l'acte.

Tout ce qui précède la dernière faveur est charmant ; une délicieuse gradation fait succéder au plaisir, un plaisir plus grand ; à de petits rien, de petits riens encore, qui reçoivent d'elle une teinte de volupté d'un prix inestimable.

— Bien ! »

Debout, verre levé, Chénier s'approchait. Il m'enlaça la taille d'un bras, posa son verre, plongea la main dans mon décolleté.

Elle était froide. Mon esprit le fut aussi.

Que fais-tu, Marie, avec la patte d'un homme dans ton corsage, sans que cela soit caresse ? Et que fait cette espèce de Paysan Perverti, moins Restif que fourbe, avec la femme que je suis ?

J'ai reculé mon visage, afin de planter mon regard dans celui du plumitif :

« Désolée, Citoyen, vous devez faire erreur. Je ne suis pas de celles qu'on prend à la hussarde pour un peu d'or, encore moins pour un peu de papier ! Je vous avais prévenu que je ne me faisais point inviter à dîner comme une fille ! »

Je me dégageai de son étreinte, sans violence, mais fermement, jetai un louis sur la table et allai à la porte en lui lançant :

« Dommage ! j'eusse consenti à être invitée comme une amante.

— Mais... mais, balbutiait-il... est-il vraiment... trop tard ?

— Apprenez, Citoyen l'inventeur d'histoires, que lorsqu'une femme pense à l'or, elle ne pense plus à l'amour ! »

XIII

LA MORT, L'AMOUR
(hiver-printemps 1793)

En compagnie des filles Lebas, qui comptaient de la maison Duplay, j'arrivai à la porte de l'ancienne église un peu avant les huit heures. Le drapeau tremblait au vent glacé de début janvier 1793, tandis que la lune argentait les devises du fronton :

SOCIÉTÉ DES JACOBINS

FRATERNITÉ LIBERTÉ ÉGALITÉ INDIVISIBILITÉ

RÉPUBLIQUE ET FRATERNITÉ OU LA MORT

La salle était bourrée de chaleur. Deux gros poêles ronds ronflaient au milieu de la nef, desquels s'élevaient des tuyaux verticaux jusqu'à la voûte cintrée où ils obliquaient. De part et d'autre des poêles, tassés sur les rangées de bancs qui montaient en gradins, s'agitaient des têtes nues, des jambes en culottes ou en pantalons.

Je venais fréquemment aux Jacobins, en compagnie des femmes. La question du jugement du roi passionnait Paris. Les hommes de chez Duplay ne cessaient d'évoquer les soirées et les arguments qu'on fourbissait à la Société, jusqu'à ce que nous eussions décidé de nous y rendre en famille.

A notre gauche, sous un socle portant buste de Jean-Jacques et une Justice en chaste nudité avec sa balance, s'agitaient des femmes en fichu autour des tables des secrétaires et de celle du président. A notre droite, au sommet des bancs en amphithéâtre, la chaire servant de tribune, vide. Du balcon haut perché où nous nous venions d'installer, arrachant hâtivement nos mantes dans la touffeur qui montait, nous dominions cette foule bruyante, mouvante, sombre et ordonnée.

Citoyens,

Louis Capet a-t-il conspiré contre la patrie ?...

Cette voix ! Mais oui ! Georges prenait la parole et je ne m'en étais point encore avisée !

Louis n'a-t-il fait couler le sang et cherché à donner la vie au monstre du despotisme, par la mort des plus ardents défenseurs de la liberté ? Louis est né roi et l'on se fait toutes ces questions !...

La salive que faisait couler la question de la culpabilité du roi, depuis que la Convention s'était mêlée de déclarer sa déchéance ! Tout Paris en parlait ! Dans les boutiques, chez les barbiers, sans parler des cafés et des salons, vous ne pouviez entrer sans trouver sur les lèvres cette grave question. Dans la rue Saint-Antoine, vous tombiez sur un compagnon menuisier qui vous disait : « Alors, ma bonne dame, on va-t-y pas bientôt nous le raccourcir, le tyran ? » Au marché, la poissarde vous coupait votre tranche de gros lieu en demandant : « Enfin, un pays sans roi, ça ressemble-t-y à que'que chose ? » Au parvis de l'église Saint-Eustache, un cul-de-jatte tendait la main en disant : « Donnez, messeigneurs, je dirai trois ave pour que notre nation, elle aye sa tête bien refroidie ! »

Commencé début décembre, le procès traînait. Le bruit courait qu'on cherchait à louvoyer dans les rangs brissotins. A plusieurs reprises, Georges et Maximilien intervinrent pour éviter l'enlisement. Au demeurant, la discussion lancée, elle ne comportait pas la victoire assurée. Le roi serait-il plus utile mort ou en otage ? Pouvait-on seulemen le juger ? Qui le pouvait ?

Mon cœur les a recueillis les cris plaintifs de ces malheureuses victimes impitoyablement égorgées à Nancy, à la Chapelle, au Champ-de-Mars, au Carrousel, aux armées...

« Oui ! oui ! C'est vrai ! C'est vrai ! »

On ne le savait que trop, que cela était vrai ! Mais il fallait des héros tels que Georges pour le publier sans crainte ni vergogne. Pourtant, je ne trouvai pas ce début de l'oraison si bon que cela. Le sang appelle le sang... quelle morale !

...Cette justice leur est due ; Louis a mérité la mort ; mon avis est qu'il périsse : ce mot terrible me coûte beaucoup à prononcer...

Georges, tu as raison ! On ne dispose pas ainsi de la vie humaine. Quel coût demesuré que celui d'ôter la vie !

Cependant, je me souvenais... Le tribunal de Lezoux, cela lui avait-il coûté, de prononcer sa sentence contre un quidam condamné à « *avoir les bras, jambes, cuisses et reins rompus par l'exécuteur de la haute justice sur l'échafaud qui sera dressé à cet effet sur la place publique de la ville de Lezoux le jour de marché et pour voir son corps exposé sur une roue* » ?

Et la servante criminelle suppliciée par la « justice », mutilée, poignardée, pendue, décapitée et exposée ! Et tant d'autres et tant d'autres ! Après les atroces tourments, la pendaison barbare, infamante. La mort devient... égalitaire. On parlait d'un nouvel appareil permettant, à ce qu'on disait, de couper net la tête aux victimes auxquelles l'on évitait ainsi les épouvantables tortures.

...Et quand le moment de prononcer définitivement sera arrivé, puisque les assemblées primaires doivent déterminer la peine...

« Hou ! C'est injuste ! » hurla-t-on.

Georges combattait l'opinion de Salles, qui voulait que

la Convention prononçât « sur le fait » en jugeant seulement de la culpabilité, et qu'elle renvoyât ensuite aux assemblées primaires l'examen et la solution de « la question politique » de la sanction.

« Silence ! laissez parler l'orateur ! » ordonnait le président Monestier, le député du Puy-de-Dôme.

... Prononceront-elles, reprit Georges, sans avoir vu les pièces, sans avoir entendu l'accusé, sans l'avoir interrogé, sans l'avoir observé, et sans avoir suivi ses divers mouvements, si propres à déterminer la conviction intime des juges ?

Les protestations reprirent. Le souci d'humanité militait donc en faveur de mon époux et des partisans du jugement.

...Mais, a-t-on dit, la Convention nationale, en prenant sur elle le jugement de Louis, encourt une responsabilité effrayante, soit qu'elle le condamne à mort, soit qu'elle l'absolve...

Certes ! Qui n'avait en tête la terrible prophétie de Vergniaud prononcée le dernier jour de l'an passé et reproduite dans les gazettes ?

« Il n'est pas douteux que les puissances n'attendent ce dernier prétexte pour fondre toutes ensemble sur la France... ce sera un surcroît de dépenses, d'efforts... un acte de vengeance devenu la cause, ou seulement le prétexte d'événements si calamiteux... »

...Le législateur dont l'âme n'est pas assez forte pour braver, dans l'exercice de ses devoirs, toute espèce de danger, n'est pas digne de représenter un peuple libre et de coopérer au bonheur des humains.

Tout juste, mon époux ! Tout juste !

« Enfin, Couthon, comment peux-tu être si sûr de la culpabilité d'un accusé, toi dont le métier est de défendre ? Serais-tu avocat véreux ? »

Abominable ! Je me dressai, afin de tenter d'apercevoir le calomniateur, quand Maximilien Robespierre intervint de sa place.

« Je défie quiconque de prouver que nous ne sommes point de bonne foi. Moi-même, j'ai au début hésité ! C'est la voix de la conscience qui parle en nous ! »

C'est alors que se produisit un des phénomènes les plus forts auxquels il me fut donné d'assister.

Soudain, un silence avait chu. L'Assemblée était muette. L'air grésillait ainsi que dans une expérience où se manifestait l'électricité. Avant que j'eusse le temps de m'interroger sur ce phénomène, lequel pesait ainsi qu'approche l'orage, le tonnerre éclata. Il fut aussi bref que fort.

On ne peut régner innocemment !

Cela avait été jeté par une voix claire. On ne peut régner innocemment ! répétait l'écho, partout dans l'Assemblée. Celui qui avait prononcé ces quelques mots, ces mots qui bientôt allaient faire le tour de Paris, de la France, de l'Europe, était un jeune homme beau. Il se tenait encore debout, non loin de nous, sur un des bancs supérieurs. Cravaté haut sur un gilet ponceau à fleurs noires brodées, il laissait s'écouler une longue chevelure. De splendides boucles châtaigne coulaient de part et d'autre d'yeux noisette, allongés de sensualité et étincelants d'intelligence. Une bouche très rouge, aux commissures fines et aux lèvres charnues, gardait comme une trace d'ironie, alors qu'elle venait de lâcher une sentence. On eût dit un archange.

« Qui est ce si bel homme ? dis-je à Éléonore Duplay.

— Pas touche ! Ne le connaissez-vous point ? C'est le chéri d'Henriette, Antoine Saint-Just ! »

*

Quelle peine Louis, ci-devant roi des Fançais, a-t-il encourue ?

Le président Vergniaud répéta. Il était huit heures du soir, mercredi 16 janvier 1793. Les huissiers venaient d'allumer à nouveau les flambeaux éclairant son bureau. Ils allaient derechef jeter leurs ondées orange aux visages qui allaient se succéder, tantôt inquiets et tantôt sûrs, toujours tendus et pénétrés. Depuis hier se déroulait l'appel nominal ! L'Europe, le monde retenait son souffle. Sept cent sept représentants avaient voté « coupable » à l'unanimité. Puis, quatre cent vingt-six d'entre eux étaient venus dire « non » à l'appel du peuple[1]. Trois députés du Puy-de-Dôme n'avaient pas suivi Georges. Les neuf autres s'étaient conformés à ses propos :

Je crois, en mon âme et conscience, que l'appel au peuple est un attentat à la souveraineté.

Il était assis sur les marches, en bas de la tribune, afin de lui éviter les transports douloureux. Dans la flaque frémissante de lumière orange qui ruisselait du bureau, il se recueillait. Le dos à la palissade de bois sombre verni, la tête luisante nichait dans les épaules sombres, les bras reposaient sur le sol, les jambes gisaient, inanimées. Une cravate immaculée sortait du col de son costume noir de cérémonie. Ses yeux luisaient au point que leur lueur s'apercevait de la hauteur des tribunes de réserve.

Dans l'ombre, la mer des députés, au grand complet, silencieuse contre toute habitude, à peine mue parfois d'une houle éphémère.

De l'autre côté de la tribune d'orateur, debout, piaffant d'impatience, jetant un mot au secrétaire, s'ébrouant de l'ennui qui coulait en une longue intervention de quelque voix au-dessus de lui, Antoine Saint-Just, rutilant gilet ponceau et ruisselantes boucles châtaigne.

Nous étions venues avec des provisions de bouche, sachant que l'appel serait long, très long. Les huissiers nous avaient introduites dans les tribunes de réserve. Nous y avions pu somnoler sur les bancs, au petit matin, après le départ de quelques élégantes tricolores fort effervescentes. Les hautes tribunes ne désemplissaient pas. Il y avait

1. *L'appel au peuple* : cette proposition tendait à bloquer les effets du premier vote sur la culpabilité du roi, en privant la Convention de la possibilité de décider la peine. Elle fut tranchée sous forme d'une « Deuxième Question » (des trois auxquelles devaient répondre les Conventionnels) : « Le jugement qui sera rendu sur Louis sera-t-il soumis à la ratification des assemblées primaires ? ».

des sans-culottes, des femmes des Halles, d'autres élégantes, des étrangers. On pointait les votes silencieusement, en piquant des épingles.

« C'est à Georges, c'est à Georges ! » Éléonore me venait de me pousser du coude.

Il montait, aidé de deux huissiers. Il se calait sur un dossier de chaise. Il dépassait à peine du pupitre.

Citoyens, Louis a été déclaré par la Convention nationale coupable d'attentat contre la liberté publique et de conspiration contre la sûreté générale de l'État ; il est convaincu, dans ma conscience, de ces crimes. Comme un de ses juges, j'ouvre le livre de la loi, j'y trouve écrite la peine de mort ; mon devoir est d'appliquer cette peine ; je le remplis : je vote pour la mort.

La mort ! Je fus prise d'un petit tremblement à la paupière droite, un tout petit tremblement. La mort...

Si je votais comme citoyen, l'humanité et la philosophie me feraient répugner à prononcer la mort... avait dit Gilbert Romme. Le tremblement continuait quelque part dans la paupière droite, du côté de cette oreille qui venait de recevoir le verdict de Georges.

Soudain, Henriette se dressa sur la pointe des pieds. En bas, Saint-Just montait trois marches. Sans s'être donné la peine d'arriver au pupitre, il se tournait vers l'Assemblée, laissant tomber, la voix un peu lasse :

Puisque Louis XVI fut l'ennemi du peuple, de sa liberté et de son bonheur, je conclus à la mort.

Avant de redescendre, il parut nous regarder. Il n'était pas dans la lumière, à peine entré dans la pénombre des degrés de la tribune. Mais je crus sentir ses yeux sur moi. Antoine, vous avez raison !

Si je ne tenais pas du peuple le droit de juger le tyran, je le tiendrais de la nature !, avez-vous dit à la deuxième question[1]. Antoine, vous avez raison !

L'appel achevé, il y eut divers incidents. Il était de nouveau huit heures du soir. L'obscurité venait de retomber. L'atmosphère était aux grands orages. On attendait le tonnerre. On apporta une lettre du roi d'Espagne. Danton hurla contre l'audace d'une puissance qui voulait influer sur les délibérations de l'Assemblée. Les tribunes s'agitaient, le ton montait. C'était l'équateur des poêles et de la sueur. Henriette avait porté de l'eau rougie. Le goulot de verre noir aux lèvres, j'avalais la senteur du vin mêlée de la fraîcheur de l'eau.

Louis Capet est un otage dont la conservation jusqu'à la fin de cette guerre tend à épargner le sang français, a dit Bancal[2].

Cette peine est la seule qui puisse expier ses crimes, a dit Romme.

« N'avez-vous porté un peu de bon vin pur ?

— Il y en a dans la cruche », dit Éléonore.

La mort. Comment peut-on la désirer, lorsqu'on est femme ? Faite pour enfanter, ouvrir le ventre à la vie, ma tête abriterait des pensées de mort ! Ah, être déesse de fécondité s'offrant à la semence de l'homme sur l'autel des caresses, et cependant un jour vestale ordonnatrice du sépulcre de cet homme, préparatrice de la fin, complice du néant ! Attendre de l'homme l'intarissable élixir de vie, la semence chaude et salée, et recevoir la sentence de mort, plus amère que la ciguë, plus glacée que le vide noir d'une nuit d'hiver !

Dans mes yeux clos tout se côtoie.

Les paupières lourdes, les sourcils ronds, le nez pesant, les joues creuses, la bouche pincée d'un rictus, c'est Georges. Les yeux étirés, les sourcils allongés, le nez droit, les joues rougies, la bouche marquée d'ébauche d'un sourire, c'est Antoine.

« Donnez encore un peu de vin », dis-je quand il parut que le président allait enfin parler.

Vergniaud remonta à la tribune. Pâle, solennel, il parla d'une voix blanche :

2. *Bancal des Issarts* : notaire député du Puy-de-Dôme, siégeant à « la plaine » (modéré).

Je déclare, au nom de la Convention nationale, que la peine qu'elle prononce contre Louis Capet est la mort.

*

Il était neuf heures du soir. Les hommes se retrouvaient aux clubs. On mouchait les chandelles des salles de spectacles. Les actrices, démaquillées et changées, se hâtaient vers la maison de Théroigne de Méricourt.

En ce soir fraîchissant d'avril 1793, les esprit des femmes s'échauffaient. Le vote féminin était à l'ordre du jour. Dans son rapport, Gilbert Romme avait proposé à la Convention de porter ce droit dans la nouvelle Constitution. En bonne politique, Théroigne rassemblait trois têtes féministes. Olympe de Gouges, debout dans un coin du salon, portait assez fièrement boucles d'oreilles et médaillon sur robe polonaise noire frangée d'or. C'était l'auteur de *Mirabeau aux Champs-Élysées*. Courageuse royaliste quand le roi fut menacé, elle ne se faisait point faute de se déclarer républicaine par moments. Au beau milieu de l'assemblée, Louise Lacombe, comédienne surnommée « Rose », caraco blanc, tablier bleu et robe rouge, était entourée d'une garde de compagnes. Amie de l'enragé Jacques Roux, elle attirait de plus en plus de femmes républicaines et sans-culottes. Quant à Théroigne, la maîtresse de maison, elle siégeait, ordonnant et embrassant, jambes allongées sur un canapé bleu de roi. Dans sa redingote de soie écarlate et son chapeau noir à plumes vertes, elle était reine assise sur les couleurs royales ! Pas la moins comédienne de toutes ! Quoique amie de Romme, elle était ennemie de Robespierre et plutôt partisane de « Madame » Rolland. Elle pensait opportun qu'un parti féminin pesât dans la Révolution.

Quand nous fûmes assises, gavées de praslines et de pain d'épice, elle fit servir le porto à grands verres. Au deuxième service, elle leva son verre :

« Mes amies, buvons au rassemblement de femmes. Sont

ici réunies toutes les représentantes de ce que compte la nation de femmes de valeur. Le moment est d'importance. Il se peut que l'on reconnaisse les droits des femmes. Nous devons bien prendre la mesure de l'affaire. Ce serait la première fois au monde. Aussi, mon intention est-elle de vous demander de vous accorder dans ma maison .»

Un silence tomba comme une éclipse de soleil.

La soirée, commencée dans la brillance, la chaleur et le vacarme, venait de se suspendre ainsi qu'une répétition qu'on interrompt. Les protagonistes se taisaient, immobiles, écoutant la prétendante au rôle de démiurge. Vont-elles ployer le genou, soumises, ou bien hurler en tournant le dos ?

« Ma chère amie, je goûte fort que vous vouliez nous unir, nous, les sœurs d'infortune. Mais il eût fallu me soutenir, lorsque je réclamai nos droits, presque seule contre tous. Alors, il me fallut déployer, seule, une force que n'eût jamais à montrer un homme. Ce combat solitaire pourrait peut-être m'avoir usée. Il m'a sans doute éclairée. Aujourd'hui, je ne crois plus que nous puissions parvenir avant longtemps à supprimer notre joug. »

« Enfin, chuchotai-je à Élise, n'est-elle pas démesurément pessimiste ? »

La réponse vint de Rose :

« Il faut sortir du nuage des champs Élyséens ! Tu as quêté le droit des femmes auprès des hommes. C'est à le conquérir qu'il faut s'évertuer !

— Quêté ? Vous n'étiez pas à mon côté, certain jour, en pleine rue devant la foule menaçante, quand je déclarai que les femmes ont bien le droit de monter à la tribune puisqu'elles ont celui de monter à l'échafaud !

— Pour lors, elle n'ont que celui de se faire monter ! Et tu en as pas mal profité, voire abusé, à ce qu'on dit ! »

Olympe se leva. Sa mine offensée était aussi surannée que sa mise. Sa polonaise noire à bordure à glands d'or la faisait ressembler à une douairière rehaussée de boucles d'oreilles à la Mirza et d'un médaillon à perles. Pourtant, elle n'invitait point à rire :

« Si vous voulez railler pour aller de l'avant dans vos vains desseins, libre à vous. Mais ce sera sans moi. Je vous dis le bonsoir. »

Elle est sortie, malgré que Théroigne l'eût accompagnée jusqu'à la porte, tentant de la raisonner. Les amies de Rose s'agitèrent. Qui en robe unie à tablier, caraco léger, fichu et bonnet de femmes de faubourg, qui en lévite blanche ou en redingote vert émeraude des femmes de théâtre. Deux ou trois portaient un sabre, ridicule au côté de leurs hanches rondes. On bourdonnait, piaillait, voletait, piquait du bec. A la fin, Rose parla :

« Nous allons faire une société des femmes républicaines. Qui veut en être ? »

Un nouveau silence tombait par à-coups, de plus en plus pesant, ainsi qu'un rideau de théâtre.

« Une société républicaine ? demanda Théroigne. Pourquoi pas ! Si elle se dit respectueuse du droit des pays et refuse la dictature des hommes de Paris...

— Ne te fatigue pas. On a compris. Tu veux prendre parti pour Rolland et Brissot.

— Et pourquoi pas ? Ne se montrent-ils pas plus attentifs à nos vœux. Mesdames Condorcet et Rolland me disaient hier encore...

— Ta « madame Roulure » et ta « madame de Mon Chose qui dort pas » (à ce qu'on sait !) laisse-les où elles sont !

— Rose ! vous êtes chez moi !

— Pas pour longtemps ! On s'en va ! Et toi, reste où tu es, si le cœur t'en dit, dans l'ombre du ministre des mous qu'on vient de chasser et dans celle de sa Manon Fripon[3] ! Mais tu nous a déplacées pour rien, si tu

3. *Ministre des mous* : Roland, ministre de l'Intérieur girondin ; son épouse, Manon Phlipon, était l'égérie de son parti.

croyais nous mettre sous ta coupe brissotine, ma vieille ! Salut ! »

Théroigne ne les a point raccompagnées. Elle s'assit, passa une main sur son front. Soudain, elle se releva, proposant qu'on allât prochainement chercher des appuis auprès des représentants. Cela n'irait pas tout seul ! On approuvait en me regardant. J'opinais fortement. Sans doute. Georges, j'en faisais mon affaire ! La maîtresse de maison commanda de monter trois autres bouteilles de porto. Pour la dizaine de femmes qui restaient après le départ des partisanes de Rose, c'était de quoi se consoler !

Quelle occasion ratée ! Le vieux porto sanguinolait du goulot noir aux flancs ciselés du verre. Les occasions ratées ne se renouvellent jamais. C'était un sang mêlé d'acajou et d'ambre. Jamais, au grand jamais ne reviendra le moment que les femmes eussent pu s'accorder pour s'imposer ! Mélange de miel et de bois de chêne frais. Ou bien, si cela vient un jour, je serai depuis beau temps dix pieds sous terre ! Conflit du beaume aux lèvres et des braises intérieures !

Je tendis mon verre afin qu'on l'emplît à nouveau.

Une actrice d'un certain âge sortie un moment, revenait, la démarche hésitante et la mine décidée. Elle posa le balluchon qui emplissait ses bras et jucha un fauteuil sur la table. Elle y cala un traversin dressé, qu'elle coiffa, un oreiller ventripotent. Elle entoura le manequin d'une cape d'où émergeaient deux longs coussinets en jambes d'obèse.

Alors, se reculant de deux pas, elle esquissa une révérence :

« Mesdames, le roi !

— Hi hi ! Avec sa cape, c'est le citoyen *« Capé » !*

— Hi hi hi ! riait sottement Élise qui avait bu plus que moi. Je prop... je propose qu'on le juge.

— Bravo bravo bravo ! » acquiesçait Théroigne, la voix un peu pâteuse.

On affublait le pantin d'un mouchoir sale que l'on roulait afin d'en ceindre le chapeau. Je tendais à nouveau mon verre. La fin d'une bouteille s'engloutit dans le cristal, s'abîma en moi comme dans un gouffre étrange.

« Y faut, disait la vieille en brandissant son verre, qu'on dise, le coupable, de quoi c'est qu'il est coupable !

— Oui ! oui ! c'est ça ! »

« C'est simple, dit une voix, il est coupable d'être un homme !

— Sûr, dit Élise, sûr, qu'il est coupable. »

Je m'entendis prononcer des mots... ils sortaient de moi sans que j'en eusse la responsabilité : « On ne peut être un homme innocemment. » Une ovation salua mes dires, lesquels résonnaient ainsi que sortis d'une autre bouche.

« Il faut se débarrasser de cet homme parce que c'est un homme, un point c'est tout ! dit Élise, le menton ruisselant de porto.

— Pensez ! Qui c'est qu'hérite du patrimoine, le cul dans l'or tandis qu'on crève de faim ?

— L'homme !

— Qui c'est qu'est majeur pendant qu'on est fille toute sa vie ?

— C'est l'homme !

— Qui c'est qui régna ? Qui remplace le ci-devant roi ?

— C'est l'homme ! C'est l'homme !

— C'est lui le responsable de tout ! Y faut le condamner !

— Eh oui, c'est une question de salut public ! ajouta une voix.

— De... de... sa... *salop* public ! » rectifia une autre voix fort molle.

Cependant, on avait fait passer un objet à la vieille :

« Tiens, il y manque ça, à ton homme ! »

Et la veille, en ricanant, affublait le pantin d'un magnifique instrument. Elle ceignait la panse enflée d'un énorme phallus en cuir noir, lequel était muni de cordons qu'elle attachait par derrière.

« Un peu de dignité, voyons ! On juge l'homme.

— Faut y condamner, c'est question de... d'"*équidé*" !

— De quoi ?

— Elle veut dire d'équité.

— Ah ! eh ben pour l'équité, moi, j'vas vous dire, c'est simple, y'a qu'à y racccourcir, votre homme. Comme ça y sera notre égal, ni plus ni moins !

— Bien ! bien ! » approuvèrent des voix.

Alors, la vieille actrice monta sur la table. Munie d'un grand couteau qu'elle sortait on ne sait d'où, elle fit une déclaration, la voix portée mais blanche, la mine solennelle mais tragique :

« Je déclare que la peine qu'on prononce contre le sieur Capé est le raccourcissement. »

Ce disant, elle empoignait le gros membre de cuir. Un long moment durant, on la vit taillader de toutes ses forces le godemiché avec de grands han ! han !

Quelle horreur !

J'étais transportée en quelque cave obscure de certain château fermé au fond de certaine forêt, dans certain livre qu'Élise m'avait un jour fait consulter. Son auteur défrayait la chronique. On le nommait l'« emprisonné » ou le « Divin Marquis ». Le livre s'intitulait *Justine*. La succession des sévices subis par l'héroïne me hantait. Tous plus atroces les uns que les autres !

...Oui, c'est là Thérèse, c'est là que j'enfoncerai tout à l'heure ce membre, il te déchirera, il te mettra en sang et je serai dans l'ivresse.

L'histrionne triomphait, plus comique que tragique. Elle brandissait la chose coupée en mimant le jeu du bilboquet. Elle levait d'un ample geste le membre noir sur lequel elle faisait mine de tenter d'enfiler sa main formant trou du pouce et de l'index.

Il ne restait à la grosse panse blanche qu'un tout petit moignon noir. Une voix avinée dit :

« Ça manque un peu de sang, ton spectacle !

— Donne ! dit une autre voix épaisse, on va l'y mettre, le sang. »

Alors, celle qui venait de parler s'empara de l'objet

qu'elle enfouit sous ses jupes. Puis, elle le brandit, victorieuse.

Au bout de son bras, le sexe obscur ruisselait de sang bordeaux.

*

La voiture nous prit dans la cour des Duplay. C'était une jolie berline à quatre places, attelée de deux chevaux pie. Elle semblait fort bien suspendue sur d'énormes lanières de cuir. Le siège du cocher était délicieusement couvert de velours jaune.

Georges rentrait de son voyage dans la principauté de Salm[4]. On allait profiter de cette première soirée de printemps pour respirer un peu sur les Champs-Élysées et trotter au bois de Boulogne avant de finir chez un bouchon[5] du Rond-Point.

Mon époux fut hissé par le cocher qui le prit à bras-le-corps et l'enfourna par la portière. Je ramassai une pleine brassée du satin de ma robe à rayures, afin de poser sans encombre ma petite mule sur le marchepied. Le cocher m'empoignait haut, à plein la poitrine. Ah ça mais ! Plaf ! Avant que j'eusse pu esquisser une réaction, le coup des deux plats de mains avait claqué très fort sur ses épaules. C'était le gendarme préposé à la garde de Georges. Il toisait le cocher en silence, du haut de son buste dominant la tête du postillon. Il n'y allait pas de main morte ! Ce pauvre cocher, lequel avait cru pouvoir subrepticement s'assouplir les doigts dans ma gorge, voici qu'il se trouvait l'épaule passablement raidie, à ce qu'il apparaissait ! Il regagna son siège en bougonnant, tandis que ce géant de gendarme grimpait à ses côtés.

---

4. *Salm* : comté indépendant d'Allemagne occidentale et qui demandait l'annexion à la République française.

5. *Bouchon* : cabaret populaire et souvent « campagnard » (situé au-delà des barrières ; ex-lieux de péage).

Place de la Révolution, mon cœur trébucha. C'était ici qu'on avait guillotiné Louis Capet. Deux ou trois voitures la traversaient en diagonale. Au loin, l'ancien « Pont-Royal » se chargeait de charrois. A l'entrée du jardin des Tuileries, les murs à tranches horizontales de la terrasse se rejoignaient là, s'achevant par des pégases qui, haut perchés, flanquaient le portail. Entre ces chevaux ailés, se dressait parfois la guillotine. Le lieu était vide. Le vent, encore acide pour la saison prenait la place en écharpe. Il s'engouffra dans la voiture. Je remontai les vitres.

Par la suite, dans l'allée sablonneuse, le vent était tombé. La tiédeur du sous-bois pénétrait par la vitre rouverte, vague chauffée au crépuscule. On croisait des chars de maraîchers, bondés de choux vert tendre et de carottes rosées, des cabriolets noirs, rouges et jaunes où des élégantes se faisaient conduire, capote baissée. De part et d'autre de l'éblouissement saumon, flots du soleil couchant sur la vaste allée blanche des Champs-Élysées, s'élevaient les fûtaies mauves, les ramures bleuissantes où filtraient les dentelles de cuivre des derniers rayons. On arriva au Ront-Point où manœuvraient des voitures dans une bruine d'or. L'Eldorado ! D'ailleurs, il y avait des cabarets et des bouchons alentour. On irait chez Gentil. Il était bien nommé. Par temps clément, on soupait sur la terrasse, aux chants des rossignols et aux brames des cerfs.

Il ne sera pas de trop de toute cette douceur ! M'amie, vous allez à forte partie : entreprendre de faire changer d'avis le représentant Couthon ! Et sur la question des femmes ! Cela n'était point gagné d'avance ! Dans la chaleur de la réunion, j'avais assuré à mes amies que j'en faisais mon affaire. Mais, ce soir... C'était égal ! je ne pouvais me résigner à laisser Georges refuser de parler pour le droit des femmes. Gilbert Romme en parlait bien, lui !

On atteignait la barrière des Champs-Élysées et ses petits pavillons à corniches qui n'étaient plus gardés de douaniers. Les voitures entraient et sortaient librement, ralentissant à peine pour se glisser entre les grilles, fouettant pour reprendre le trot. Nous allions passer la barrière, quand soudain, un groupe de gardes à cheval se profila dans la porte. Il précédait un charroi ainsi escorté. Dans la charrette, une dizaine d'hommes roulaient et tombaient les uns sur les autres au gré des cahots. Car ils avaient les mains liées et ne pouvaient tenir assis. La charrette approcha, dans un silence occupé par les grincements douloureux des essieux. Le postillon, puis les ridelles défilèrent devant nous. Les prisonniers baissaient la tête ou dormaient. Soudain, un jeune visage, la crinière noire, le teint mat tranché d'une plaie pourpre de biais sur la joue, coupant la lèvre. Le sang avait séché, rouquin sur le cou et la poitrine. C'était un si jeune homme ! un enfant !

« Que sont ces prisonniers ? criai-je aux soldats.

— Des émeutiers. Ils dressaient les paysans contre la levée des 300 000 hommes. Ils seront jugés comme traîtres !

— Comme traîtres ! Des jeunes qui refusent d'aller se faire tuer...

— Vous n'allez pas prendre leur défense ! Que ferons-nous si nos hommes ne vont point défendre la patrie en danger ? demanda Georges.

— La paix !

— Vous m'insupportez, à la fin, avec votre paix ! Allez le dire aux Autrichiens... Je me passerais bien de cette guerre, savez-vous, ajouta-t-il. A Salm, à Strasbourg, on dépense à fortifier les villes ce qui serait bon à nourrir les patriotes. Mais est-ce notre faute si les despotes nous font la guerre ?

— Cela oblige-t-il à arrêter de jeunes paysans ? A leur retirer cette liberté qu'ils viennent à peine d'acquérir ?

— Ah, vous ratiocinez sans cesse ! Vous avez toujours raison ! Ce sont vos femmes qui vous ont contaminée de ce chancre ! Il n'est de pire oppresseur que les esclaves affranchis !

— Il est aisé d'ironiser sur qui est dominé. Mais il faudra bien un jour rendre justice à la femme. Ou gare ! elle fera justice elle-même ! Au demeurant, votre formule est bien frappée. Mais elle sonne faux. »

L'œil exorbité du saumon qu'on sort de l'eau, il manqua crier. Son cri avorta comme étouffe le gros poisson. Il était rare que mon époux sortît de ses gonds avec moi. Il finit par lâcher, dans un reste de souffle :

« Faux ! Comment cela, faux ?

— Énoncer une erreur avec assurance ne la mue pas en vérité.

— Vous... vous... êtes une impudente et... et... une femme !

— Merci du compliment. Et quelle finesse d'analyse ! »

Georges se renversa sur la banquette, les yeux clos, haletant, étouffant. Je sautai sur sa cravate, la dénouai, ouvris sa chemise. Il dessilla les yeux et fit un tout petit sourire.

« Je sais bien que ce n'est point malignité de votre part. C'est seulement que les femmes, vous avez quelque démon interne. »

Il poursuivit en haletant, les yeux clos : « En leurs discours sur les femmes, de Diderot à Aristote, tous les philosophes l'ont bien vu. Le sexe n'est, certes, point réduit à un animal. Mais toutefois il en recèle un.

La femme porte au-dedans d'elle-même un organe susceptible de spasmes terribles, disposant d'elle et suscitant dans son imagination des fantômes de toute espèce... C'est de l'organe propre à son sexe que partent toutes les idées extraordinaires...

— Si j'entends bien, le sexe n'est point un animal, mais son sexe en est un. La nuance est raffinée ! Et le propos montre une grande clarté. On est confondu, que dis-je, confit dans l'admiration pour l'autre sexe qui manifeste tant de supériorité dans le jugement ! »

Georges était derechef haletant et les yeux clos. J'ouvris davantage sa chemise.

Aïe ! sotte ! triple sotte ! Assez, Marie !

Il fallait cesser. Poursuivre ne servait de rien. Sa théorie sur les femmes, laquelle était d'ailleurs celle des bons esprits de l'époque, disait assez qu'il ne reviendrait point sur son refus de recevoir Théroigne. Donnait-on le droit de vote à un automate mû par un animal ? Inutile de mettre à l'épreuve plus avant les faibles forces de mon époux.

« Il suffit, je crois.

— Rentrons, voulez-vous, dit-il faiblement.

— N'arrêterons-nous souper chez Gentil ?

— Je suis fatigué. Rentrons. »

Georges, les yeux clos, somnolait, la tête calée dans le coin de la banquette doublée de velours ciselé de soie jaune canari. Entre ses cils, l'entaille se marquait. Sous ses yeux, les poches se creusaient. Comme si le sommeil eût été pour lui plus fatigant encore que la veille. Des tentacules de vent froid pénétraient la voiture, plongèrent dans ses cheveux. Je remontai la vitre. Les sièges étaient mous, la voiture allait souplement. Je fermai les yeux à mon tour. Le tambour des chevaux étirait la contrebasse des roues.

Des cris, des coups de feu ! J'ouvris les yeux. Il faisait noir dans la voiture. Dehors, on courait avec des torches. Un seul garde surveillait la charrette, il répondit à Georges :

« C'est un prisonnier ! A sauté de la charrette, filé dans le bois. N'y avait rien que moi ! Les autres étaient entrés chez Gentil. Rien que trois minutes. Si on peut même plus se nettoyer un peu le gosier de la poussière de la route ! »

Notre gendarme s'était joint aux gardes et à quelques hommes. Ils étaient dans le bois à pourchasser le fuyard.

Soudain, du grand charme qui surplombe la charrette, tombe sur les épaules du garde, une sorte de félin. Le garde à terre, le félin bondit souplement. Il atteint le devant de l'auberge où sont attachés les chevaux. Sur la porte est une servante.

« Au voleur ! Au... criminel ! Au... au papiste ! »

Le criminel n'est autre que le jeune homme aux longs cheveux noirs. Sa silhouette noire découpée dans la clarté jaune d'or de la porte, il a bondi sur la femme. Il lui lève les jupes, les noue par-dessus la tête avec les brides du tablier. Ainsi fagotée, elle part en aveugle, bras tendus, beuglant sourdement dans son paquet de hardes, les chiffons de dessous étalés à la vue, la cuisse blanche à l'air entre culotte bleue et bas gris. Sautant sur un cheval, le jeune homme se fond dans la nuit.

Geoges s'est renversé sur la banquette, la ride droite entre les sourcils, les yeux clos. L'aubergiste arrivait sur le seuil, après la bataille. Il apostropha le cocher :

« Qu'est-ce qui se passe ?

— Je sais rien de rien, moi ! Je regardais pas... je dormais ! »

Au-dessus de nous, la ramure de l'orme frissonnait soyeusement, refermée après le passage du jeune homme. Un rossignol s'y mit à égrener son petit rire moqueur. Oumf ! J'avais peine à contenir le gros rire qui secouait mon ventre. Oumf ! Tandis que les hommes dorment tristement, d'autres chevauchent allégrement !

*

On avait cogné à la porte. J'allumai un bout de chandelle pour aller ouvrir. La chandelle levée, mon cœur se bloqua. Un grand jeune homme me regardait. Son chapeau noir étendait de larges bords, ses boucles châtaigne foisonnaient. Il portait la cravate très haute, qui lui serrait la gorge jusqu'aux oreilles, le gilet cramoisi qui lui enflammait la poitrine. Un parfum de jasmin émanait de lui. Il esquissa un léger sourire.

« La Citoyenne Couthon, je présume ? Je suis Antoine Saint-Just. »

Je l'avais reconnu ! Et soudain mon cœur rompait son licol et repartait d'un bond.

Antoine, vous chez nous ? Si j'eusse seulement osé l'imaginer ! Antoine Saint-Just, le jeune homme écouté du monde, se trouvait à ma porte ! Saint-Just le téméraire qui le premier se mesura au roi ! Antoine le penseur qui jetez au vent des phrases historiques, vous entrez chez moi, le soulier crotté, le chapeau à la main !

Rêverais-je ? Tous ces événements que nous croyons réels ne seraient-ils que rêve ou cauchemar ? Printemps quatre-vingt-treize, la défaite de nos soldats, l'invasion des Prussiens au levant, le drapeau blanc des révoltes au couchant, la faim, les ténèbres et le froid, le manque de pain et de sucre, de chandelle, de charbon, les injures et les menaces des frères ennemis, la haine et la peur, la peur et la haine ! Pétion écrivant sa « Lettre aux Parisiens » : *Vos propriétés sont menacées... faites rentrer ces insectes venimeux dans leurs repaires !* Isnard déclarant : ... *Paris serait anéanti ; bientôt on chercherait sur les rives de la Seine si Paris a existé.*

Je ne rêvais point. La silhouette dressée d'Antoine me tournait le dos, faisant face au buste éclairé de Georges qui le saluait, assis. L'heure était tardive et, malgré la saison des jours rallongeant, déjà sombre. Par la lucarne haute, entrait l'obscurité nuancée de mauve de la nuit de Paris. Notre hôte insista pour que je reprisse ma place sur la chaise longue, près du fauteuil de Georges, dans la sphère de lumière autour de la chandelle frémissante. Le visiteur devenait invisible dans l'ombre.

Saint-Just sortait des Jacobins. Il venait prier Couthon de revenir à l'Assemblée. Car Robespierre déclarait l'insurrection, le peuple se préparait à se soulever. A la Convention, la lutte contre les brissotins allait être très chaude.

Chez Duplay, nous étions logés petitement. La chambre ne laissait qu'une place réduite au pied du lit. Moi sur la chaise longue, Georges sur son fauteuil, nous passions de longues soirées, depuis l'aggravation de son mal, à lire, broder, priser en silence ou regarder s'éteindre le losange jaune du dernier soleil, projeté de la petite lucarne sur le mur blanc. Georges vivait reclus chez nous depuis dix jours. Sa maladie l'avait terrassé, par suite des séances orageuses de l'Assemblée où il s'était, à la mi-mai, épuisé en vaines charges contre les brissotins.

« Saint-Just a raison, dis-je à Georges, ne laissez passer la bataille qui se prépare, sans y prendre part.

— Ces jours-ci, avec ma faiblesse et mes douleurs, je suis plus utile à la Révolution, écrivant et pensant chez moi, que me traînant aux Tuileries.

— Georges, le peuple se soulève pour avoir commencé une révolution et avoir cependant toujours faim.

— Le peuple a faim, le peuple a faim... tout ne peut être aisé ! On veut le bonheur du peuple ? Fort bien ! Mais patience,que diable ! Est-ce que je passe mes jours dans l'opulence et l'oisiveté, moi ?

— Au moins mangez-vous. Avec quarante sous par jour, comment voulez-vous que le sans-culotte de Maria nourrisse ses huit enfants, quand le pain coûte huit sous la livre ? Le peuple a faim, Georges, en vérité. Ne l'aiderez-vous à poursuivre la révolution pour manger ?

— Si fait, m'amie, si fait...

C'est égal... Fait-on la Révolution pour manger ? ajouta-t-il d'un ton pensif. »

Enfoui dans son fauteuil, ployé ainsi qu'un animal lové, sa tête entrait dans ses épaules. En l'absence de cravate, son menton descendait entre les revers de la veste grise, tandis que les jambes pendaient au sol, inanimées. Seuls, ses bras répétaient des mouvements qui scandaient ses paroles, des gestes de main qui s'ouvraient, comme des offrandes.

« Je ne veux vous fatiguer. Mais je souhaiterais vous dire une chose, mon ami.

— Faites, souffla-t-il.

— Voyez-vous, dis-je en levant les yeux pour m'adresser au ciel, je n'ai certes point l'expérience de tout. Sans doute connaissez-vous certaines choses mieux que moi. Pourtant, il est une chose que j'ai apprise... dont j'ai certitude... vraiment certitude. C'est que... une occasion manquée ne se rattrape jamais... jamais, voyez-vous. Parce que, c'est bien connu, jamais la même eau ne repassera sous le même pont.

— Comme vous voici sibylline ! Qu'est-ce à dire ?

— C'est à dire qu'une république ratée l'est pour longtemps. Toujours, peut-être. Voyez nos ancêtres romains... »

Georges laissa tomber sa tête, la nuque reposant sur le dosseret du fauteuil. Les paupières lourdes se posèrent au-dessus des cernes. Les sourcils se tordaient, le nez se pinçait, les joues se creusaient, la bouche s'amincissait.

Mon regard avait tourné malgré moi, s'était posé sur le visage ombré d'indigo d'Antoine Saint-Just.

« Quelles que soient les raisons invoquées, rien ne peut absoudre de refuser. Quoi de pire que de laisser passer une belle occasion ? l'aventure qui s'offre à vous, avec son merveilleux cortège d'optimisme ?

Quoi de plus criminel que négliger le cadeau de la nature vous apportant l'amour d'un être ? Quelle insulte à la Providence qu'ainsi la dédaigner. On ne peut refuser l'amour innocemment.

— Que me chantez-vous là ? dit Georges en s'efforçant de redresser le buste.

— Je... oui oui, je... je vous prie de m'excuser. Je... La fatigue... »

J'étais debout sur des charbons ardents, entre Georges et Antoine, à la lisière de la lumière et à l'orée de l'ombre.

« On ne saurait trop vous approuver, Citoyenne. Il faut battre le fer à chaud. »

Mon cœur prit le grand trot, le galop, le grand galop.

« Pas de temps à perdre, ajouta-t-il, pour se débarrasser des nuisibles mettant leur veto à décréter des droits qui marqueront les siècles futurs. »

Mes yeux perçaient à peine les ténèbres. Je pris la chandelle, petit animal craintif qui palpitait entre mes mains et que je ramenai entre Saint-Just et moi. Sa crinière agitée lançant des feux follets, le jeune homme parlait debout, piaffant sur place, jetant haut ses blanches mains avec ses mots brillants. Son gilet damassé faisait luire des filets frisés d'or dans sa poitrine ponceau.

« Certes, poursuivait-il où il n'y a plus de pain, il n'y

a plus de loi, plus de liberté, plus de République. Mais le cours de la liberté est à ce jour plus haut encore que n'est celui du pain. Nous sommes à l'heure de faire une nouvelle Constitution, la première, la seule qui soit vraiment à la mesure de l'homme nouveau. *Le peuple fançais vote la liberté du monde !* Voici ce qu'il faut écrire. Nulle demi-mesure, nulle faiblesse est excusable.

— Mais, intervins-je, la fatigue peut du moins excuser...

— Non.

— Nierez-vous qu'être momentanément abattu par la maladie...

— Il n'est de bonne raison de renoncer qu'à l'heure de la mort. L'homme est un animal que la Providence a doué de l'aptitude à conquérir le feu, à dérober le bonheur aux dieux. »

J'étais toute proche de lui, de ses yeux étirés, ses sourcils allongés, son nez droit, ses joues plates et sa bouche entrouverte. Il sentait violemment la fleur de jasmin.

« Le bonheur, oh oui ! » m'écriai-je. Puis, je tentai de me rattraper.

« Il n'est certes point justifiable de renoncer. Du moins sera-t-il parfois légitime de temporiser.

— Temporiser ? Ce n'est bien souvent qu'un début de retraite.

— Mais enfin, que faites-vous de la nécessité d'agir avec discernement, de faire preuve de calme ?

— Le calme est l'âme de la tyrannie, la passion est l'âme de la liberté ; le premier est un feu qui couve, le second un feu qui se consume... On n'est vertueux qu'une fois. »

Le jeune et fringant représentant avait jeté la fin de sa déclaration en s'approchant du vieux représentant impotent. Puis, arrêtant son discours, Saint-Just s'assit dans ma chaise. Je reposai la chandelle sur le guéridon. Les bustes de Georges et d'Antoine s'inscrivirent dans l'orbe jaune. Sa péroraison achevée, Antoine était pensif, tandis que Georges hochait la tête.

Cependant que les deux hommes que j'aimais s'affrontaient, le miroir du trumeau, sur la cheminée, me mettait du baume au cœur. Il disait que je n'étais pas, ce soir-là, d'apparence négligeable. J'avais coiffé mes cheveux à la mode nouvelle. Les bandeaux noirs luisants s'ouvraient, ainsi que des rideaux sur mon front blanc, dont le mat s'échauffait, se teintait de la chaleur de la bougie, tandis que les traits noirs des yeux, des cils et des sourcils, imprimaient leur force. Assez jolie dame d'honneur du tournoi !

« Mon jeune ami... commença Georges. Ne le prenez point mal ! ajouta-t-il, à un bronchement de Saint-Just devant son Discours. C'est par affection, que je m'exprime ainsi, je pourrais être votre père. »

Antoine le regardait en silence.

« Ne me prêtez point d'illusion envers les mous. Un homme, au point où j'en suis, sait ce que valent les médiocres. Plus d'illusion sur les brissotins. Je sais fort bien à quoi m'en tenir.

Les factions infernales ont le plan de nous rendre étrangers les uns aux autres et de conduire, par l'isolement de toutes les parties, la république à la ruine et le gouvernement populaire à la dissolution.

— Alors, voyez comme il est temps d'agir !

— Ne vous méprenez pas. Le corps cloué sur la chaise, mon esprit court. Je prépare un projet de décret sur le recensement des grains, destiné à empêcher le fédéralisme monstrueux d'isoler des départements, de soustraire leurs subsistances, exagérer leurs besoins, cacher leurs ressources et se dispenser, par mille petits moyens, de venir au secours de leurs voisins souffrants.

— Est-ce bien le plus urgent ?

— Il n'est rien d'indifférent, quand il s'agit de ramener à l'unité de la République.

— Certes. Et quand il s'agit de promouvoir la liberté contre le libertarisme. Je vous entends.

— Moi, je n'entends guère ! m'écriai-je. Liberté, libertarisme, qu'est-ce que ce galimatias ?

— C'est que l'on peut avoir l'illusion d'être libre, tandis qu'on est emprisonné.

— Comment cela ?

— Vouloir être insoumis au gouvernement de la République, dit Georges ce serait se livrer, pieds et poings liés au retour d'un despote.

— Vouloir être soumis serait désirer ne plus s'appartenir. L'absurde ! Sans doute faut-il l'ordre. Mais l'ordre d'aujourd'hui est le désordre de demain. Nulle soumission à un maître n'est légitime. De même, nulle soumission à un dieu. »

Et nulle soumission à un époux ? Mes pensées suivaient Saint-Just, couraient à ses côtés. Voulait-il signifier que la fidélité ?... Les chevaux de mon cœur allaient un train d'enfer.

Antoine Saint-Just semblait au contraire paisible, arrêté, ainsi que perdu en une mer de rêverie phosphorescente, au moment où le soleil a basculé derrière le miroir, que les oiseaux marins repassent du noir au blanc et qu'un visage aimé s'allume d'une lumière interne.

Et moi, de quoi ai-je l'air, devant l'archange ? Le trumeau, vite !

La lévite de soie blanche épousait l'ampleur souple de mes hanches qu'elle ornait des ondes de ses petits plis. Au-dessus de la ceinture serrée sous la poitrine, elle collait à mon corps, au point que, dans la pénombre, on n'eût pu déceler, sur les rondeurs des seins, l'endroit précis où s'achevait l'étoffe et où commençait la chair.

« Aucune pudeur ne trouve grâce à mes yeux, reprit Saint-Just.

— Encore la pythie ! » bougonna Georges.

Je dis sans réfléchir :

« Vous aimez ma lévite ?

— Eh bien... je... Je vous en conjure, Couthon, ajouta Saint-Just en se tournant vers lui, abattons les brissotins !

— Je ne suis pas bourreau ! Je ne suis ni de Marat ni de Brissot, je suis à ma conscience !

— Georges, dis-je, soudainement, comme si quelque force étrange parlait en moi, pensez qu'on cherche à étrangler la Révolution à Clermont. On veut faire partout des Vendée ! Ne laissez point les fossoyeurs de la Nation tramer impunément. Ne laissez point diviser la République que vous fîtes déclarer « Une et Indivisible ». Rejoignez Antoine et Maximilien, afin de bouter hors l'Assemblée les agents de l'Anglais. Rejoignez nos héros pour y reprendre votre place ! Vous en avez le devoir !

— En aurai-je la force ? La dernière fois, j'ai craché le sang toute la nuit.

— Votre sang peut épargner celui du peuple. Car il dépend de nous, que sa victoire ne soit point un carnage. »

Ce dernier argument d'Antoine fut décisif. Quelques jours après, le 2 juin, alors que le peuple avait cerné les Tuileries, l'Assemblée repoussa à nouveau les sanctions contre les députés brissotins et, président en tête, elle tenta une sortie.

C'est alors qu'Henriot commanda à la garde nationale : « *Canonniers, à vos pièces !* »

Georges n'avait point quitté sa place. Lorsque l'Assemblée rentra piteusement, il fit voter l'arrestation « à leur domicile » des vingt-deux brissotins accusés. C'était mesure de clémence, si l'on songe que les sans-culottes en eussent fait de la chair à pâté.

Le général Henriot ne s'en tint pas à ce haut fait. Par un beau soir du mois suivant, il bouclait les grilles du Palais-Égalité pour une capture inhabituelle. Il interrogeait ensuite les filles captives :

« Êtes-vous de bonnes républicaines ?

— Oui, notre général !

— N'auriez-vous pas, par hasard, caché dans vos cabinets quelque réfractaire, quelque Autrichien ?

— Fi, fi ! nous ne recevons que des sans-culottes ! »

Plus tard, cet acte bouffon s'ensuivra d'un épisode moins

comique. Car Chaumette, le procureur de la Commune, arrêtera les filles fermement.

Comme je plaignais ces filles, Maria me rétorquait :

« Tu devrais pas les défendre, les putes en prison. Les grives au filet, c'est bon pour nous, ça ! Faute de grive, on mange que merle ! Les hommes qu'y sont tous plus ou moins putaniers, y vont pas tarder beaucoup à se languir des professionnelles. Les belles grives prises au piège, tu penses bien que les mâles, y vont manquer d'ouvrage ! Alors, y leur faudra peut-être bien nous ouvrager un petit peu, nous autres les merlettes qu'on est en liberté ! »

QUATRIÈME CAHIER

LES MOIS GARANCE
(fin août 1793-frimaire an II [fin novembre 1793])

XIV

AU PAYS
(septembre 1793)

La maison ! Après l'été torride, la fournaise de la route, la maison rue du Touraud était fraîche derrière les volets à l'espagnolette. Maria à la cuisine avec Hippolyte, je parcourus seule les chambres silencieuses, celle de Georges, au bureau désert, à l'alcôve aux rideaux verts tirés, la mienne, au lit à la duchesse en basin jaune, à la glace dorée sur la cheminée, à la Vierge et l'enfant au mur. Le premier jour, le nettoyage nous avait occupées, Maria et moi, baignant dans une odeur de moisi mêlé de poussière. Puis, ce fut le règne du calme. La journée, les rayons du jour traversaient la chambre en tournant leurs voiles fourmillant. Le babil d'Hippolyte montait par bouffées, tandis que dans la rue craquetaient les chars. Mais, la nuit, Maria menait Hippolyte coucher chez sa sœur. Georges ne rentrant jamais avant que je fusse endormie, les heures s'égrenaient à Saint-Genès, par petites rafales entre lesquelles le temps n'en finissait point. La cloche était plus gracile, encore plus mélancolique qu'autrefois.

Dire que mon époux était en quelque endroit à se faire fêter !

La première nuit, couchée dans les linceuls humides, je l'avais attendu sans dormir. Il avait fini par arriver à je ne sais quelle heure, porté en triomphe par une multitude de sans-culottes. Jamais je ne les eusse crus aussi nombreux ! Les porteurs touchaient au seuil, devant l'échoppe du sellier, notre propriétaire, tandis que, dans les ténèbres, les derniers n'avaient encore tourné le coin de la rue Saint-Genès. Au-devant, on avançait à la lueur des torches, chantant et criant Vive le citoyen Couthon ! Des femmes gesticulaient, en bonnet rouge et en déshabillé. Parmi elles, aux côtés de ceux qui portaient Georges sur leurs épaules, je la vis...

Suzanne !

Quand nous arrivions de Paris, quel accueil nous attendait ? La voiture quittait les mauves champs fauchés, traversait les vignes phosphorescentes, passait devant les Jacobins où quelques étoiles de fenêtres parsemaient la façade, atteignait la place du Champet, argentée de lune, enfin remontait la promenade d'Espagne vers l'hôtel de ville. Nous étions harassés de quatre jours de route dans la sueur. Seul, Hippolyte dormait, Maria se penchait par la fenêtre, de tous côtés. Les yeux de Georges luisaient fixement au fond de la voiture. Quels amis seraient fidè-les à nous attendre ?

Le cocher arrêta l'attelage, devant les marches de l'hôtel de ville. Des ovations se levèrent. Il y avait foule. On brandissait des torches. Mais personne qui fût connu de nous, exceptés la sœur de Maria et son époux, entourés d'une multitude d'inconnus criant et levant les bras. Soudain, je notai que le regard de Georges allait de l'autre côté de la voiture, par l'autre fenêtre. Là, se tenait, presque seule, une grande femme en bonnette rouge serrée d'un large ruban bleu, la chevelure à reflets d'argent cascadant, les épaules laiteuses du clair de lune, le décolleté s'obscurcissant entre les seins à demi dénudés par le déshabillé de tulle blanc. C'était la citoyenne Suzanne Mignot.

Suzanne s'approchait. Interceptée par un coursier qui lui fit son rapport, elle écouta, donna un ordre bref. Puis, les hanches balançant et lançant les pans de sa jupe d'un côté, de l'autre, elle reprit son approche, m'embrassa, baisa Hippolyte. La citoyenne Mignot qui paraissait très obéie, fit aussitôt descendre le représentant pour qu'on le menât en chaise à la Société.

Depuis, elle ne quittait Georges qu'au moment du coucher. Il fallait voir à quelles heures ! Il est vrai que la tâche des représentants en mission n'était pas mince. Le Comité Central veillait jour et nuit à l'hôtel de ville. On commandait six mille piques aux forgerons, taillandiers, serruriers et à la fonderie. On réquisitionnait les ustensiles en fer, tôle ou airain, les pelles, les pioches et les bâches, les caisses, les souliers, le vieux linge, les instruments de chirurgie, la poudre, les balles et le plomb, les chevaux et la farine. On rassemblait les hommes de la ville et des communes voisines.

Un jour de ce début septembre 1793, sortant de réunion en la cathédrale, nous traversâmes rapidement la place. Elle était aveuglante et brûlante. Nous entrâmes dans l'ombre silencieuse et fraîche rue de la Treille, dont les façades d'eau-forte étaient soulignées d'outremer. Je devançais Maria qui portait Hippolyte. Cet après-dîner de début septembre s'avérait torride. Du mince filet de ciel laiteux qui coulait en méandres bouillants, là-haut, tombait une chaleur épaisse et inhabituelle qui pénétrait même les rues étroites. Au bas de la descente, après la rue Forrosan, le calme lourd fut tranché par un tohu-bohu. Un défilé bruyant, grouillant, passait rue Saint-Genès. Il fallut s'arrêter, attendre.

Des chars surchargés de tonneaux et de sacs se succédaient, entre lesquels s'insinuait une multitude fourmillante d'hommes portant pioches et fourches. Un roulier faisait claquer son fouet en vain. Un petit jeune marquait un pas martial, l'arme à trois dents de la fourche à fumier sur l'épaule. Un autre roulier sifflait de façon fort stridente entre ses doigts. Une grosse femme, vautrée sur des sacs de farine, roulait des yeux décidés sur nous. Un grand sauvage en haillons, à cheveux paille et à énorme moustache blonde, criait quelque chose en patois. C'était le détachement d'Aubière qui descendait place de Jaude. Il rejoignait la colonne de Châteauneuf-Randon en partance pour Lyon.

Tout ceci était l'œuvre de Georges. Dès notre arrivée à Clermont, fin août, il avait prêché la guerre contre Lyon insurgée aux mains des royalistes. La guerre... dire que nous voici faisant la guerre dans la France elle-même ! Aussi, les fédéralistes s'étaient emparés de nombreuses villes : Marseille, Nice, Toulon, Bordeaux, Caen !... Et l'on y saignait protestants et jacobins comme canards et poulets. A Lyon, le maire Chalier était exécuté. Les martyrs succédaient aux martyrs, depuis l'assassinat de Marat. Mais les terroristes frappaient en vain. David avait immortalisé Marat dans une toile. Le jour de la fête en l'honneur de l'Ami du peuple, au spectacle de son cœur exposé, je sus que le mien lui était acquis. Mon cœur était à ce révolutionnaire entier, comme à mon époux si sincère et à Antoine le montagnard. Oh, ce n'était point sans réserve ! Olympe guillotinée, l'avait-elle été seulement pour royalisme ? Mais cependant, les Espagnols en Roussillon, Valenciennes et Mayence prises, Lyon et Toulon insurgées, la République assaillie du dehors et du dedans, il fallait bien qu'elle se batte ! La Convention, forte de l'approbation du peuple qui venait de voter massivement pour la nouvelle Constitution[1] de Saint-Just, avait délégué trois nouveaux représentants en mission auprès de l'armée des Alpes : Châteauneuf le militaire, Maignet, député d'Ambert, et Georges, membre du Comité de salut public

1. *Constitution* : il s'agit de la Constitution dite « de l'an II » ; très avancée, elle avait été rédigée notamment par Saint-Just et Couthon mais ne fut jamais appliquée.

où il gouvernait en compagnie d'Antoine et de Maximilien...

Aussi, à peine descendus de la voiture de Paris, une troupe de sans-culottes commandée par Suzanne Mignot avait pris mon mari, sans égard à sa fatigue et sans s'occuper que la nuit fût tombée. Il fallait se rendre à la Société pour rassurer d'emblée les montagnards fidèles. Ils s'inquiétaient de la fronde ayant gagné la municipalité. Banne et Dijon, après avoir pétitionné à la Convention contre l'arrestation des girondins, avaient été jusqu'à fomenter des réunions secrètes de soutien à Lyon et à la Vendée. Les premier jours furent agités de balancements entre la crainte et la joie. A la cathédrale, le peuple assemblé acclamait Couthon. Le lendemain, une nuit d'alerte nous apprit que Montbrison était aux mains des muscadins[2], que le général Nicolas et l'avant-garde de notre armée, battus à Saint-Anthème, y étaient retenus prisonniers. Le tocsin sonna à tous les clochers, on battit la générale au carrefour de la halle, le canon d'alarme tonna non loin de chez nous, quelque part derrière le marché au bois.

Aujourd'hui, Georges devait à nouveau monter en chaire pour raffermir les convictions du peuple. Celui-ci était venu en aussi grand nombre que dimanche. Mais, à l'entrée sous les nefs, le silence, la pénombre et la fraîcheur avaient saisi les gens qui se blottirent contre les piliers et les stalles. La voix de Georges tomba de haut avec un timbre d'au-delà :

« On vous trompa indignement, lorsqu'on chercha à vous persuader que les Lyonnais veulent la République et ne font que légitimement résister à l'oppression. »

Malgré le timbre, la voix était assurée, à la fois forte et paisible. On commençait à s'asseoir à même les dalles fraîches, les yeux levés vers la chaire surmontée d'un dais en forme de mitre.

« Mais, qu'on y prenne garde, les chefs de l'armée

2. *Muscadins* : contre-révolutionnaires.

rebelle sont tous, ou des ci-devant nobles émigrés, ou des prêtres déportés, ou des riches du pays, qui agissent, payent et combattent uniquement pour le rétablissement de la royauté. »

Une cascade de lumière multicolore plongea par la rosace du midi, tissant une tapisserie d'apparat qui prenait la nef en écharpe, ainsi qu'un arc-en-ciel arlequiné dans lequel se détachait la silhouette noire dressant un doigt.

« On voudrait empêcher le peuple du Puy-de-Dôme de se lever, afin de ménager un trait d'union depuis Lyon jusques à Limoges et à la Vendée, opérer ainsi la réunion des deux armées royalistes et produire la contre-révolution au cœur de la République. »

Des sanglots se firent entendre dans mon dos. Je me retournai. Un vieux vigneron pleurait.

Lorsque Georges appela les jeunes sous les armes, contre la « cité des riches, des moines et des rois », les acclamations couvrirent la fin de son discours.

« Encore une soirée seule ! avais-je dit pour moi en m'asseyant à la table de la cuisine.

— Merci bien pour le *seule* ! dit Maria. Et moi, alors, je suis pas quelqu'une ?

— Si, mais tu es aussi une sotte. Je ne parlais pas de ta compagnie. Je pensais à celle d'un homme.

— T'es seule... t'es seule, peut-être. Mais c'est que t'y veux bien.

— Ne cesseras-tu ? Tu excelles à me rendre responsable de tout. Je n'ai en toutes choses point délibéré de porter ma croix...

— Je sais pas si tu portes une croix. Mais je peux dire que tu portes des choses qui occupent pas mal les yeux des hommes dans la cathédrale ! »

Ce disant, elle donnait un coup de menton vers mon décolleté.

« Et après ? Que peut me faire qu'on me dévore des yeux, si je me retrouve seule chaque soir !

— Ce que ça peut t'y faire, je m'en vais te le dire, moi ! Un homme, quand y te bouffe des yeux la figure et les "poupes"[3], si ça s'arrête là, c'est que c'est toi qui tires sur le frein, petite ! Parce que lui, y demande qu'une chose, c'est de lâcher la bride !

— En vérité, crois-tu cela si aisé ?

— Pauvre drolette, mais c'est bien sûr ! C'est qu'y faut te l'expliquer, encore ! Écoute : si qu'y te bouffe des yeux, c'est qu'y demande qu'à te bouffer de la bouche, et pas rien que la figure ni les "poupes" !

— Quoi d'autre ?

— Vi vieux ! dit-elle, levant les yeux au ciel, c'est pas possible ! Une petite qu'a fait deux enfants, qu'est monté à Paris, qu'est la femme d'un citoyen qui commande le monde et qu'elle se gêne pas pour sortir au café, hé bé, figurez-vous qu'elle sait même pas ça ! »

*

Mon père haussa la carafe au-dessus du chandelier : « Goûterez-vous à nouveau mon "brunet"[4] ? »

Il me l'avait fait goûter pour la première fois, quand j'étais encore enfant, il y avait une dizaine d'années.

Autour de son sourire, jaillissaient maintenant le buisson poivre et sel des cheveux, les piques de la moustache noire. Il avait mis pour la circonstance, quel hommage ! une chemise blanche qui bouffait aux épaules, au sortir de la cuirasse fauve patinée. Sa main avait laissé le gant habituel pour se montrer nue à moi, en deçà de la ligne du poignet teinté d'eau de noix au soleil, blanche et rayée des poils en coups de crayon noir. Elle approcha le verre de mon visage. Le liquide tuilé qui l'emplissait à demi, frissonnait, jetant par les ciselures des éclats topaze au gré de la chandelle. Je choquai doucement mon verre contre

3. *Poupes* : seins.
4. *Brunet* : vin cuit local de l'époque, corsé et tuilé.

le sien. Un petit tintement cristallin, suivi d'un ciel cuivre d'orage, d'une bolée de senteurs des bois, d'une caresse en bouche et de la cuisson sournoise à la langue.

Je reposai le verre presque vide. La table était mise des couverts et des assiettes de vermeil aux armes des Aragonnès. Père servait le potage. Nul domestique. Nous étions seuls.

Dès mon arrivée au château, je m'étais inquiétée de la comtesse. Toine avait serré mon front contre le cuir de sa poitrine :

« Ma petite fille, l'ignorez-vous donc ?

— Quoi ?

— La comtesse, sa fille Jeanne et le petit sont en prison aux Ursulines[5]. »

En prison ma mère adoptive !

Le coup avait traversé si fort que la balle s'était allée perdre au loin. Les blessures graves commencent souvent par être indolores.

Depuis que les Aragonnès se trouvaient à l'étranger pour les hommes, en prison pour les femmes, les serviteurs s'étaient enfuis. Toine avait tenu à s'installer dans les logements des maîtres, malgré le risque de jacquerie, à cause de cela, peut-être.

Père avait préparé pour nous à souper dans la grande salle du château. Il avait cuisiné lui-même ce potage d'une perdrix tirée la veille, à l'annonce de ma visite. Il l'avait soigneusement désossée, farcie à la chair de saucisse et aux fines herbes, puis mise longuement à cuire à l'"oule" dans la cheminée. Mes yeux s'accoutumaient à franchir l'orbe de lumière où nous tenaient deux chandeliers flamboyants sur la nappe blanche. Le bleu de roi fleurdelisé de la grande tapisserie chatoyait, les roses soulignés des rechampis lilas satinaient, le feu lançait au bout de la salle ses airs d'un ciel de midi, les huit candélabres alignés sur les meubles surmontés des miroirs étincelaient.

« Est-ce vous qui avez allumé tout cela ?

5. *Ursulines* : couvent transformé en prison de femmes.

— J'allumerais tous les feux de la terre pour une jolie femme.

— Ah ah, vous êtes... ah ah ah ! »

Je riais, heureuse, curieusement heureuse en ces circonstances.

Père rapportait un plat d'argent qu'il avait gardé au chaud dans le coin de la cheminée.

« Mousserons cueillis par le chef, à la crème de chez nous ! Et maintenant, accordons les plaisirs, dit-il en versant du vin pourpre dans le deuxième verre, entre un grand verre à eau et le petit verre où teintaient des traces de "brunet". Il faut préparer votre palais au mets suivant.

Que dites-vous de notre Neyrou ? Il va avoir huit ans. Je gage qu'il pourrait rivaliser avec un vin de Saône. »

Nous goûtions tous deux les yeux dans les yeux, les yeux dans le pourpre des verres, les yeux dans les fonds de nos êtres. Je me laissais envahir par la bourrasque de miel râpeux et acidulé. Je me laissais pénétrer par l'image de mon père. Il s'était redressé, me regardait par-dessus les chandelles, la face tantôt sévère et tantôt douce, au gré des ombres et des lueurs. Entre les paupières plissées, ses yeux lançaient leurs traits d'or. Les clartés mouvantes des flammèches animaient aussi son corps où clignotaient ses manches bouffantes, flambaient par instants sa cuirasse, ses bottes.

Il s'éloigna, se dirigeant vers la cheminée.

« Venez ! Nous allons préparer des œufs frais dans des verres, en guise d'entremets ! »

Mes jambes me portèrent d'abord avec quelque réticence. Que buvait la comtesse, en prison ? Qu'y mangeait-elle ? que pouvait-elle y faire ?

Mais, après la traversée houleuse de la salle, mes pensées furent arrimées par les gestes de Père. Il prenait de la farce dans un plat, y mêlait de la crème, du sucre et de la mie de pain. Puis, en des verres de fougère[6] qu'il

6. *Verre de fougère* : verre à boire, dans la fabrication duquel entrait la cendre de fougère.

plaçait sur une assiette proche du feu avec peu de beurre dedans, il ajoutait ses œufs qu'il cassait haut, puis son appareil[7] de farce. Puis, il attendit un moment que tout cela cuisît. Alors, je m'agenouillai à ses côtés, tout près de lui. Les flammes éblouissaient comme un soleil au zénith. Les cheveux de Toine sentaient « Cuir de Russie ».

Les œufs cuits renversés sur un plat, il les garnit de cannelle, de sucre et de citron confit puisé dans un petit pot.

Il y eut encore des pêches de vigne que nous pelâmes de concert, le jus dégoulinant et poissant, et que nous nous servîmes dans les grands verres à eau complétés à ras bord de miel et de "brunet". Je parlais, je tentais d'articuler d'une langue lente, lourde :

« Vodre ferdin édait des médeurs et des... et... des médeurs, voui...

— Allons prendre l'air, venez ! », dit-il en riant.

*

La silhouette de Père se découpa en ombre chinoise sur les croupes d'acier des vignes qui moutonnaient au-dessous de nous. On était presque à pleine lune. Juché devant moi sur la pouliche, Toine Brunel était empenné du panache corbeau et couronné des bords enveloppants de sa coiffure noire, immobile sur sa monture, dont seule la queue battait d'a-coups irréguliers ainsi qu'une horloge fantasque.

Nous descendîmes au pas le sentier caillouteux. Les pierres luisaient à la lune comme galets mouillés et nos chevaux savaient les éviter. Nul danger à prendre le petit trot !

Dans les vignes, il fallut tenir la bride. L'ombre était plus épaisse et le sol se mouvait de la houle des mottes desséchées par le Vent. Apollon reprit le pas. Les bouquets de vignes échalassées passaient en javelles d'argent, à peine frémissant à notre approche. Soudain, la mélodie chantournée du rossignol ! Le cœur en arrêt, je retins l'éta-

7. *Appareil* : préparation.

lon. Mon père porta sa monture à mon côté et l'arrêta aussi. Le rossignol tressait ses trilles avec application, mélodie d'amour qu'il chantournait longuement, ponctuait de deux ou trois petites notes goguenardes. Puis, le silence. Les yeux d'or trouaient l'ombre. Le silence était plein, surchargé d'amour. Dans ce silence, c'était alors le lancinant froissement des feuilles de vigne que la brise frottait l'une sur l'autre, comme une étoffe que l'on malmène. Les grappes, billes d'agate et d'obsidienne, jaillissaient ici et là. C'étaient des fruits sensuels dénudés au hasard. Sous le feuillage, on surprenait l'érection des pieds de vignes, tors et musculeux, plantés en terre sans merci. Une bouffée de Cuir de Russie. J'en eus la chair de poule aux bras. Yo ! Je piquai des deux talons les flancs d'Apollon. Yo ! Yo !

Nous allions maintenant au grand galop. Derrière moi, le son des sabots de la pouliche se maintenait, tandis que m'arrivaient des bribes de voix, des cris, Père devait protester. Qu'importe ! Je suis assez grande ! J'allais, de bonne assiette grâce à la culotte de cheval et aux bottes retrouvées, camphrées et graissées, dans mon ancienne chambre. Serrant des cuisses les flancs palpitants, je me couchais sur l'encolure et encourageais la bête. Va, mon amour, va ! Yo !Yo ! Oui ! Oui !

Nous avions, depuis un temps, laissé les vignes pour nous lancer dans les friches où le son des sabots devint plus mouillé. Soudain, au saut d'une petite haie de buis, je vis la lune dans un miroir. Apollon tenta de se cabrer.

« Vraiment ! grondait mon père, a-t-on idée de piquer le grand galop de nuit pour plonger dans une mare ! »

Il me servait un bol de vin chaud à pleines louchées. Le fumet brûlant chargé de cannelle et d'esprit volatil allait m'enivrer de nouveau.

« Je ne sais si je dois encore boire. Cela ne m'a guère réussi. Voyez où j'en suis réduite...

— Ce n'est point faute à la boisson, si vous chevauchâtes telle une folle en pleine nuit, de façon que vous ne vîtes point la mare ! »

Je ramenai mes cheveux sur ma gorge et enserrai mes genoux entre mes bras. Enfin, je sentais la chaleur rentrer en moi, transfusée par les flammes qui léchaient mes jambes et par le vin qui coulait dans ma poitrine. J'étais assise nue devant le feu, ayant dû me dévêtir entièrement après la chute dans la mare et le retour trempée à grelotter, malgré que père eût alors soin de couvrir mes épaules de sa cuirasse.

Je crus entendre un bruit au-dehors.

« Êtes-vous sûr qu'il n'y a personne ? » demandai-je en saisissant mes vêtements qui séchaient. Mais le silence me répondit et le contact des tissus mouillés, glacés sur mon bras me fit trembler de nouveau.

« Ne bougez pas, dit mon père, je vais chercher des vêtements secs. »

Il revint les bras chargés de hardes.

« Qu'est-ce ? dis-je en dressant à bras tendus une grande robe de brocart rouge garance à parements de valenciennes.

— Une robe ayant appartenu à une dame... que j'ai aimée. »

Je tirai sur les pans. La robe, rouge vif, légèrement orangé, paraissait immense, à l'ancienne.

« Je ne metttrai point cela, Père, voyons ! Elle appartenait à une autre, dont vous respectez...

— Ne soyez pas ridicule. Il faut vous vêtir. Cette personne est disparue depuis longtemps.

— Je vous assure... »

Un nouveau bruit, dehors.

« Vous voyez bien qu'il faut vous vêtir ! Allons, levez-vous ! »

Le grand trumeau sur la cheminée, penché de telle sorte qu'on s'y voyait en pied, me renvoyait l'image de la scène. Je passai les bas rouges, serrai les jarretières noires, entrai dans le pantalon de dentelle blanche à rubans également noirs, revêtis la grande chemise de dessous en coton si fin que mon corps y transparaissait.

« Laissez-moi faire ! »

Père saisissait les lacets du corset. Il tirait fermement, doucement, la tête sur l'épaule blanche nue, qui touchait presque ses yeux, le regard fixé sur mon image dans le miroir.

J'eus envie de rire, ou presque, quand il me passa une sorte d'instrument de torture, un très long panier qui s'évasait beaucoup sur les hanches, fait de tiges de fer tenues par des rubans. Mais, voyant la profondeur de son regard qui ne me lâchait point dans le miroir, l'envie de rire s'étiolait.

Maintenant, Toine me regardait en silence, immobile. J'étais toute revêtue de cette vaste robe garance, le teint rehaussé de la chute du rouge orangé, ouverte par devant sur un flot de dentelle, foisonnant de valentiennes également aux saignées. Il regardait, fixement. Cela durait. Allait-il passer la nuit à regarder ? La femme passée ou sa fille présente ? Je demandai sottement :

« Je vous plais ? »

Il a souri, d'un sourire assez triste, en disant :

« Buvons ! »

Quand il voulut me reservir, je protestai :

« Je vous remercie, Père, je n'ai que trop bu.

Quant à vous... ne devriez-vous boire avec davantage de modération ?

— C'est ce qui vous trompe. J'use de la boisson sans morale mais avec calcul.

— Vraiment ?

— En effet. J'avoue que le bon vin me paraît une excellente chose, et que je ne hais point à m'en égayer, pourvu qu'on ne m'y force pas. J'ai toujours remarqué que les gens faux sont sobres, et la grande réserve de la table annonce assez souvent des mœurs feintes et des âmes doubles. Un homme franc craint moins ce babil affectueux et ces tendres épanchements qui précèdent l'ivresse... »

Père s'était arrêté, avait puisé à son verre en plusieurs gorgées entrecoupées d'inspirations, les yeux clos, la tête renversée.

Il me regardait à nouveau dans le miroir.

« Comment se nommait votre amie, à qui appartenait la robe ?

— Julie, Je l'appelais "la Nouvelle Héloïse".

— Vous aimiez donc beaucoup Jean-Jacques, l'auteur de ce livre ?

— J'ai surtout adoré Julie. »

Les yeux à nouveau fermés, il posa son menton sur mes cheveux. Encore, le Cuir de Russie, la chair de poule !

« Bonsoir, Père, dis-je en me dégageant doucement. Il est bien tard. Permettez-moi de monter à ma chambre. »

« Marie ! »

Il a presque crié, quand je passai la porte ouvrant sur l'escalier. Je fis un pas en arrière. Il était assis, là-bas, seul, les épaules tombant. Je l'entendis à peine articuler :

« Cette robe vous sied à ravir. Je vous en fais présent. Gardez-la, je vous prie, Gardez-la ! »

XV

L'IVRESSE
(octobre 1793)

Paul-Gilbert ! Il souriait, claquant de la langue au pas des chevaux, montrant le fouet, hurlant des invectives, sifflant. Pour les piétons qui grouillaient, qui se rangeaient prestement, nul doute qu'il fût charretier de son état !

Le Pont-du-Château ne désemplissait que la nuit. Car il était le seul à franchir l'Allier, plusieurs lieues en amont et autant en aval. Passage obligé vers Thiers et le Forez ou le Livradois, comme vers Lyon, il était gardé. L'escouade se composait d'hommes en uniformes de gardes et d'autres en haillons de journaliers. Ils étaient délégués de la Société populaire du lieu. Devant notre chaise de poste, ils croisèrent les piques. Mon sang ne fit qu'un tour. C'était fini !

Par bonheur, l'un d'eux reconnut l'épouse du « citoyen représentant commandant l'armée ». Il fit faire place, salua en agitant le bonnet rouge. J'osai à peine soupirer.

On passa le pont sans un mot, sans un regard. Puis, sur l'autre rive, Paul-Gilbert fit cingler les rênes sur l'échine des chevaux attelés dans les brancards et claquer le fouet aux oreilles du cheval de volée, laissant à nouveau surnager un petit sourire. Ses cheveux d'argent s'échappaient du tricorne noir, au gré du vif galop des quatre chevaux. Ainsi de profil, le chevalier me parut plus beau que jamais, le visage sculpté, l'arcade et la pommette saillantes, la patte d'oie s'épanouissant au coin de l'œil et un sillon flanquant la meurtrière du sourire.

Tassé devant nous sur un strapontin, une chiffe molle se faisait petite afin de n'être point aperçue de la route. Pâle, les yeux clos et les lèvres pincées, les cadenettes de muscadin enfouies dans le vaste chapeau civil, Xavier de Lacourtensourt n'en menait guère large.

Je refermai les pans de mon fichu. Bien que la soirée ne fût encore très fraîche, j'étais la proie d'un long frisson. On avait passé la mi-octobre 1793. J'observais le cuir basané, les blocs de craie de la route. Sur cette route même où je roulais maintenant, en compagnie de Paul-Gilbert et Xavier, ci-devant en mal d'émigration, Georges passait, il y avait à peine deux semaines. Il partait guerroyer à Lyon pour la République.

Georges, pas même une lettre ! Tout juste un petit billet confirmant l'arrivée sous les murs de l'« orgueilleuse Albion ». Depuis, les nouvelles douteuses : l'entrée des troupes dans Lyon, le décret de destruction, les rumeurs de famine, de terreur ! Ciel, mais comment était Georges, dans tout ce carnage ? Dans toutes ces destructions, était-il fidèle à la révolution ? Était-il fidèle à soi-même ? Georges, nous êtes-vous fidèle ?

Le jour de son départ, au petit matin, verdâtre encore sur les façades rue du Touraud et rosissant au ciel du côté de Lyon, comme si l'on apercevait déjà des lueurs d'incendie, un tocsin silencieux avait résonné dans ma tête : une femme montait dans la voiture, aux côtés de Georges ! Quand le carosse eut tourné le coin, aux sifflements du cocher et aux claquements du fouet, je repris ma respiration. Il le fallait bien ! Qu'allait faire cette Suzanne Mignot à Lyon, aux côtés de mon époux ? Elle était sa secrétaire particulière...

Un peu particulière, peut-être !...

A quelques jours de là, remontant la ci-devant rue des Nobles, j'étais à me frayer un passage entre chaises et piétons, lorsque je crus voir une silhouette s'engouffrer précipitamment devant moi sous un porche. Étrangement, j'eus l'impression de la connaître. Je me trouvais devant l'hôtel d'Aragonnès. Dans le vaste portail de bois clouté, un portillon céda sous ma poussée, s'ouvrit.

Oumf !

Bâillonnée de doigts rivés à mes lèvres, immobilisée d'un bras de fer qui me plaquait le dos contre un vaste torse, je me crus d'abord victime de brigands. Mais !... les criminels sentent-ils la lavande ? L'homme passait devant moi, sans relâcher la main qui m'empêchait de hurler. Par bonheur ! Car j'eusse sans cela laissé échappé un cri de surprise. Il ne me lâcha qu'après un signe du doigt sur la bouche, afin de me recommander le silence.

« Paul-Gilbert ! Vous ici ? chuchotai-je.

— Je cherche une occasion pour gagner la frontière de Suisse. Ici, mes jours sont maintenant en danger. Serez-vous cette occasion, Marie ? »

Malgré qu'il fût traqué, Paul-Gilbert n'offrait nulle trace de peur. Il restait cet homme au front évoquant les soirs dorés des îles, aux yeux chargés du phosphore des eaux quand le soleil s'y est couché, aux lèvres pincées de courage et charnues de baisers.

Trois jours après, avant le lever du jour, je marchais au rendez-vous : anciennenent chez les dames Bernardines. Paul-Gilbert s'y devait déjà être rendu. Chevalier, que ne ferais-je pour vous, en souvenir de vos venues au château, quand vous nous apportiez les arômes et les récits des îles !

Xavier !

« Il n'était pas prévu, celui-là !

— Madame, je suis votre serviteur.

— Vous avez attendu que votre vie dépende de moi pour le découvrir.

— Il ne s'agissait que de vous rendre hommage, voyons, je ne m'y trompe point. La Révolution passera et les maîtres seront toujours les maîtres.

— Donc, vous n'avez de raison de solliciter mes services pour fuir, n'est-ce pas ?

— Je vous en prie !

— Ne comptez pas sur moi pour rendre service à un ennemi de la Révolution, Xavier.

— Ni pour sauver un honnête homme de vos pairs ?

— Tiens donc ! serions-nous pairs, après que je n'aie à vos yeux été que fille de palefrenier ?

— Je m'étais laissé dire que votre Révolution prétendait cultiver les vertus, Marie. Épargner des vies, n'est-il point, selon vous, à compter au nombre des vertus ? Vous n'allez pas nous laisser emprisonner et guillotiner !

— Allons, ajouta Paul-Gilbert, le temps est précieux ! »

Une chaise de poste nous enlevait aussitôt pour nous mêler au cortège des vendangeurs descendant aux vignes. Les meuglements, les hennissements, les cris, les cahots, les chants, même, tous les bruits faisaient qu'on se sentait en sécurité, noyés dans cette foule qui s'écoulait. Nous traversâmes les marais noirs et le chocolat des labours précoces. Au bourg de Lempdes, des amis nous cachèrent jusques au soir, à l'heure où l'on ne prend plus la route et où la vigilance des gardes s'émousse.

Ainsi, ce jour d'automne au crépuscule, le Pont-du-Château passé sans encombre, la terrasse de Chignat gravie au pas, nous faisions route grand train vers Lezoux. Nous allions bientôt toucher Ligonnes. Étape rêvée !

On apercevait à peine l'entrée, au bout de la longue allée de peupliers vert glauque par où nous arrivâmes de Lezoux. De part et d'autre de la grille ouverte, les petits pavillons des gardes étaient silencieux, vides. A nos pieds, la grande pièce d'eau miroitait faiblement, comme embuée. Au-dessus du bassin, le dauphin paraissait être fait de vieux bois pourri et crachait l'eau tristement au pied de la morne statue de Neptune.

Nous mîmes pied à terre. La rampe était torp forte pour la fatigue des chevaux que le chevalier avait menés grand train. L'allée montée, nous accédâmes à la demi-lune d'où, repoussant la grille encadrée de deux lions de terre cuite bronzée, nous débouchâmes sur la cour d'honneur en terrasse. Les communs faisaient la haie au regard. A cette heure, celui de gauche était presque uniformément noir. Nulle lumière à ses fenêtres. Celui de droite recevait les dernières lueurs du couchant. Dans la pierre gris marron s'élevaient des arches, cernées de fortes pierres grises de Volvic, qui découpaient les vides des hauts cintres noirs.

Devant ce parc désert, ces communs sombres, le regard était attiré vers le fond de la cour où, sur la mer de cobalt des feuillages du parc, s'élevait, comme flottant, la merveille des merveilles privée de ses brillants : le château de Ligonnes, tous feux éteints.

Nous approchâmes. Alors, nous aperçûmes qu'une fenêtre laissait filtrer un rai de lumière, Xavier sortait l'épée, mais Paul-Gilbert lui intima l'ordre de se tenir tranquille, allant lui-même voir de quoi il retournait.

« Deux domestiques qui mangent à la grand table dans le salon à manger, dit-il, de retour. Le reste semble désert. Cela confirme que les Chazerat ont bien abandonné le château, les hommes à Coblence et les femmes peut-être encore retranchées à Ravel. Il se peut que le château soit investi par les sans-culottes d'une minute à l'autre, si ce n'est déjà chose faite. Ne prenons point de risque inutile. Suivez-moi ! »

Nous entrâmes dans le bâtiment des communs le plus sombre, du côté du couchant. Personne au rez-de-chaussée, personne dans les escaliers, personne à l'entrée des caves. Les hommes poussèrent le lourd battant, pénétrèrent dans les ténèbres. On battit le briquet, je suivis. Une longue voûte, pareille à celle d'une église basse mais prolongée, s'enfonçait dans la ténèbre. Près de nous, d'énormes pièces de chêne noirci se dressaient, aussi hautes que des maisonnettes.

Un bruit de bois et de ferraille me fit sursauter. Derrière moi, Paul-Gilbert roulait un tonneau afin de barricader la porte de la cave. Ainsi, nous pourrions passer la nuit en sécurité.

La nuit ? Je passai les pans de mon châle sous mes bras, afin de recouvrir tout ce qui pouvait l'être de mes épaules, nues sous la fine robe de soie grège que je portais. La mante légère dont je recouvrais tout cela ne suffisait point à arrêter la fraîcheur humide. Je fis quelques pas. Éloignée de la flamme, dans une ombre glauque, je sentis davantage la pénétration de l'humidité. Déjà, le froid gagnait mes épaules, ma gorge. Un ruissellement d'eau se faisait entendre dans les profondeurs obscures, bien au-delà de l'orbe lumineux du briquet.

« Ce n'est point chaud, n'est-ce pas ? dit Xavier.

— Ce n'est point froid non plus. On ne peut tout avoir, dit Paul-Gilbert. Installons-nous. J'ai de la chandelle dans ma sacoche.

— Et moi, je vous convie à un festin de pain, fromage de chèvre et vin de Limagne.

— Volontiers ! Ces jeunes gens matérialistes ont parfois du bon ! ricana le chevalier. Mais pour le vin, ajouta-t-il, c'est inutile. On n'apporte point de sucre aux îles ! Attendez-moi ! »

Nous allions devoir faire durer le guignon de pain et le petit fromage de chèvre, que Xavier avait scrupuleusement partagés en trois. Aussi devions-nous goûter, avant toute chose, une bouteille que rapportait Paul-Gilbert. Un tire-bouchon de poche, une noix à laquelle était fixé un petit tortillon, joyau de quelque artisan de Thiers, avait heureusement été adjoint à l'équipage de Xavier. Quant aux verres, ils étaient retournés sur un montant de futaille, selon la tradition locale.

Nous levâmes les verres à la flamme de la chandelle.

La robe d'or prenait des reflets verts aux bords du verre. Je humai.

« Meursault », dit le chevalier.

Un bouquet d'arômes se bousculait, où je crus distinguer la vanille. La fraîcheur à la langue s'ensuivait du moelleux d'un sirop sans sucre, au délicat goût de noisette.

« C'est bon, jugeai-je, faisant ainsi preuve d'esprit et d'originalité.

— Plus que cela, corrigea-t-il avec indulgence. Chazerat est un des premiers connaisseurs de vins de la Bourgogne. Veuillez me suivre, Marie. »

Nous nous enfonçâmes dans les profondeurs charnelles de la cave. Le bruit d'eau forcissait, nous guidait, complice. Les bouteilles empilées formaient murettes alvéolées, camaïeu de gris et noir, verre estompé de poussière et de toiles d'araignées. Paul-Gilbert se baissait, soulevait quelques bouteilles, les reposait une à une. Il se retourna soudain vers moi en brandissant l'une d'elles :

« Voici quelque chose qui promet d'être excellent. Tenez, chauffez-là dans votre sein, voulez-vous ? »

Nous revînmes chargés de quatre bouteilles, Paul-Gilbert en déboucha trois, de verre noir, qu'il disposa autour de la chandelle afin de les chambrer quelque peu, ainsi qu'il se devait qu'elles fussent. En attendant, il débouchait l'autre bouteille de verre blanc.

« Jetez le reste de votre verre, Marie. Voici quelque chose qui, bien que méconnu, surpasse le Meursault. Cela se nomme du Montrachet. Les seigneurs de Chassagne, qui en sont amateurs, ont pris garde de ne le point faire connaître de la cour. Humez comme est riche son bouquet. »

Le vin coulait, ambre très pâle, il déposa rapidement de la buée. Je plongeai les narines dans l'étroit récipient. Le bouquet floral qui émanait de la surface, mélange violent et subtil, me laissait incapable de discerner un des arômes qui le composaient.

« Il vous faut prendre une gorgée et la tourner en bouche un temps, me dit le chevalier. »

Ce que je fis. Au bout du léger temps, les arômes se levèrent et mirent à bouillir leur potion magique. Je sentis le mélange d'amande, de noisette et de miel.

Quand j'eus bu entièrement le contenu du verre, mon corps était envahi par la chaleur. Une buée gagnait mon esprit. Paul-Gilbert devina ce léger désordre en moi.

« Il faut manger quelque peu, dit-il, afin de mieux goûter les rouges. »

La cave était réchauffée, devenue à la lueur de la chandelle un lieu magique et hospitalier. Je regardai les hommes tailler méticuleusement dans le pain de tout petits morceaux, les porter à leur bouche avec lenteur. Ils n'étaient plus tout à fait aristocrates dédaigneux des nourritures terrestres. Des bergers, s'appliquant à leur maigre repas ! Xavier, surtout, l'ex-militaire plein de morgue ! Pfoum ! Il me donnait envie de rire, en portant à la bouche le creux de sa main empli de quelques miettes. L'ordinaire des officiers a changé, dirait-on ! Des miettes !

Paul-Gilbert versa à boire, annonçant un Clos de Vougeot âgé de huit ans. Il en mettait à peine au fond du verre. Il me recommanda de bien goûter ses arômes de violette, de réglisse confite et de truffe. J'obéissais en fermant les yeux. Puis, ce fut un Corton de douze ans. Ce vin préféré de Voltaire, je le trouvai robuste. Il me ragaillardissait.

D'une phrase envolée, le chevalier dressait le diagnostic, bien mieux que je n'eusse jamais pu le faire :

« Un vin dont la robe jaune vous invite à plonger vos lèvres et où vous surprend une chair d'acier parfumée à la cannelle ! »

Comment distinguait-il tout cela, après le mélange des arômes ? Je l'admirais et lui vouais pleine confiance. Le ventre appuyé sur le tonneau qui faisait office de table, je tendais mon verre chaque fois que j'en avais vidé le contenu.

Il servait la dernière bouteille, dans un geste d'officiant, le verre et le flacon également élevés à hauteur d'yeux, transvasement d'un nectar de grenat. Je dois bien avouer que mes capacités étaient émoussées. Malgré mon désir, elles étaient loin d'équivaloir à celles du chevalier. Si je fus frappée par la force certaine, les parfums et les goûts qui m'envahirent à nouveau m'apparurent tellement mêlés que je n'eusse pu les séparer sans l'aide de mon cicérone. Violette ? On dirait... Cannelle ? Peut-être... Réglisse ? Lavande ? Ah, je ne sais plus !

Mais, que vient faire ici la lavande ? Rêverais-je ?

Je ne rêvais point. Penché sur mon épaule, Paul-Gilbert murmurait à mon oreille :

« Chambertin, Marie, Chambertin. À côté, le Romanée-Conti du grand roi et des princes n'est que le second rang. À celui-ci, les généraux doivent rendre les armes.

— Ah ?

— Ze hui rendrais bien un bedit esdoc de mon arme, moi, à la donzelle !

— Hein ? »

Tiens, il était là, celui-là ? Complètement soûl, Xavier étendait en titubant son manteau sur la terre :

« Zi Badame veut bien ze donner la beine, ze bourrai la zaillir...

— Et tu prendrais mon épée dans le ventre ! Bas les pattes, jeune homme ! » jeta sèchement Paul-Gilbert ! Puis, il se resservit un plein verre en tremblant, porta le breuvage aux lèvres, déglutit en faisant bouger sa pomme d'adam, aspira longuement :

« Une dame, souffla-t-il, c'est une place qu'on prend d'assaut, quand elle est consentante. »

Oserai-je m'en confier ? Oui, je le dois, puisque j'ai fait promesse de vous donner à voir jusqu'au fond de mon âme. Le vin, l'ivresse qu'il m'occasionnait explique assurément mon acte. Mais point entièrement. Il y avait aussi ce temps, de concert glacé et brûlant, où l'on mourait, où l'on aimait. Il y avait, surtout, le chevalier, cette forte stature mal camouflée sous une redingote civile, ce corps robuste, à la puissance paternelle, ce visage habité d'aventure, ce masque de bronze auréolé d'argent où les lèvres baisaient, où les yeux verts déshabillaient, où venait de passer une ombre soudaine, comme un regret déjà. Un regret ? Non ! De regret, non ! je ne voulais plus. Je ne pouvais plus.

« Mais qui vous dit, chevalier, qu'à vous l'on ne tienne à se rendre ? »

Les lèvres de Paul-Gilbert étaient un fruit vivant, palpitant, dévorant. Je n'avais point, depuis longtemps, ainsi souffert d'être soudain privée de jambes. Je tombais de tout mon long, lorsqu'il cueillit ma taille, mes genoux.

Couchée je ne savais où, sur le manteau, peut-être, je reçus le poids, titanesque, subtil, du chevalier sur moi. Il arracha mon châle, ma robe. Il me pénétra du vert de ses yeux. Il plongea sa bouche dans ma gorge. Son menton abrasa mes seins. Ses dents aiguillonnèrent mes pointes. Il remonta ma robe, le regard pénétré comme on découvre un terrible trésor. Il empoigna mes chevilles. Ses paumes claquèrent sur la chair de mes cuisses.

« Oui ! »

Je n'ai de honte à le dire, je lui criai « oui ». Il avait les dents rivées, les sourcils bandés, l'œil émettant déjà une perle brillante. Je perdis claire conscience à compter de cela. Je me rappelle, cependant, je me rappelle. L'effeuillement des bouquets sans fin, la course aveugle aux sousbois des violettes, la montée aux cimes de narcisses, la chute aux pentes de lavandes...

*

Tout en haut de la colline, sur la terrasse du château, le thé était servi. Les tasses de l'Angleterre, noires à filet vert, s'alignaient sur une nappe cramoisie. La table était mise dans l'avancée en demi-lune, limitée par la balustrade de pierre, au couchant, tandis qu'elle ouvrait au levant sur le parc. Une espèce de canon bas, en épais bronze orné d'armoiries inconnues, encombrait le bord de l'avancée. Il était pointé sur la plaine.

Par cette douce soirée de fin d'octobre, les nombreux occupants du château flânaient sur la terrasse à l'heure du thé. En tenue blanche ou feuille morte, on venait prendre une tasse, conversait un instant la tasse en main, redemandait du sucre, repartait faire quelques pas entre les troènes odorants, les parterres multicolores et les bassins bruissants.

La vieille mère du Comte d'Estaing parlait avec ses cousins de la montagne.

« On dit Lyon à feu et à sang, je le croirais volontiers ! assurait une espèce de gros montagnard mis comme un marchand de bœuf.

— Vous savez, dans cette sorte d'affaires, on en dit tellement que parfois la réalité est loin de la rumeur.

— Je tiens les nouvelles de source sûre. Mon neveu, que vous nous faites la bonté de recevoir, était du régiment de La Roche-Négli à Montbrison. Il a gardé ses informateurs.

— Que valent les informateurs d'une armée battue ?

— Je vous dit que l'on brûle Lyon et que l'on y égorge. Le chef suprême de la répression n'est autre que Couthon.

— C'est égal ! J'ai plusieurs fois rencontré ce Couthon, je lui trouve l'air très doux. Je ne parviens pas à l'imaginer en tortionnaire.

— Voulez-vous bien vous taire, intervient la vieille dame en coulant un regard vers moi, a-t-on idée d'affirmer des horreurs qui ne sont peut-être qu'invention pure ! »

Un vertige me saisit. Je pris appui des deux mains sur la table, les yeux clos, les oreilles fermées à tout. Je fus dans un bourdonnement noir quelques instants. Puis, je tournai le dos sans regarder, quittai l'avancée en demi-lune, m'éloignai des bavards.

Après avoir longé la balustrade bordant la terrasse, j'aboutis à la seconde demi-lune avançant sur le panorama de la plaine. L'épais feuillage d'un marronnier m'isolait de la vue de l'autre avancée où était servi le thé.

Depuis quelques jours, presque une semaine, je séjournais au château de Ravel. On avait eu des nouvelles selon lesquelles la route de Suisse devenait trop peu sûre. Les républicains contrôlaient le secteur. Paul-Gilbert et Xavier avaient jugé plus prudent de monter s'abriter à Ravel, le temps de voir venir. La famille d'Estaing se jugeait forte d'appuis politiques chez les révolutionnaires. Avec sa petite garnison de soudards et ses vieux canons, elle avait cru pouvoir se retrancher en son château qui dominait la Limagne à une bonne journée de carrosse de Clermont.

Le même canon qu'à l'autre demi-lune, rasant terre à la manière d'un crocodile, était également pointé sur la plaine.

« Belle vue qui vaut le temps de regarder, n'est-ce pas ? »

La voix ensoleillée, le parfum lavande de Paul-Gilbert !

Sur les pentes de la butte, c'était d'abord la chute libre de l'herbe douce. Puis, foisonnaient les remous marins des feuillages des charmes. Plus bas, les toits orange et les murs ocre du village se blotissaient, à distance respectueuse du logis des seigneurs. Au-delà, commençait l'inconnu d'un océan de brume rosée d'où émergeait, çà et là, l'îlot bleuâtre d'un petit puy.

« Êtes-vous si morose, que vous ayez besoin d'ainsi vous esseuler? »

Je souris sans mot dire.

« Vous ne désirez point parler ? Souhaitez-vous que je vous laisse ?

— Non point ! Au contraire, j'ai besoin de vous, dis-je sans que mon regard quittât la mer de brume rose.

— Vraiment ?

— Depuis que nous sommes ici, les règles de la décence font que je ne puis jamais vous rencontrer. Au bout du compte, je suis plus seule que jamais.

— Quel heureux hasard ! Je comptais justement vous prier chez moi ce soir, à la faveur d'une petite fête en l'honneur de l'arrivée de certaine personne. Une surprise ! »

Le chevalier me donna le bras pour la promenade au milieu des parterres de roses, de dahlias et de tournesols. Nous nous assîmes sur le petit banc qui meublait une corbeille taillée en grotte à l'intérieur d'un grand if. Entourés de la sombre verdure aromatique, surpris par la fraîcheur, on entendait murmurer le jet d'eau du proche bassin. J'eus un frisson.

Des voix se distinguèrent, s'approchèrent.

« *Gouverner par le fer* », c'est Saint-Just qui vient de le déclarer. Cela signifie-t-il passer tout le monde par les armes ?

— Comment voulez-vous savoir ! L'« Archange démoniaque » est capable de tout ! »

J'eus un nouveau frisson. Paul-Gilbert prit ma main de ses doigts tièdes.

« Mais c'est qu'il est vaillant, le bougre ! A l'armée de l'Est, il ne se contente pas de commander. Il fait, paraît-il, merveille sur le champ de bataille. On eût pu s'attendre à ce que ces phraseurs de révolutionnaires se comportassent au feu en couards. Eh bien, il n'en est rien !

— Ils sont d'autant plus dangereux. »

Des deux paumes, le chevalier chauffait ma main qu'il tenait enclose ainsi qu'une relique.

« Vous voulez dire qu'ils sont capables de tout ! Ils ne respectent pas même leur Constitution. Voilà maintenant qu'on vient de décréter qu'elle ne serait point appliquée !

— Je sais bien ! C'est rapporté dans la gazette que j'ai lue au salon. »

Paul-Gilbert approchait mes mains de sa bouche, les ouvrait, baisait mes doigts de ses lèvres brûlantes.

« Et à Lyon, restera-t-il seulement un Lyonnais, si Couthon les exécute tous ? »

Perdant toute retenue, je lâchai la main de mon ami, quittai la corbeille et courus au château.

La grande salle de bal était déserte, les tapisseries, les

guirlandes de stuc, tout était souillé de sanie rosée, lueur émanant de la plaine par les vastes fenêtres. Comment pouvait-on dire que Georges assassinait à Lyon ? Lui dont j'avais appris qu'il interdisait les arrestations et les perquisitions ? Je passai devant la bibliothèque vitrée. Les grands volumes de l'*Encyclopédie* reposaient, endeuillés de cuir noir. George sanguinaire ? L'*Encyclopédie* de MM. Diderot et d'Alembert, symbole de la raison et de la tolérance ! Dans ce lieu où se concentre l'écho des affrontements et de la démesure révolutionnaire ! Quelle dérision !

Sur un guéridon, gisait la gazette, ouverte à la page du discours d'Antoine :

... il serait doux de réagir par des maximes de paix et de justice naturelle : ces maximes sont bonnes entre les amis de la liberté ; mais entre les peuples et ses ennemis, il n'y a plus rien de commun que le glaive. Il faut gouverner par le fer ceux qui ne peuvent l'être par la justice : il faut opprimer les tyrans.

Antoine ! Dans quelle géhenne vous ai-je laissé ? On dissout les clubs féminins, on guillotine les femmes. On décrète l'arrestation des suspects[1]. On accélère la justice pour envoyer les députés brissotins à l'échafaud, Saint-Just, que fait-on de la Révolution ? Que fait-elle de vous ? Où êtes-vous, Antoine, ou êtes-vous ?

Georges, et vous ?

Ah ! Paul-Gilbert, vous n'êtes plus à mes côtés !

*

Les appartements qu'occupait le chevalier Paul-Gilbert d'Orcet n'étaient autres que ceux du gouverneur. Celui-ci était absent depuis longtemps, arrêté à Paris comme sus-

1. *Suspects :* loi d'arrestation des suspects, soit ceux sans certificat de civisme, prononçant des paroles contre-révolutionnaires, ou ne pouvant justifier leurs ressources.

pect, selon les dires de certains, selon d'autres occupé à guerroyer sur quelque océan. La vieille mère d'Estaing avait donné la chambre de son fils à son ex-lieutenant aux Amériques.

Paul-Gilbert me reçut dans la bibliothèque personnelle du gouverneur, il tint à me montrer, sur la grosse mappemonde aux couleurs basanées, le lieu des Amériques où il possédait certain domaine. Là-bas, des négresses nues servaient, me dit-il, entre autres souvenirs. A quoi ? Le chevalier dégageait une entêtante odeur de lavande.

Gravissant à sa suite l'escalier à vis de la tour septentrionale où se trouvaient ses appartements, je débouchai dans le vaste bureau tapissé de cartes de marine. La table de bureau aux pieds massifs était couverte d'une nappe blanche sur laquelle s'alignaient les mets de l'ambigu : plats de poulet froid, coupes de pommes et raisins, boîtes de bonbons, flacons de liqueurs et carafes de vins.

« Notre invitée se fait attendre, dit Paul-Gilbert en jetant un coup d'œil par la fenêtre. Elle aura dû détourner sa route. Les chemins ne sont point sûrs. »

Par l'étroite fenêtre, l'on dominait les cimes et les vals cuivre et orange des toits du château.

« Allons, Marie ! sourit-il, que cela ne nous incline point à la mélancolie ! Il y a ici de quoi se donner de l'optimisme ! Tenez ! ajouta-t-il en servant du vin rose-blanc de Corent. Cela sort des fûts du gouverneur. Goûtez et me donnez votre verdict ! »

Les petits fours à la pâte d'amande sucrée ne supportaient plus le vin vert. Il fallut faire honneur à la liqueur de mandarine, que le chevalier transportait dans son propre sac de voyage. Le flacon, fermé d'une enveloppe de bois blanc, dégageait, dès qu'on le débouchait, un si fort parfum que l'on croyait déjà avoir l'essence sur la langue.

Soudain, sans avoir été annoncée, elle entra.

Ursule !

Sa grande mante noire et son chapeau rouge la cachaient beaucoup. Mais elles l'eussent pu masquer encore davantage, que je n'eusse manqué la reconnaître au premier regard, à ses grands yeux acajou lointains. Dégagés du capuchon, ses traits étaient restés ceux de mon amie d'enfance, romantiques et lointains, malgré le changement de coiffure et, surtout, la métamorphose de la teinte des cheveux qui offraient maintenant des boucles presque blondes.

« Ursule ! répétais-je en l'embrassant. Et je la baisai, demandant : vous avez changé vos cheveux ?

— Il le fallait, afin de quitter Lyon incognito. Quand votre Georges la reprit avec son armée de va-nu-pieds, nos beaux seigneurs qui plastronnaient depuis des mois, se sont enfuis comme moineaux. Mon protecteur et moi avons préféré nous séparer pour tenter notre chance chacun de nôtre côté. Les paysans l'auraient arrêté quelque part vers Besançon. J'ai eu le bonheur de partir pour l'Auvergne, où l'on n'attendait point les fugitifs. Depuis, je suis cachée chez nos amis de Saint-Bonnet.

— Je vous croyais en Allemagne !

— Au dernier moment, lorsque nous quittâmes Paris, les frontières étant trop surveillées, nous décidâmes de faire route vers Lyon.

— Ursule ! Ursule, disais-je, la baisant de nouveau, je n'ose y croire ! »

« Allons, allons, dit Paul-Gilbert, nous ne sommes point réunis pour pleurer.

— Parfaitement ! nous sommes réunis pour aimer ! surenchérit Xavier, lequel était entré sans que je l'eusse remarqué.

— Plaît-il ? » demandai-je, presque dégrisée.

Celui-là, pensai-je, il serait donc toujours sur ma route ?

« Si l'on vous demande l'heure qu'il est, mon petit, dit alors l'enseigne de vaisseau au jeune capitaine sans solde, vous répondrez que c'est au commandant de la dire ! »

Ma compagne rit, s'assit, prit du vin avec une bouchée de blanc de poulet. Puis, elle se fit servir de la liqueur et demanda à ce que l'on montât de l'eau chaude pour un bain. Je l'accompagnai au cabinet qui, attenant à la chambre, se trouvait au dernier étage. Cependant que les domestiques se succédaient à porter des baquets d'eau chaude, elle se préparait derrière un paravent noir à fleurs.

« Oh ! excusez-moi ! » dis-je.

Dans son bain, elle se tenait debout, un pied posé sur le rebord de la baignoire, pour introduire une canule de seringue métallique entre ses jambes.

« Vous n'avez pas changé ! dit-elle en riant. A quoi bon prier qu'on vous excuse ? de quoi donc ?

— Je... mais que faites-vous là ?

— Une simple injection d'eau de myrrhe[2].

— De quoi ?

— C'est une décoction recommandée pour l'amour.

— Ah. »

Devais-je lui avouer ma situation avec Paul-Gilbert ? L'amitié m'en eût fait obligation, si le respect de ses désirs ne m'en eût empêchée. Ursule s'apprêtait-elle pour le chevalier, ou bien pour le jeune Xavier ? Outre cela, ma tête déjà chargée d'effluves des alcools n'attachait guère d'importance aux bienséances ! Par contre, je notai que la poitrine de mon amie était toujours aussi resplendissante. Les globes amples, au blanc moucheté de taches de rousseur, pesaient de chaque côté sur leurs boutons de roses.

« Vous pourrez m'examiner tout à l'heure à votre guise, m'amie. Maintenant, faites plutôt votre toilette. »

Une tisane, servie dans un pot d'argent ciselé nous attendait dans le bureau. Son goût me sembla inconnu, curieux. J'appris que cette tisane d'aromates et de pépins avait également pour but de préparer à l'amour. Tel était mon état, que je ne songeai point à m'en étonner. Puis, nous goûtâmes aux bonbons de Richelieu[3], ce qui me donna encore soif et me fit demander du vin.

Sur le grand lit à baldaquin, surmonté de la couronne

---

2. *Myrrhe* : résine aromatique d'Arabie stimulante et réputée aphrodisiaque.
3. *Bonbons de Richelieu* : pastilles aphrodisiaques à la cantharide.

comtale, Paul-Gilbert a fait coucher Ursule, nue, en travers du lit, les jambes pendantes. Il est agenouillé devant son temple qu'il embrasse à pleine bouche. Elle geint doucement, tout doucement comme un enfant. Soudain, il se met debout, lui remonte les jambes, en tenant les chevilles, se tient un bref instant dans cette position d'invocation, puis, d'un brusque mouvement du corps en avant, entre elle avec un claquement de peau contre son ventre.

Les plaintes et les cris d'Ursule restèrent longtemps à mon oreille. Cela, quoique je fusse fort occupée à déjouer les manœuvres de Xavier. Celui-ci voulait me toucher, en faire autant. Fi ! Ce n'était point que je manquasse de désir, mais, ce jeune sot, avec le souvenir de sa morgue passée !

« Laissez-moi, je ne vous aime pas ! »

Le chevalier, qui en avait fini avec ma compagne, laquelle gisait apparemment sans connaissance, sursauta :

« Qu'entends-je ? Croyez-vous qu'il soit question d'aimer, Marie ?

— Parbleu oui !

— Aimer... dit-il d'un ton lointain en se massant l'épaule, au-dessus de la toison noire de sa poitrine.

Je vois qu'il vous faut encore une leçon, ma bonne. Un peu de Philosophie dans le Boudoir, comme l'eût fait notre « divin marquis ».

Je dis docilement que je ne demandais qu'à m'instruire.

Alors, il fut se servir un verre d'eau. Puis, il s'approcha de moi, me fit asseoir à côté d'Ursule et me dit affectueusement :

« Foutez, divertissez-vous, voilà l'essentiel ; mais fuyez avec soin l'amour. Il n'y a de bon que son physique, disait le naturaliste Buffon... ce n'est pas de s'exténuer en lamentations, en soupirs, en œillades, en billets doux qu'il faut ; c'est de foutre, c'est de multiplier et de changer souvent ses fouteurs, c'est de s'opposer fortement surtout à ce qu'un seul veuille vous captiver, parce que le but de ce constant amour serait, en vous liant à lui, de vous empêcher de vous lier à un autre, égoïsme cruel... »

Ce disant, Paul-Gilbert avait relevé ma robe de soie grège, il passait doucement sa paume sur mes cuisses, puis sa main dans la fente du pantalon de dentelle. Finie, la douceur ! Ce fut un insecte mordant, pénétrant. Il agitait son doigt tout en disant :

« Cela s'appelle "manuéliser", le savez-vous ? »

Comme si j'avais envie de converser !

La tête renversée en arrière, les yeux clos, j'écartai les jambes, secouée de tremblements, m'offrant à la caresse.

Et il me dénuda, me plaçant dans la même position qu'Ursule auparavant. Je défaillis, perdant toutes notions sous le grouillement des papillons subtils de ses lèvres.

Et il m'indiqua que cela se nomme : « gamahucher ».

Et il m'enjoignit de me prêter à ce qu'il désirait alors.

Ursule et moi devions nous gamahucher mutuellement.

« Couchez-vous, m'amie ! » ordonna-t-elle.

Je reçus sur mon corps la caresse d'un corps plus chaud, plus moelleux que je n'eusse imaginé. Ursule s'allongeait au-dessus de moi, posait la tendresse de sa poitrine sur mon ventre, m'enjambait, découvrant son joyau que je n'avais jamais ainsi pu observer. Une bouche dressée ! la moue énigmatique ! Quel spectacle ! Que de palpitation, de battements de plis, de vibrations de lèvres, une fleur carnivore en mal de sa proie ! Ses mains à mes genoux. La lame bénie de sa langue. Elle crie. La foudre soudain à mon ventre ! L'électricité ! L'étrange phénomène de l'électricité, fuse en moi et me secoue longuement.

« Bien ! fort bien, concluait Paul-Gilbert. Il nous reste maintenant à nous unir tous ensemble. »

C'est ainsi que nous fîmes l'amour tous quatre, Xavier prenant Ursule qui s'était accroupie et moi-même assaillie derrière par le chevalier.

Je ne suis pas encore redescendue des cimes, que je suis envahie du chaud, du plein, du solide. Il m'emplit de son être, m'investit à nouveau de ce démon en mouvement, me précipite dans le néant.

Au milieu des halètements et des cris, j'avais noté qu'Ursule agitait en Paul-Gilbert un sexe de cuir noir comme celui aperçu chez Théroigne. Je m'étonnai fort peu, alors, de faire et voir faire tout cela.

Je m'étonnai aussi peu que je m'empourpre amplement aujourd'hui, à seulement décrire la scène ! Encore cela n'était-il rien, en regard des projets nourris par nos libertins !

Car Xavier nous demanda fort poliment si l'on pouvait sucer le membre du chevalier. Je fus surpise par son obséquiosité. Tiens, voici Monsieur de Lacourtensourt qui fait des manières d'aristocrate ! Le jeune blanc-bec croit-il m'impressionner ? Mais je compris qu'on désirait encore bien davantage. Il poursuivit de me demander si je pourrais le faire tandis que le chevalier gamahucherait Ursule, que lui, Xavier, la sodomiserait et que je fouetterais une femme de chambre.

« Mais quelle horreur ! Fouetter une femme ? Comment pouvez-vous me faire telle demande ! Ursule, mon amie, ne nous prêtons point à cela ! »

Alors, ma compagne d'enfance fit une déclaration pour le moins ambiguë. Elle commença de dire qu'elle ne voulait point qu'on asservît nos compagnes, qu'il fallait bien défendre notre sexe. Mais, elle ajouta qu'il fallait introduire en tout du désordre. Que, si l'on voulait être vraiment libre, en finir vraiment avec la barbarie, il ne fallait laisser la révolution substituer une police à une autre. J'ose à peine me souvenir de ses propres mots. Elle désirait, déclara-t-elle :

« Qu'il n'y eût pas un seul instant de ma vie, où, même en dormant, je ne fus cause d'un désordre quelconque, et que ce désordre pût s'étendre au point qu'il entrainât une corruption générale ou un dérangement si formel qu'au-delà même de ma vie, l'effet s'en prolongeât encore. »

J'ai dévalé les degrés en trébuchant, en tibutant. Fallait-il vraiment ainsi aimer tout le monde ? Aimer Ursule comme Juliette, Donatien, Alphonse et François ? Vraiment, c'en était trop !

Ursule me rejoignit à la porte de ma chambre. Je sortais, munie de mon léger équipage, exiger qu'on attelât ma chaise pour le petit jour. Maintenant, il n'allait point tarder.

« Où allez-vous ?

— A ma place, à Lyon, auprès de mon époux.

— Y avez-vous bien songé ? Couthon est maintenant un enragé.

— Cela est impossible.

— Enfin, êtes-vous bien sûre de devoir rejoindre cette révolution, qui ne ressemble plus à ce qu'on a rêvé ?

— Sait-on bien à quoi elle ressemble ? Et puis, croyez-vous que l'on doive s'interroger longtemps pour rejoindre celui qu'on aime ?

— Soit. Mais ne partez point sur Lyon. Vous n'y trouverez le représentant. On dit que celui-ci est à Ambert, sur le chemin du retour. Prenez par Billom et Saint-Dier. Vous ne pourrez manquer de le rencontrer sur sa route. »

Au garage, je houspillais les valets qui mettaient des siècles à atteler les chevaux. Ursule tenait la lampe, m'embrassant, me souhaitant bonne chance, pleurant comme une mère sur sa fille.

Au dehors, une voix, lancée d'une fenêtre de la tour, appelait de nos noms dans la nuit finissante. Xavier, inquiet de notre disparition, s'égosillait.

« Bel organe, commentai-je.

— Pas autant que cela ! » corrigea Ursule d'une moue.

La voiture allait déjà au grand trot, que je n'avais pas encore réussi à juguler le formidable fou- rire, ce fou rire qui nous avait prises toutes deux, à la réplique de ma compagne, et secouées de la tête aux pieds, ainsi qu'au bon vieux temps.

XVI

LE TRIOMPHE DE LA RAISON
(fin brumaire an II [mi-novembre 1793])

A Billom, une rumeur dévalait la montagne : les représentants Maignet et Couthon, glorieux héros de la République, rentraient, partout reçus en triomphe, et n'allaient plus tarder à faire leur apparition. Je décidai de les attendre. Quelques jours passèrent où je ne vécus pas. Enfin, le bruit courut. Il était dans la ville ! Je me fis aussitôt indiquer l'auberge où était descendu le héros Couthon. Elle se trouvait rue des Boucheries, une tortueuse petite rue grise, sœur jumelle de celle de Clermont. Mais oui, citoyenne, c'est bien ici ! le représentant Couthon est descendu hier au soir ! On parut fort étonné quand je me déclarai son épouse. Le citoyen vainqueur de Lyon était sorti à bonne heure, pour une réunion avec le conseil municipal. Je dînai, sans que Georges parût. Mais soyez tranquille, citoyenne ! cet après-dîner, il manquerait pas être à Saint-Cerneuf ! Car, à ce qui paraissait, qu'il se préparait quelque cérémonie qui serait pas piquée des vers !

L'église était illuminée *a giorno*. Un parterre de torches, de cierges et de chaleils répondait en jaune aux lueurs tricolores s'écoulant des vitraux. La multitude portait coiffure, qui bonnet rouge, qui chapeau noir, qui bonnette blanche. Nul n'aurait oublié sa cocarde ! Devant l'autel, en lieu et place de prêtre, un homme, en habit et culotte noirs, fut présenté par le président de la Société, qui portait le pantalon rayé des sans-culottes.

« Citoyens, citoyennes, voici le docteur Clédières, qu'il a bien voulu éclairer des lumières de son art l'autel de la Révolution. Nous lui avons fait requête de bien vouloir analyser le contenu dedans cette ampoule, laquelle est soi-disant "sainte", laquelle était conservée en cette ci-devant église par les ci-devant prêtres, soi-disant qu'elle était douée du pouvoir de guérir radicalement les boîteux, les sourds et les muets, de rendre fécondes les femmes stériles qui se confessaient, qu'on se demande bien ce qu'y pouvait bien se passer dans ce foutre de confessionnal, et même soi-disant qu'étaient punis les dits sacrilèges qui osent y porter la main... »

Une vague de petits rires courait.

« Je veux dire : les ceux qui portaient la main à l'ampoule...

— T'y appelles comme ça, toi ? lança une voix gouailleuse.

— Bon, ça va ! vous m'avez compris !

Citoyen docteur, c'est à toi, maintenant ! »

Courageux, mais point téméraire, l'orateur présentait la fameuse ampoule sans la toucher. Il levait au-dessus de sa tête, à la vue de la multitude, une petite cassette vitrée contenant un coussin noir, sur lequel se trouvait l'ampoule.

Soudain soufflait, comme vent coulis, un murmure parmi la foule.

Georges, levé avec l'aide d'une pers... Suzanne ! C'était bien elle, qui lui prêtait son épaule blanche, son épaule à demi-dénudée. Car Georges, en s'appuyant, tirait la manche bleu de nuit.

Le représentant s'avança vers l'autel, se cala sur ses cannes. Il leva les deux bras vers le chœur, lequel était dénué de statue du Christ, ainsi que la plupart des églises desquelles on ôtait alors ces marques de la superstition.

« Citoyens, dit-il, voyez comme ma main ne se dessèche point à toucher cette prétendue relique du sang du Christ ramenée de Palestine. Le Christ, s'il exista, ainsi qu'on le suppose, ne fut autre qu'un bon révolutionnaire qui voulut le bonheur des pauvres. Comment pourrait-il, à distance de siècles, soigner où punir ? Voyez encore ! Mes jambes ne se guérissent point de leur paralysie ! Elles ne se transforment point en beaux mollets de jeune homme prêt à courir !

Hélas ! ajouta-t-il d'une grimace mi-mélancolique, mi-bouffonne. Je l'eusse préféré, croyez-le ! »

La foule murmura quand le docteur Clédières cassa l'ampoule sur un ciboire.

Il ouvrit une mallette de fioles multicolores. En silence, il accomplit des mélanges savants, versant quelques gouttes dans un verre, agitant, mirant à la lampe proche.

« Voici la conclusion de l'analyse accomplie conformément aux règles de l'académie et de la faculté de médecine :

Le contenu de cette ampoule, concluait l'homme de l'art, se compose de gomme térébenthinée prélevée sur quelque arbre commun et mise en solution dans de l'esprit de vin. »

Aaah ! fit d'un seul souffle l'assistance.

A l'auberge, je commandai un vin chaud en attendant le retour de mon époux et de Suzanne. La brûlure du vin apaisa celle de mon cœur et tempéra mon courroux. Après tout, c'était simple. Georges allait me reconnaître. Quand il entrerait, je me lèverais, le baiserais et lui donnerais le bras afin qu'il me conduise à notre chambre. Non mais des fois !

L'attente fut bien plus longue que je ne l'eusse souhaité. A six heures, comme ils n'étaient point encore de retour, je me fis à nouveau servir à manger. L'auberge était emplie pour le dîner. Puis, elle se vida peu à peu de ses dîneurs. Il faisait nuit épaisse dans l'étroite rue des Boucheries où se plongeaient les dernières pratiques sortant de la salle.

Un attelage fit enfler son ferraillement sur le pavé, s'arrêta dans les Hooo ! du conducteur. Des pas sonnèrent comme un tambour à deux caisses, un coup profond, un coup sec. La porte jaillissait, Georges, couvert d'une mante noire, entrait en claudiquant. Il était suivi de Suzanne, la gorge découverte par sa robe bleu de nuit.

« Vous ici ? dit-il, dès qu'il me vit.

— Bonsoir, fis-je simplement.

— M'expliquerez-vous votre présence ?

— Je vous expliquerai, si vous y tenez. Mais gagnons d'abord la chambre. N'êtes-vous point las ? »

Georges me dévisagea, regarda Suzanne, me fixa de nouveau. Je fus surprise de trouver de la froideur en ses yeux.

« Donnez une chambre à la citoyenne, dit-il à l'aubergiste, et demain, éveillez-nous pour partir bien matin ! Je suis fatigué, ajouta-t-il en se retournant vers Suzanne et moi. Il répéta dans un soupir : très fatigué. Vous voudrez bien m'excuser d'avoir à me coucher tôt. Nous avons demain route médiocre, si tant est, encore, que le ciel reste clément ! Et il nous faut être sans faute à Clermont dans la soirée.

Bonne nuit ! »

La route n'était point si mauvaise et le carrosse, attelé de sept chevaux, allait bon train. A la première heure, tout le monde somnolait. Le cheval de volée dansait à l'avant, suivant la large lanière de cuir qui déroulait ses méandres, escaladant les croupes de bronze, plongeant dans les lacs de coton. Nous occupions chacun un coin de la voiture, la tête ballottant sur le satin vert émeraude qui fonçait justement à l'endroit où frottaient les chevelures. J'avais entrouvert le rideau de mon côté. Par la fente coulait un jour vert d'eau. Ah ! il portait grand préjudice au teint de la belle citoyenne Mignot !

Un gros cahot nous fit sauter sur les banquettes, cogner les appuis-tête. George ouvrit les yeux, fuit les miens, et rabaissa les paupières. Suzanne regardait dehors par le rideau entrouvert.

Le cocher arrêta devant une église rousse, ouvragée de motifs en losange. Georges et Suzanne observaient l'église sans un mot. De la place où se trouvait la voiture, on voyait s'élever la face midi du transept. Toute d'ocre, de crème et de roux à cette heure, elle était un mélange de silence et d'agitation. Durant tout le temps que le cocher fut se désaltérer à l'estaminet de Chauriat, nous attendîmes. Des coups métalliques sonnaient, cependant que se dressaient paisiblement les contreforts ocrés flanquant les arches séparées de courtes colonnes à chapiteaux, soutenant un damier en losange, camaïeu de roux et de rouilles, coiffés d'une rosace de losanges ocre et roux, et enfin d'une croix de Malte qu'on distinguait à peine. Qu'est-ce ? Une couronne de lauriers la bâillonnait, lançant dans le ciel gris une oriflamme tricolore. Au-dessus, sur le polygone massif soutenant des restes de mur, couraient des silhouettes armées de pioches. Des maçons qui achevaient de détruire le clocher.

A Vertaizon, on s'arrêta pour faire ferrer un cheval. Quoiqu'il fût vers le midi, personne n'avait faim. Nous laissâmes le cocher avaler une soupe au relais, nous contentant de prendre le soleil en grappillant quelques grains de raisins sucrés oubliés dans la vigne voisine, buvant à la fontaine basse sous une arche de muraille. Georges s'assit sur une pierre, les jambes pendant près du bassin. Il leva la tête vers la colline d'où parvenaient des coups légers, assourdis par la distance. Là-haut également, on détruisait le clocher. Nous restâmes ainsi, observant en silence ce spectacle édifiant du petit puy coiffé d'une dominatrice église que l'on écrêtait.

Au Pont-du-Château, c'était toujours la même foule, disparate et bruyante, qui défilait de part et d'autre de la voiture. Pas possible, ce sont les mêmes qui passent leur temps à se promener de long en large !

« Plaît-il ? demanda Georges.

— Rien !... je... songeais. »

Par-dessus les pierres de la murette du pont, gris intact du Volvic ou beige du tuf creusé par l'affûtage des couteaux, maisons et château dominaient là-bas la rive concave. A mi-chemin, leurs semblables tremblaient dans le miroir dépoli de l'Allier, tremblant comme une peau de bœuf assaillie de mouches.

« Bien le bonjour, citoyenne ! s'écria le sans-culotte de la garde en me reconnaissant.

Ah ! mais c'est le citoyen représentant ! Vive Couthon ! Vive la Révolution ! » ajouta-t-il en agitant son bonnet rouge.

Par bonheur, il n'en dit pas davantage.

*

Père nous reçut du haut des marches du perron donnant à la grand'salle :

« Marie m'a prévenu de votre intention de loger au château. Un nouveau domestique a préparé vos chambres et un léger ambigu. Si ces dames et Monsieur le représentant veulent bien m'excuser, je voudrais maintenant me retirer. Vous aurez sans doute à parler révolution et je n'entends rien de bon, quant à moi, à ce sujet-là. Puissiez-vous y entendre davantage ! » jeta-t-il en s'éloignant vers les communs.

Georges arrivait à Orcet pour présider la fête donnée le lendemain en son honneur. Depuis quelques jours que nous étions à Clermont, je voyais Georges encore moins qu'avant son départ. Le vainqueur de Lyon allait de fête en fête, occupant le restant de ses journées à prendre et faire exécuter arrêté sur arrêté, concernant les changements de noms de lieux, la nouvelle fonderie de cloches, le battage des grains, la recherche des métaux précieux, les autodafés d'objets religieux, l'épuration de l'administration, la destruction des marques de la féodalité, et que sais-je encore !

Orcet voulant aussi fêter son héros, nous avions pris une voiture afin d'aller dormir à l'air du pays. Et Toinou ? Depuis le temps ! Je laissai Georges faire à Suzanne les honneurs de la terrasse, tandis que je faisais visite à ma mère et mon aîné. Celui-ci était en parfaite santé. Il parut faire peu de cas de ma visite. Celle-là était d'humeur bougonne. Tout était dans l'ordre ancien. En somme, la révolution n'entrait pas chez ma mère. Si elle pénétrait au château, elle se cantonnait de l'autre côté de la cour.

Les silhouettes de Georges et de Suzanne appuyés à la balustrade, se découpaient en sombre sur les liquides mandarine, émeraude et canari qui se jouaient au-dessus de la ligne brisée outremer des puys.

« C'est beau, n'est-ce pas ? J'ai passé mon enfance ici-même dis-je en m'approchant.

Que pensez-vous des restes de ce que j'ai aimé ?

— Les restes... dit-elle, un moment embarrassée, les restes, si vous parlez du château, ils sont intacts, ne vous plaignez point.

— Appelez-vous intactes les choses vidées de leur âme ?

— Vous ne vouliez tout de même point laisser les ci-devant comploter et continuer de régner dans leurs châteaux !

— Alors, on emprisonne tout. On les emprisonne tous. Ma mère adoptive, Marie Rochette, bien que divorcée de mon père putatif émigré, on l'emprisonne ainsi que criminelle convaincue. Dieu sait pourtant le tourment qu'a dû lui coûter le divorce[1] !

1. *Divorce* : la loi du 20 septembre 1792 (premier jour de la Convention) laïcisa l'état civil et institua le divorce. Des épouses d'émigrés furent contraintes de divorcer pour se disculper d'être « suspectes ». La loi est cependant l'acquisition d'une des libertés essentielles du droit contemporain (elle prévoyait trois cas : consentement mutuel, incompatibilité d'humeur, mauvais traitements).

— Marie, j'ai déjà tenté une démarche, intervint Georges. Je vous promets qu'elle sera libre avant la fin de l'année.

— Libre !... et de quoi, mon Dieu ? Elle, si attachée à cette maison, sans pouvoir la rejoindre ! Elle, si croyante, sans pouvoir se rendre à l'office dans les églises devenues salles de réunion !

— Entendez-vous votre propre épouse, citoyen représentant ?

— Enfin, Marie ! vous entendez-vous seulement vous-même !

— Si je m'entends ?... Toutes ces arrestations, toutes ces destructions !

— Vous êtes bien placée pour savoir ce que nous édifions. Votre souci de faire exécuter à la lettre mes ordres pour l'approvisionnement en grains a heureusement nourri le département. Quant aux arrestations, je fais mettre aux arrêts beaucoup moins qu'on le dit. Et je fais beaucoup libérer, savez-vous ? Les neuf condamnés pour la révolte de Vollore sont libres, à l'heure qu'il est.

— Je sais !... je sais.

— A mon goût, il n'en faudrait point trop relâcher, intervint Suzanne. Les anciens du directoire de Clermont ont comploté contre la République une et indivisible. Ils doivent être châtiés à Lyon !

— Doucement, m'amie. Laissez-moi mener cette affaire. La plupart sont innocents, entraînés qu'ils furent par un ou deux responsables. Il faut épargner les innocents. De plus, il importe que la Révolution construise davantage qu'elle ne détruit. Ainsi, pour les châteaux...

— Parlons-en ! Pas un qui soit abattu ! A quoi servent vos propres arrêtés selon quoi il faut détruire ces monuments qui *« blessent la vue de l'homme libre et outragent la Révolution » !* De même pour les églises ! Ce n'est plus de l'indulgence, c'est du laxisme ! De même, à Lyon, vous eûtes mieux été inspiré d'exécuter le décret de destruction, plutôt que cette mascarade où vous vous contentâtes de frapper symboliquement une maison de Bellecour avec votre petit marteau ! Si les sans-culottes ne détruisaient pas eux-mêmes les clochers, en vérité, tout serait intact ! et l'on se demanderait s'il y a bien une révolution !

— Vous, vous n'hésitez à détruire, je sais ! dit-il. Vous avez allégrement mis fin à vos relations avec Mignot et l'on dit que vous allez exigeant le divorce tambour battant.

— Ma vie me regarde ! dit Suzanne, non sans une blancheur d'émotion dans la voix.

— Pardon ! dit Georges en baissant le ton. Je vous prie de m'excuser, Suzanne, mes paroles ont dépassé...

— Revenons au sujet, voulez-vous !

— Je n'aime pas les destructions, ajoutait-il le sourcil froncé. Elles foulent aux pieds le travail de l'Homme, elle violentent la Nature.

— Ce que l'on détruit, dis-je en plantant mes yeux dans ceux de Suzanne, en connaît-on le juste prix ?

— Ma bonne, rétorqua-t-elle, si l'on raisonnait toujours ainsi, l'on ne changerait jamais rien ! Qui vous dit que le nouveau ne vaut pas au centuple l'ancien ?

— Qui vous dit qu'on ne tienne au passé ?

— Les vrais révolutionnaires ne regardent pas en arrière !

— Petite Marie, ouvrez les yeux, voyons ! reprenait-elle en ricanant. Vous excellez de la parole, mais vous avez la vue courte ! Au diable l'arrière, vous dis-je !

— Et moi, je vous dis que cet arrière, il pourrait fort bien vous échauffer votre derrière !

— A ce qu'il paraît, ce dont souffre votre derrière à vous, c'est justement de n'être point chauffé !

— Comment ?

— Vous hurlez ainsi qu'une femelle privée de mâle !

— Ma pauvre fille ! croyez-vous que durant que vous allâtes à Lyon avec Georges, je fusse en peine d'avoir un mâle ?

— Vous êtes jalouse ! Vous crevez de jalousie !

— Jalouse d'une catin et d'un infirme ! Ha ha ! »

Suzanne tourna la tête vers Georges, se mordit la lèvre, comme si elle eut elle-même prononcé mes paroles.

Georges fourrageait obstinément dans les braises avec un pique-feu. Sa tête s'enfonça dans ses épaules. Il se tassa comme un bonhomme de neige fondant au soleil.

Idiote triple idiote ! J'avais mal au cœur. Je n'avais plus de cœur. Mais comme j'avais mal ! Un grand abîme, à la place du cœur.

Je courus près de Georges, me laissai tomber à genoux à son côté, lui pris la main. Elle était chaude. Je ne réagis point, je n'eus pas même de sentiment, lorsque Suzanne vient prendre l'autre main. Nous restâmes ainsi longtemps. Puis, j'ai approché la grande bergère, la tirant sur les dalles. Nous nous y installâmes tous trois.

Le feu s'assombrissait, passait à la framboise, au bordeaux. Alors, l'une de nous ajoutait une grosse bûche, soufflait pour ranimer les flammes mandarine et l'on recommençait à somnoler, la main dans la main. Au lever du jour, j'avais les jambes nichées sous ma robe. Le feu était un amas de cendres et de braises, ténèbre où pustulaient des traces de fusion. Nous étions serrés tous trois l'un contre l'autre, Suzanne d'un côté de Georges et moi de l'autre.

« Citoyens, citoyennes, mon émotion est grande de parler dans notre pays si cher à mon cœur. Vous avez manifesté le désir que je vous conte la prise de la ci-devant Lyon ? »

Paysans en grosse veste laine brune, en blouse de chanvre blond, femmes en cadi chiné brun et blanc, bourgeois en habit noir et culotte blanche, tous rassemblés ce matin, approuvaient de la tête, écoutaient religieusement.

« Sachez que votre pacifique compatriote milita sans cesse afin que la ville fût prise de vive force[3]. Aux généraux qui alléguaient des risques, je répondais : je n'entends

---

2. *Vive force* : nom donné à la tactique d'assaut en masse immédiat, préconisée par les partisans de la guerre populaire.

rien à la tactique militaire, mais ce que je sais bien, c'est que l'armée du peuple est là, c'est que cette armée veut prendre Lyon, et que la vive force est le seul moyen qui convienne à la toute-puissance du peuple !

Ainsi faut-il en user, pour l'essentiel, de la Révolution. Nos fils ne nous pardonneraient point d'avoir raté le coche par indécision. »

L'assemblée se tenait entre le château dont le portail béait, montrant sa cour déserte, et l'église dont le clocher était rapetissé, comme blessé.

« Cependant, nous devons dans le même temps user de mesure. Vous avez tenu à me recevoir en m'offrant la vue du clocher détruit. Vous avez ainsi abattu le signe de l'idolâtrie. Il faut maintenant construire. Je vous propose que nous décidions tous de grands travaux afin d'amener de l'eau pure à nos fontaines. Il nous faudra de l'argent. Je le demanderai au Comité, dès mon retour à Paris. Il nous faudra des bras. Je vous les demande dès aujourd'hui. »

Georges parlait debout, le dos calé contre le tronc d'un tilleul déjà effeuillé. Son habit de représentant, bleu nuit, luisait soudain des reflets de l'écharpe rouge et blanche, sous un rayon de soleil. Les plumes tricolores du chapeau frémirent dans un souffle de vent. Il sourit quand l'ovation salua ses derniers mots.

*

C'était grand banquet pour couronner les cérémonies de la nuit du triomphe de la Raison, ce 30 brumaire an II. Partout en France, on fêtait la fête de la Raison. Les sans-culottes avaient obtenu de l'Assemblée un décret selon lequel toute commune pouvait renoncer au culte et affecter l'église à un autre usage. Le torrent révolutionnaire décoiffait les clochers, balayait les rues et festoyait allégrement.

Deux solides marmitons entrèrent en portant à l'épaule une broche sur laquelle fumaient trois cochons de lait rôtis.

Mon voisin, compagnon tanneur de Jaude, emplissait encore mon verre de vin des Martres.

« Va, la petite dame, y te fera pas du mal, çui-là ! »

Face à moi, Maria, en caraco de laine multicolore et le cheveu ramassé dans un bonnet cerné de dentelle du Puy :

« Moi v'aime bien la Vaison ! » déclarait-elle, la bouche pleine à mordre à belles dents, tout en fermant les yeux, dans un quartier de gigot. A son côté, son beau-frère, l'ouvrier tanneur, approuvait de la tête, face au compagnon qui, à ma droite, me servait du vin. A ma gauche, Georges, souriait de ravissement, en chemise blanche, la cravate défaite et le jabot entrouvert. Sa veste bleue de représentant était tombée sur le dossier du fauteuil.

Un homme se leva, la chemise ouverte sur le poitrail roux, vida son verre au « citoyen vainqueur de Lyon », On protestait, on corrigeait :

« Commune-Affranchie, citoyen, Commune-Affranchie[3]. Il ne te viendrait plus à l'idée de causer de Pont-du-Château ni du boulevard du Séminaire ? Tu dis Pont-sur-Allier et boulevard de la République, tu dois dire : Commune-Affranchie !

— Ouais et le Justou, lui, il en connaît une qu'on y parle de notre représentant. Justou ! chante-z-y ! »

Justou était un bel adolescent, les boucles blondes en bataille. Il monta sur le banc pour attaquer, la voix racleuse en train de muer :

Contre vos épouses chéries,
Exemple des autres cités,
Déjà les muscadins impies
Préparaient mille cruautés
Ces brigands
Dans nos champs
Ne croyaient pas rencontrer un seul homme.

3. *Commune-Affranchie* : nouvelle appellation de Lyon.

Entraîné par son rythme, le jeune homme balançait les bras ainsi que s'il marchait au feu, levant le nez d'un air martial :

Ils voulaient,
Ils comptaient
Tout piller, dévaster, embraser.
Couthon parle et le Puy-de-Dôme
S'ébranle pour les écraser.

Il reprenait ainsi le chant qui s'était élevé quelques instants plus tôt dans le temple de la Raison[4]. Cela était monté le long des piliers dénudés, les statues et les peintures ayant été ôtées, comme l'on avait raccourci les tours afin de ramener l'orgueil chrétien à de plus justes proportions. Ce chant ramenait à l'esprit l'oraison funèbre qui avait inauguré le buste de Chalier[5]. J'étais fort émue de cette mort injuste, comme de celle de l'Ami du peuple. Il n'y avait rien de plus touchant que de mourir ainsi pour ses idées. Moi qui ne savais depuis longtemps plus prier, je m'agenouillai devant les portraits des trois martyrs de la République : Le Peletier, Marat et Chalier. L'atmosphère ténébreuse du temple et la force du moment me faisaient pleurer nos trois héros. J'observais leurs physionomies inspirées. Ils étaient les modèles, l'incarnation de la trinité révolutionnaire : *Liberté - Égalité - Fraternité.*

La fête avait commencé dès 9 heures à la Société. Les trois représentants furent accueillis par des déclarations dévoilant la face hideuse de l'aristocratie et du fanatisme. Suzanne et moi accompagnions Georges qui présidait avec certaine discrétion, malgré les vivats éclatant sur son passage. Il prit la parole pour communiquer l'arrêté sur « les riches égoïstes » : une somme de douze cent mille livres serait levée sur leurs deniers et utilisée pour aider les indi-

4. *Temple de la Raison* : ex-cathédrale.
5. *Chalier* : maire montagnard de Lyon, exécuté par les royalistes et les fédéralistes insurgés.

gents et pour subventionner l'éducation. Il publia également l'arrêté qui dotait aux dépens de la République « quatre jeunes filles vertueuses ».

L'orgueil de la religion, qu'en était-il, après l'autodafé place de Jaude ? Vers midi, alors qu'on sortait du Temple, des bandes masquées couraient déjà la ville. Devant les Cordeliers défilait un cortège composé de gens qui portaient des statues et des croix, certains étaient masqués de figures de loup, de têtes de coqs, d'autres déguisés de chasubles, de surplis, de culottes et de collets ecclésiastiques, d'autres encore qui traînaient Notre-Dame du Port la corde au cou, d'autres un âne recouvert d'une chasuble, d'autres un bouc portant chapeau de curé coincé entre les cornes. Un groupe, enfin, conduisait un tombereau chargé d'objets divers parmi lesquels on distinguait des livres.

Georges, le sourcil froncé, nous invita à suivre le cortège et intervint afin que l'on épargnât les livres :

« Non, ne brûlez pas les livres. C'est grâce à eux, qu'il y a la révolution !

On en fera une bibliothèque pour le peuple », nous confia-t-il en *a parte*, tandis que le bûcher ronflait de tout ce qu'on lui jetait : les images, les statues, les vêtements... Devant le bûcher trônait la « déesse Raison » : une grande jeune fille dont la chevelure brune dénouée coulait sur le sein nu, lequel la trouait d'un bouton ocre, et ruisselait sur la robe blanche serrée sous sa poitrine.

A table, la « déesse Raison » faisait face au représentant. Elle mangeait peu, souriait quand on lui parlait, ne disait mot. Elle avait passé une mantille sur ses épaules, laquelle recouvrait également sa gorge.

On demanda à Georges de chanter sa *Litanie des saints*. Il se leva, non sans peine, la dédia à la déesse et poussa la chanson avec vigueur :

... Ah ! plus vous serez gros et gras,
Plus vous produirez de ducats

Dans la fonte avec l'antimoine.
Vos cris sont superflus
Vous serez tous fondus ;
Grands saints
Dans le creuset
Tombez, c'est le décret.

Toute la tablée reprenait le refrain. J'avais entendu dire comment on récupérait ainsi des milliers de livres de métal, mais je ne connaissais point ce refrain. Je regardais les autres chanter, se balançant, criant à tue-tête.

Georges s'appuyait des deux bras sur la table, afin de se dresser.

Derrière lui, Suzanne, tout comme moi, observait. Elle avait ressorti pour la circonstance une « mise à la Constitution » comprenant un bonnet demi-casque de gaze noire qu'elle avait déposé derrière elle pour manger. Ses cheveux châtaigne se relevaient en boucles pour montrer son cou fort blanc. Il n'était anormal que Georges la regardât souvent ! Ses épaules se voilaient sous un fichu en chemise de linon, allant se perdre dans une ceinture nacarat aux franges tricolores. Sa robe d'indienne très fine se parsemait de petits bouquets bleu, blanc et rouge. Joli spectacle, en vérité !

A cet instant, comme si elle eût pu entendre ma propre pensée, Suzanne tournait la tête vers moi, m'apercevait, me souriait.

Cependant, Georges, achevait sa chanson.

Nous n'aimerons que les vivantes
Les vivantes nous aimeront,
Et nos neveux qui surviendront
Se les choisiront pour amantes.

On criait : « Oui ! ça est ! vive l'Aristide[6] ! » On reprenait en chœur le refrain. Les yeux de Suzanne, où le gris-bleu chatoyait comme fourrure de vair, me fixaient en s'agrandissant. Ses lèvres m'adressaient un sourire

6. *Aristide* : nom romain adopté par Gorges au retour de Lyon.

intense, à la fois bon et sérieux, complice, un sourire que je lui rendis, sourires de femmes.

C'est ensuite que je crus devoir demander la parole pour la « déesse ». Eh bien ! citoyens mâles, ouvrez vos oreilles, la femme parle ! J'étais très satisfaite d'avoir trouvé cela. Très. Alors, je vis la « déesse » rougir, jeter des regards éperdus de tous côtés et, comme se vouant à moi, glisser entre ses lèvres à mon intention :

« Sa pas... sa pas parle le France... escuse me... escuse me ! »

Aussitôt, Suzanne s'était levée à son tour.

« Je vais parler au nom de la femme, la « déesse », comme l'on dit, puisque celle-ci ne connaît point le français.

Les femmes, nous sommes de tout cœur dans la Révolution. Nous nous battons autant que les hommes. Nous y mourrons tout autant... Nous n'allons point au champ de bataille, parce que l'on ne nous y a point voulu envoyer. Dans la Révolution, nous nous sommes jetées à corps perdu. »

Bon ! bon !

Ouais ! vivent les femmes !

« Mais je voudrais aussi dire une chose. Vous avez noté que notre « déesse » de la Raison ne parlait pas. Eh bien, je voudrais vous conter une petite histoire. Je l'ai un jour apprise dans un livre de Denis Diderot. Cela se passe sous le régime ci-devant. Dans ce temps barbare, un sultan se permet de faire poser à sa femme certaine « muselière » pour empêcher d'agir et de parler le « bijou » de cette femme. Cette histoire vous semble digne des vandales ? Eh bien, croyez-vous que réduire les femmes au silence par la muselière de l'ignorance soit aujourd'hui moins barbare ? Voyez cette jeune beauté, sa belle bouche ne lui sert à rien...

— Eh bé ! interrompit une mâle voix gouailleuse, je sais bien à quoi elle me servirait, si elle voulait venir chez moi, la "drolle" ! »

C'était mon voisin, le compagnon tanneur. Alors, Maria jaillit comme un beau diable et lança à l'homme :

« Tais-toi donc, pauvre ! que tu parles et que tu parles et ta femme, elle crie à tous les vents que t'y fais pas même rien !

Et vous, dit-elle à la cantonade, le menton haut et les mains sur les hanches, vous, les hommes, écoutez-moi un peu ! A ce qu'y paraît qu'à la capitale on fait que faire taire les militantes, qu'interdire les clubs de femmes, que refuser les délégations féminines. On dit même plus : que la Mère Roland qui se faisait entendre serait guillotinée ! Méfiez, les hommes ! Méfiez qu'à force de nous museler, nous interdire et nous emprisonner, y viendra quelque jour qu'on pourra plus rien faire avé la bouche, ni avé rien, ni même rien non plus avé le bijou ! »

*

« Restez avec nous, Suzanne. Vous n'allez pas rentrer seule par ce froid.

— Merci, Marie, dit-elle en me donnant un sourire. »

A la sortie du banquet, la Bise nous avait giflés. Elle annonçait l'hiver. Ce fut un frisson général. On était encore en vêtements légers. Aussi, quoiqu'on ne fût guère éloignés de la rue du Touraud, on avait pris une voiture pour gagner la maison.

J'attisai les braises. Le soufflet haletait ainsi qu'un animal traqué. Agenouillée sur le carreau, je le sentais devenir de glace à travers la minceur du coton de ma robe. Le feu claqua et se dressa comme une ombrelle retournée par le vent. Enfin, on allait avoir chaud.

Il me suffit de tourner la tête par-dessus l'épaule pour apercevoir Georges, debout à ma gauche. De l'autre côté, par-dessus mon autre épaule, Suzanne se tenait à ma droite.

A l'arrivée, Georges ayant déclaré avoir encore du travail, Suzanne et moi avions d'abord fait du café pour le monter au chambres. Ainsi, lui ayant laissé sa tasse sur son bureau, nous nous étions trouvées toutes deux dans ma chambre. La tête lourde, la poitrine encore embrasée de boisson, les épaules prises de l'humidité de la maison, je frissonnai derechef. Comme Maria avait bien préparé le bois, nous avons allumé le feu, toutes deux accroupies, tendant les mains à la flamme qui commençait à sourdre, puis gicla. Nous servîmes le café devant le feu, les tasses bleues fumant sur l'âtre roux. Les flammes et le liquide brûlaient dans la nuit glaciale. J'étais un mélange de glace et de brûlot.

Georges, qui commençait à avoir les doigts gourds, accepta tout de suite de nous rejoindre. Durant que Suzanne l'aidait à ramasser des feuilles et à passer dans ma chambre, j'étais descendue tirer le verrou.

Lui, il se soutenait donc, la main sur une canne, un cahier de feuilles coincé sous le bras. De l'autre main, il s'accrochait à la poignée de la fenêtre où il se découpait sur le damier bleu de roi de la nuit. Qu'il était fragile ! Comme s'il ne tenait debout que grâce au rigide costume de représentant, faisant office de corset ! Elle, droite et posée comme une poule fière, la poitrine en surplomb renflant fortement le fichu en chemise de linon, elle souriait, campant devant le basin jaune du lit, son corps voilé d'indienne et décoré de petits bouquets bleu blanc rouge.

« Tenez ! installez-vous là ! » dis-je à Georges en roulant le fauteuil devant le feu. C'était un fauteuil à trois roues envoyé de Lyon par Javogues.

Après l'avoir aidé à s'asseoir, Suzanne s'attardait à ses côtés, laissant lécher ses mains par le foyer. Je m'approchai également, de l'autre côté de Georges qui trônait ainsi au milieu de nous deux.

« Belle fête de la Raison, n'est-ce pas ? dit-il.

— Oui... répondis-je.

— Vous voulez parler de *le* raison ?

— Plaît-il ? dit Georges.

— Pourquoi employer un féminin pour désigner un événement masculin où les femmes ne se virent accorder que des rôles de tapisserie ?

— Du diable si je vous ent...

— Vous m'entendez fort bien ! coupa-t-elle, agacée. Votre fête était une fête mâle. On eût dû nommer cela... gala de l'entendement ou du jugement ou que sais-je ?

— A la fin, Suzanne intervins-je, qu'y pouvons nous, si les plus grands héros de notre Révolution sont des hommes ? Voulez-vous changer ceci par simple décret ? »

Suzanne marcha vers moi, posa ses mains sur mes épaules. Ses doigts frais tirèrent des traits vifs sur mon cou.

« Vous ne devriez défendre les hommes, Marie ! A cette heure, à Paris, l'on enferme et l'on exécute les femmes.

— Certaines sont coupables, dit Georges.

— Ce n'est pas de quoi il est question.

Article premier : Les clubs et les sociétés populaires de femmes sous quelque dénomination que ce soit sont défendus.

Voilà ce que les représentants viennent de pondre !

— En pleine Terreur, ce n'est pas si sévère...

— Mais ce n'est pas fini ! La Commune et le Conseil général de Paris ne veulent plus connaître de délégation féminine.

— Il est vrai. Mais ne dramatisez point. C'est le fait d'une période grave amenant des mesures d'exception. Quand cela ira mieux, je parie qu'on laissera de nouveau la bride sur le cou aux citoyennes militantes.

— Dites plutôt la corde au cou ! Quand on est femme, la politique vous mène plus aisément à l'échafaud qu'au fauteuil de président ! Et quant au reste, c'est plutôt au tabouret de cuisinière que tout cela nous mène... »

Suzanne me dominait d'une demi-tête, dans le miroir du trumeau auquel nous faisions face, sur la cheminée. De mon visage, seuls mes yeux noirs attentifs entraient dans le cadre doré, sous la couronne d'ébène des cheveux. Le visage passionné de l'autre s'étalait, se tendait, les joues creuses et le nez affilé, le regard perdu au-delà des médaillons qui se reflétaient en profondeur.

« Moi, reprit-elle, je suis prête à vous parier que ce n'est point le hasard, si Amar soutint à la Convention que l'homme est seul capable de méditations profondes et sérieuses[7]. Votre assemblée d'hommes est plus inique pour le sexe que pour la couleur !

— Par bonheur, nous sommes seuls ici, s'écria Georges ! Vous nous feriez prendre pour contre-révolutionnaires !

Tout de même, ajoutait-il en baissant le ton, oubliez-vous que notre Révolution est celle des philosophes ?

— Nullement, mon ami, et c'est justement ce qui me rend pessimiste. Notre bon Jean-Jacques, le père de la Révolution, assura qu'"il est dans l'ordre de la nature que la femme obéisse à l'homme".

— Hélas ! Que n'ai-je joui de cet ordre ! Car je ne sache point avoir eu l'honneur de le vivre, ni au passé, ni au présent. »

Nous commençâmes, les deux femmes, à ricaner fraîchement. Puis, peu à peu, le rire s'échauffa. Nous finîmes par rire tous trois de concert, Georges tressautant sur son siège, moi renversant la tête et Suzanne se tenant le ventre ainsi que la bouche.

Elle riait, mais elle riait !

Suzanne s'était assise, encore secouée de rire, aux pieds de mon époux. Elle m'agaçait, à continuer de s'amuser d'un trait qui n'en méritait pas autant ! Je fis le tour de Georges, me plaçant à sa gauche. Près de moi, les carreaux de la fenêtre découpaient des parts de nuit bleu de roi semées du sucre des étoiles. Les toitures d'en face luisaient d'une gelée transparente recouvrant leur couche de chocolat d'où descendaient les amoncellements confits des

7. *Amar* : fit ce discours le 9 brumaire (30 octobre 1793) où il théorisa l'inégalité des sexes, exprimant un antiféminisme courant chez les sans-culottes et notamment à la Commune.

murs en pâtes d'abricot, de coing, de poires et de pommes. Georges et Suzanne se regardaient. Soudain, les murs furent aspergés d'encre, les toits de suie. La lune se cachait. Le ciel était envahi par les ténèbres glacées.

Lorsque je vis s'approcher le rouge carrelage du sol, je compris que j'étais en train de choir.

Les grands yeux de vair de Suzanne furent sur moi. Elle souriait un peu. Elle passait sa main sur mes tempes, mes joues.

« Que m'arrive-t-il ?

— Vous avez manqué heurter le carreau de la tête. Par bonheur, j'ai pu vous retenir. Marie, voyons Marie, à quoi bon ce transport ! On vous aime. Il vous aime.

— Je vous écoute, dis-je d'un souffle.

— Aussi vous parlerai-je avec le cœur. Je ne vous le cèlerai point, Marie, j'aime Georges. Mais je ne vois en cela raison de s'attrister. Bien au contraire ! Plus je songe à cet amour, et plus j'y trouve raison de nous réjouir.

— Cela est à voir... Me réjouir que vous aimiez mon époux...

— Tout à fait. Georges a tant besoin d'affection...

— Sans doute. Mais... »

Elle se rassit devant la flamme, entoura ses genoux de ses bras croisés, laissa son regard reposer sur le feu. Puis, elle dit, d'un ton fort doux :

« Une femme a le droit naturel d'aimer un homme. Elle ne commet de faute en l'exerçant. A condition qu'elle n'en fasse point le malheur d'une autre.

— Dans la philosophie, nos droits sur Georges ne s'excluent pas, je l'entends fort bien. Mais qu'en sera-t-il de la pratique ? »

Je me baissai pour tisonner les bûches, méthodiquement, piquant de place en place, depuis la gauche vers la droite. Puis, je laissai le tisonnier, frottai mes mains, afin d'en chasser la poussière.

« Georges, coupai-je le silence, qu'en dites-vous ?

— Le philosophe assure que dans l'ordre de la nature,

nous avons droit à la jouissance de quiconque. C'est pour le bonheur et la jouissance de tous, et non d'un seul que nous a été donnée une femme.

— Voici qui est pratique ! dis-je à l'adresse de Suzanne. Les hommes ne désirent rien moins que les femmes soient toutes courtisanes !

— Point du tout ! répliqua-t-il.

— Cependant, à y regarder de tout près, il y aurait bien quelque chose de cela ! reprit Suzanne en ricanant.

— Ce n'est point cela, non !

— Vraiment, ajoutai-je, la femme pour le bonheur et la jouissance de tous ! et vous ne songeriez point à la courtisane ?

— Par jouir, j'entends une joie qui ne se peut rencontrer dans le foutre à la sauvette. Jouir, le plaisir supérieur, la joie dans l'échange, la communion dans le don, c'est là une fin qui ne s'atteint qu'au prix d'un grand commerce, au terme d'une profonde quête, comme faisaient les troubadours.

— Nous avions bien entendu, mon ami. Ce n'était que pour vous plaisanter, dis-je.

— C'est que nous n'aimons guère, ajoutait Suzanne, que votre philosophie vous attribue la propriété des femmes, tout comme votre Révolution refuse à ces femmes l'accès au pouvoir !

— Je répète qu'il ne s'agit ici que de la jouissance et non de la propriété ; je n'ai nul droit à la propriété de cette fontaine que je rencontre dans mon chemin, mais j'ai des droits certains à la jouissance ; j'ai le droit de profiter de l'eau limpide qu'elle offre à ma soif ; je n'ai de même aucun droit réel à la propriété de telle ou telle femme... »

Je le coupai.

« Mais si vos raisonnements lui font couler des larmes, à votre fontaine, au lieu de lui faire couler le miel du plaisir ? »

Il poursuivit du même ton. Nous l'écoutions maintenant,

le souffle retenu, les yeux fixés sur lui. Il nous parlait, disait-il, non point comme au faible, mais comme à qui accède à la majorité. Il nous parlait ainsi que le secrétaire de la section des Piques, auteur du pamphlet : *Français, encore un effort si vous voulez-être républicains.*

« Je voudrais écouter un époux, non un secrétaire de section...

— Elle a raison, ajouta Suzanne. C'est à l'homme que nous voulons avoir affaire.

— Eh bien, s'exclama-t-il, l'homme est à votre disposition ! »

Je ferrai maintes fois le vin additionné de miel et de cannelle, en y plongeant le pique-feu porté au rouge, tandis que Suzanne fermait précautionneusement toutes les portes. Alors, le chandelier soufflé, nous servîmes sur la table de nuit les grands bols de vin chaud fumant.

Nous nous trouvions ainsi tous trois dans l'orbe de lumière jaune entourant la chandelle. Nous échangions des regards chauds, des sourires aux lèvres s'exhalant. Nous baignions dans un commun bain bouillant d'aromates, d'essences volatiles. Dans l'orbe lumineux, nous étions à l'abri des ténèbres de la chambre, du froid des rues, de la nuit de la nature.

Georges était allongé sur le lit, recouvert du gros édredon de basin jaune. Il se laissait caresser de ma main la racine lissée des cheveux, le palpitement des tempes, l'animalité des oreilles. Cependant, il fouillait avec délectation la chevelure de Suzanne. Parfois, il levait les yeux au ciel. Il n'avait pas changé sa coiffure d'un pouce, si ce n'était que, sur ses rouleaux ouverts en mèches désordonnées de chaque côté, l'argent des soucis avait remplacé la poudre d'autrefois. Il gardait une sérénité dans une ébauche de sourire où les commissures de la bouche s'effaçaient dans les joues. Mais son nez s'était aiguisé, ses joues creusées, ses arcades sourcilières décharnées. Parfois, il nous regardait tendrement, fortement. Il souriait de son demi-sourire serein.

Soudain, il ferma les yeux. Un frémissement fit trembler ses paupières. Les coins de sa bouche se crispèrent.

Suzanne avait le bras sous l'édredon. Je plongeai à mon tour ma main dans la chaleur du lit. Mes doigts rencontrèrent ceux de Suzanne, cueillant dans un buisson de bruyère, un petit animal chaud et palpitant.

CINQUIÈME CAHIER

LES MOIS ÉCARLATES
(début ventôse-fin prairial an II) [fin février-début juin 1794])

XVII

ANTOINE
(début ventôse-mi-germinal an II)
[fin février-début avril 1794])

« Oh ! qu'elle est belle ! » s'exclama Élisabeth à mon entrée dans la salle à manger de Duplay.

Vraiment ? J'approchai un peu du miroir que la mère Duplay frottait chaque jour, au-dessus de la cheminée. Mon visage était bien celui que j'avais toujours eu, depuis l'âge de m'observer avec des yeux de femme. Ni plus beau ni plus laid ! Pourtant, il se contrastait. Sur l'ivoire ombré par les années, s'appuyaient les traits noirs des longs cils, des sourcils arqués, de la chevelure naissante. Un très léger coup de crayon de ride naissait, estompé aux tempes par le sourire.

Depuis le retour à Paris, il y avait de cela trois longs mois, les choses de la vie, et celles de la Révolution avaient mûri, comme un fruit mordu de soleil, déjeté par les vents, bastonné par la pluie. Tant, qu'elles en étaient plutôt gâtées ! De l'envie de tout, j'étais passée presque au dégoût. Dès cinq heures du matin, les queues s'étiraient devant les boulangeries, souvent dans la neige ou sous la pluie glaciale, avec les échenés qui vous jetaient de l'eau glacée sur la gorge. On battait la semelle. On toussait. On s'injuriait. Les dix-huit livres par jour que Georges recevait, ainsi que chaque conventionnel, ne nous dispensaient point, Maria et moi, de rechercher le pain, le savon et la chandelle taxés. Car le marché noir était à prix fous. Et puis, la femme de Couthon, faire le marché noir !...

A l'arrivée dans la capitale, Georges, avait d'abord et d'enthousiasme soutenu comme Danton un Comité de clémence. La Terreur semblait chassée de la rue. Mais l'accalmie n'était qu'apparente. Ailleurs, on se battait, Saint-Just était aux armées du Rhin. Il menait en personne les assauts. On prenait Toulon. On enlevait Marseille. On livrait bataille aux chouans, devant le Mans. La menace de l'étranger restait pointée. Repoussé peu ou prou hors des frontières, l'ennemi restait là. Il fallait se battre. Attaquer pour n'être point étouffé. Le Comité de salut public ne s'y trompait pas :

Les règles générales sont d'agir toujours en masse et offensivement... d'engager en toute occasion le combat à la baïonnette et de poursuivre constamment l'ennemi jusqu'à sa destruction complète.

La victoire ou la mort ! En ce début de ventôse an II, on vivait un roulement de tambour au cœur.

Mais cette affaire de la Compagnie des Indes ! L'arrestation de Fabre ! Fabre d'Églantine ! Poète du calendrier, toi à qui l'on doit, ainsi qu'à l'ami Gilbert Romme, d'en avoir à jamais fini avec les mois grégoriens, autant dire antédiluviens ! pour vivre ces beaux mois nouveaux aux nombres réguliers et aux doux noms de la Nature ! Ah, ce calendrier de l'avenir ! Comme il est propice à s'envoler vers le passé et comme y sont chauds les souvenirs ! La musique d'un nom... la porte d'un songe s'ouvre.... Vendémiaire...

Il y a quelque quatre mois, nous sommes à l'équinoxe d'automne, 22 septembre 1793. Dans la campagne d'Orcet, je chevauche près le chuintement des pas de la pouliche portant mon père, la tête ouatée de vin, le cœur trébuchant de joie, caressée par cet air épaissi de la nuit et cet or dépoli de ses yeux dans le noir. Il est minuit. L'épaisseur et la moiteur de l'atmosphère se chargent d'arômes violents et subtils, ceux de la vendange promise. De la terre émanent les miasmes brumeux. Des puys commencent à ruisseler les premières coulées de la bise glaciaire. Vendémiaire ! l'ère nouvelle commence. Je l'ignore. Je le sens !

Quelques jours plus tard, la Convention avait adopté le calendrier républicain qui faisait de cette nuit dans la nature d'Orcet : le premier vendémiaire an II.

Mais alors, dans la salle à manger de Duplay, c'était en ventôse. Depuis l'arrestation de Fabre, le calendrier était entré dans l'hiver morose, maculé de saleté par-ci, de sang par-là. La République était tachée. Jacques Roux l'« enragé », compagnon de Rose Lacombe, se venait de suicider en sa prison. Avec ces héros morts, ceux qui étaient rivés au banc d'infamie, les autres héros avaient les mains sales. Georges, abattu, cloué au lit, souffrait de coliques, de maux de tête, de vomissements, de faiblesse. Parfois, il réussissait à écrire. Parfois, il me dictait le courrier. Il était si accoutumé à lutter contre la maladie ! Parfois, vaincu malgré tout, il passait la journée prostré, sans un mot, les yeux lointains, ainsi que s'il eût perdu la raison.

Et moi, étais-je si assurée de garder toute ma raison ? Que pouvais-je entendre à la Révolution qui avait commencé un beau jour de soleil de juillet et qui s'enlisait alors dans les frimas putrides ?

Fin novembre, la voiture quittant Clermont avait peu à peu effacé le moutonnement d'outremer et d'ardoise des puys face au soleil levant. Je m'étais efforcée de conserver intact le souvenir de Paul-Gilbert. Les boucles d'argent, le front boucané, les yeux verts, les arcades robustes ! Les boucles, le front, les yeux, les arcades !

Mais, sans nouvelles, peu à peu l'image devint floue. Depuis, c'était le désert d'amour, Georges toujours malade, ou absent. Après l'ivresse sensuelle de l'automne en Auvergne, la froideur et l'obscurité de l'hiver à Paris !

Je rêvais chaque nuit. Rêves d'automne torride, pareils à l'automne auvergnat ! Le matin, j'avais parfois honte. Pire, j'en vins à rêver tout éveillée ! Imaginez qu'un jour, passant en voiture devant le dôme du grand escalier du Louvre, j'aperçus distinctement un immense appendice d'homme qui se dressait lentement et majestueusement au-dessus de Paris. Il était fort bien proportionné, terminé d'un renflement rouge qui semblait devoir se dresser jusqu'aux nues. Pas possible ! Voyons, Marie, tu dors ! Je me frottai les yeux. Le membre continuait à s'ériger imperturbablement. Mais qu'ai-je donc à ainsi voir des folies ? Déraisonnais-je ? Perdant mon sang-froid, je cognai à la vitre. Le cocher se pencha.

« Cocher, voyez-vous ce... cette énormité, sur le dôme ?

— Oui-da ! citoyenne !

— Ah ! fis-je soulagée. Et... de quoi s'agit-il ?

— Mais du télégraphe ! tu sais bien, citoyenne, c'est pour parler à notre armée ! en trois minutes, les ordres seront au front ! trois autres minutes, et... »

Ha ha ha ! je ne l'écoutais plus, rassurée tout à fait. N'avais-je donc jamais entendu parler du télégraphe, cette invention dont tout Paris parlait, que j'avais cru voir le signe évident de la masculinité de l'Être suprême !

J'approchai encore du miroir de la citoyenne Duplay, de façon à m'apercevoir en pied. Cette longue robe de linon écarlate ! Je l'avais commandée la veille. Imaginez la hâte ! Saint-Just venait d'annoncer sa visite. La meilleure couturière de la rue Honoré avait travaillé toute la nuit. La robe me moulait, libérait les seins, plus qu'elle ne les enfermait, dévoilait les hanches, plus qu'elle ne les couvrait. N'était-ce point un peu osé pour la maison Duplay ? pour l'honnête patron menuisier qui hébergeait le clan de Robespierre et de la Vertu ?

La grande tablée rassemblait Éléonore, enfermée dans une anglaise châtaigne, Maximilien Robespierre, toujours tiré à quatre épingles, Henriette Lebas, en linon blanc très décolleté, le père Duplay mis en noir bourgeois, la mère en tablier blanc, Philippe Lebas, à côté d'Augustin, dit « Robespierre-le-Jeune », et encore les nièces, et...

Antoine Saint-Just ! Dieu ! Si j'avais su, je me serais faite encore plus belle !

Antoine, vous non plus, vous n'avez point changé ! Archange aux boucles châtaigne, jeune homme au nez droit, vous avez toujours vos yeux d'ange, votre regard profond, lointain, peut-être un peu plus las !

Après dîner, les cousines eurent l'idée d'une promenade. On se décida. Les hommes se joindraient-ils à nous ? Mais ils se levaient, prétextant du travail. On se récriait : ne prendraient-ils point de repos ? Croyez-vous que la Révolution se repose ? Saint-Just passait déjà sa veste. Il allait s'enfuir. Non ! Je fis trois pas en avant. J'étais devant lui. J'arrangeai son col. Je le regardais de toutes mes forces :

« Non non ! soufflai-je, on est décadi, il est bon pour la Révolution, que l'on se détende afin de renouveler son énergie. »

La voiture émergeait de l'avenue. C'était une vaste avenue qui nous avait tenus dans sa pénombre sous-marine, sous les entrelacs de branchages compacts. Tout au bout des Champs-Elysées, nichée sur le côté droit, postée devant la barrière, la masse blanche imposante de l'énorme pavillon se découpait. C'était un de ces Pavillons des Fermiers[1] que l'on rencontrait aux portes. Mais il était à nul autre pareil. Sous de grands chapiteaux triangulaires, s'élevait un péristyle dont les colonnes se hérissaient de blocs carrés. A cette heure crépusculaire, le pavillon était phosphorescent, ainsi que quelque temple rayonnant la pré-

1. *Pavillon des Fermiers* : aux entrées principales du « mur des Fermiers généraux » (barrière douanière ceinturant Paris) se trouvaient des pavillons imposants de construction récente.

sence d'un dieu, d'une force, quelque chose de puissant attirant en ce lieu.

Je me penchai vers Saint-Just. Frappée par les embruns de jasmin, je chuchotai :

« Refuseras-tu une promenade en ma compagnie, Antoine ?

— Mais... Mad... Citoyenne... On ne saurait rien v... rien te refuser. »

La voiture nous avait enfin laissés. Malgré les protestations. La nuit allait tomber ! il pouvait y avoir des brigands ! il ne fallait... Assez ! Les cousines m'insupportaient. Mais elles m'insupportaient ! Assez ! Nous saurions bien rejoindre le rond-point à pied ! Que risquions-nous, avec l'épée du vainqueur d'Alsace ? Allons ! Point final aux jérémiades ! Elles n'allaient point me priver d'Antoine, tout de même !

Saint-Just et moi, nous fîmes quelques pas. Nous contournions le pavillon. Mes mains tremblaient. Mes pieds se tordaient.

« Antoine, dites-moi... contez-moi vos victoires. »

Il s'étonnait. Cela ne valait point tant d'intérêt. Il n'avait fait que son devoir de révolutionnaire. On disait qu'il chargeait l'armée des rois, toujours furieusement, en première ligne, entraînant sa troupe de sans-culotte enthousiastes. Était-il vrai qu'en mourant un soldat lui eût soufflé : « Vous êtes un bon bougre » ?

« On force peut-être un peu le trait, savez-vous », dit-il en montant tranquillement les marches du temple. Le manteau flottant, le pas léger, l'allure souple, il avait le sourire calme. Combien d'autres se fussent vantés de leurs exploits militaires ? Quel contraste, l'imaginer les talons éperonnant au sang, le sabre flamboyant, hurlant, et voir la douceur infinie de ses yeux... ses yeux... son regard lumineux, généreux et blessé, il me dominait, me terrassait, me noyait dans un océan de jasmin.

« Embrasse-moi, Antoine, soufflai-je, tendant mes lèvres. »

Ses bras abattus sur mes épaules, ses lèvres chaudes collées sur les miennes, ses mains fraîches courant sur mes joues, ses yeux mouillés se reculant, il dit tout de suite :

« Citoyenne, nous sommes fous ! Votre mari...

— Laissez-le donc ! Il s'agit de moi, ce me semble. Je lui dois beaucoup, sans doute. Pourtant, pas plus qu'il ne me doit. Pas le sacrifice du bonheur, en tout cas ! Le bonheur, ajoutai-je, arrangeant une boucle sur son front, le bonheur, à ce que l'on dit, vous déclarâtes à l'assemblée que c'est une idée neuve en Europe. Doit-on se priver de telle nouveauté ? Non, mon ami, finis-je de souffler entre ses lèvres, à l'heure où le risque grandit, ne le refusons point, ce bonheur. »

Il bondit, comme un chat furieux, plusieurs fois sur la porte. Elle céda. Dedans, c'était humide. Il faisait froid. On y voyait à peine. Je me serrai contre lui. C'était une salle des gardes. Il y avait du bois, une cheminée. Je brûlais des baisers d'Antoine qui plongeaient dans ma bouche, ma gorge. Pour la première fois, je me dénudai devant un homme sans qu'il m'en priât.

Il tomba à genoux. J'attirai sa tête. Je m'accrochai à ses boucles. Ses joues flambaient. Mes cuisses brasillaient. Mon front cuisait. Sa chevelure flambait. Mon ventre se carbonisait. Ses yeux ardaient.

*

Le décadi suivant, nous avions juré de nous retrouver au temple de l'Amour. Mon cœur dansait la gavotte. Les colonnes puissantes et tourmentées ! La porte qu'Antoine a si fébrilement défoncée ! La même épaisseur mouillée de l'air ! Je courais à la petite salle. Antoine ! Il était accroupi à faire du feu. Je ne lui laissai le temps de finir de battre le briquet.

Quand il fut abattu, les yeux clos, les joues relâchées, les bras écartés de part et d'autre de sa poitrine glabre, la respiration paisible, profonde, je le regardai longuement.

Saint-Just, ô Antoine ! eussé-je jamais osé songer que vous seriez un jour à moi, vous, l'archange craint de l'Europe des rois, le héraut de la Révolution ! Antoine !

Haussant ma robe d'une main sur ma gorge, je me redressai, fourrageai dans sa veste, tirai le briquet, le battis. Puis, je me rhabillai ; je préparai le dîner frugal que j'avais apporté.

L'odeur de friture d'oignon a réveillé l'archange. Nous avons mis la table d'un torchon étalé sur une caisse. La soupe aux herbes avait réchauffé dans une petite "oule". L'omelette aux oignons et aux lardons cuisit dans le même récipient, accrochant quelque peu. Le fromage de chèvre frais fondait sous le couteau. Antoine me servait du vin du Rhin, rapporté de Landau, offrande du député et de la municipalité à son libérateur. Je buvais plus lentement que le libérateur, lequel eut lampé presque tout le long flacon en peu de temps. Je dégustais mon verre, laissant mariner les bouquets champêtres qui me brûlaient la langue, avalant à petites gorgées.

Les larmes me vinrent. L'archange me regardait en souriant. Quel bonheur ! Quel festin ! Il me demanda pourquoi ces larmes.

« Je suis plus heureuse que si l'on m'avait conviée au plus coûteux des festins chez Février.

— Votre époux n'est guère partisan des festins coûteux, à ce que je crois.

— Ah oui ! Il veut faire visiter les traiteurs afin de savoir qui est suspect d'avoir fait de tels repas.

— C'est un pur comme il en faut. Mais, ne serait-il un peu pisse-froid ?

— Point, mon ami. Il est condamné au bouillon de veau, mais, avant sa maladie, il adorait la bonne chère et il buvait plus que son compte. »

Georges, pisse-froid ? Il avait seulement gardé d'Orcet le souci permanent que les paysans et les petits ne fussent affamés tandis qu'on banquetait au château d'à côté. Cela, mon archange l'entendait fort bien. Mon époux déclarait suspect qui faisait bombance à cent livres par tête.

« Vous voyez qui...

— Je vois parfaitement. Les mêmes qui veulent l'indulgence freinant la Révolution. La clique de Danton. Il faut en débarrasser la République ! »

Je cillai, gardai les yeux clos un temps. Débarrasser ! Une démocratie se débarrasse-t-elle ? L'Égalité, le Bonheur, l'Amour, en aura-t-on un jour fini ?... Débarrasser...

Tout se mêlait dans un brouillard, une cacophonie. En mon cœur se mêlaient l'hydromel du bonheur, le fiel de la Terreur.

J'ouvris les yeux, les campai devant les pupilles noisette, les grands yeux allongés d'Antoine :

« Ne trouvez-vous qu'il y a déjà bien eu du débarras ? Ne faut-il épargner le sang des républicains ? Je le pense quant à moi, ainsi que Georges réclamant la clémence pour les femmes et les enfants de Vendée. »

Antoine s'était levé, les yeux luminescents dans la pénombre de la petite salle des gardes.

« La clémence, peut-être, souffla-t-il. On peut libérer des gens, s'ils ne sont dangereux. Mais, ajouta-t-il en vrombissant d'une rage rentrée, il ne faut faire de quartier à qui dévoie et donc menace la Révolution. La réalisation du bonheur pour les pauvres, pour tous, en dépend.

— Ce bonheur-là, est-il vraiment à notre portée ?

— Oui, Marie, oui, si nous savons changer d'époque. Oui, si nous savons passer de la barbarie à la civilisation. Oui, si nous savons tout changer, les choses et les hommes !

— En aurons-nous la force ?

— Oui, Marie, si nous savons convaincre.

— Alors, convaincs, mon ange, convaincs ! »

Je m'accrochai à sa chemise. Je sentai la peau pincée, agrippée à mes doigts sous la soie. Je m'accrochai à lui.

Comme la Révolution tanguait ! Après avoir déchristianisé, on condamnait les athées. Après avoir laissé parler les femmes, on les emprisonnait. Les « indulgents » critiquaient le Grand Comité, les exagérés[2] l'excommuniaient. On devenait frères ennemis. Maximilien et Georges tombaient malades.

Je m'accrochai aux boucles de l'archange : « Antoine, vous allez monter une fois de plus au combat ! J'aimerais tant ne pas mourir sans l'avoir vu, le bonheur. »

Il tira d'une sacoche, plume, papier et encrier. Voulais-je l'aider à préparer son discours à la Convention ?

Je tisonnai les braises. Elles laissèrent choir leur gangue noire pour s'écorcher vif. Je rajoutai deux branches. Elles restèrent ainsi un temps, sombres, en arrêt, comme un prédateur sur sa proie observant le dernier répit. Puis, les lames jaunes et rouges déchirèrent l'ombre.

Décidément, Marie, tu es née sous l'étoile d'une assistante en préparation de discours à l'assemblée !

Antoine présentait au feu un front rougi, froncé de pensées. Il s'était accoudé sur la caisse, en guise d'écritoire. Il tapotait nerveusement sa plume dans l'encrier, attendait l'inspiration.

Je fis le tour de l'écritoire, m'agenouillai derrière lui, écartai les jambes pour coller mon corps contre le sien. Ses cheveux ne piquaient point, foisonnant souplement à ma joue, embaumant la fleur de jasmin. J'étendis ma main, afin de la poser sur la sienne. Celle-ci se leva, se porta sur la feuille et traça d'une écriture coulée, un peu anguleuse.

Ce qui constitue une république, c'est la destruction radicale de tout ce qui lui est opposé.

J'enfouis mon nez dans ses cheveux, dans son buisson de jasmin. Sa main continuait, agitée d'un tremblement.

Mais nous sommes des modérés, en comparaison des autres gouvernements !... Sous l'Ancien Régime, on pendait par an quinze mille contrebandiers, on rouait trois

2. *Exagérés* : nom donné par Georges Couthon aux extrémistes cordeliers (enragés).

mille hommes... Votre Tribunal révolutionnaire a fait périr trois cents scélérats depuis un an...

La main levée, Antoine baissa la tête. Il reprit soudain : *Et les tribunaux d'Angleterre, n'ont-ils égorgé personne, cette année ? Et Bender, qui faisait rôtir les enfants des Belges ? Et les cachots d'Allemagne où le peuple est enterré ?... La monarchie, jalouse de son autorité, nageait dans le sang de trente générations et vous balanceriez à vous montrer sévères contre une poignée de coupables !... vous n'avez pas le droit d'être cléments ni d'être sensibles...*

Dieu ! J'arrachai mon nez du buisson enchanté, de la chevelure de jasmin. L'archange parlait en ange exterminateur.

Levée, je refis le tour d'Antoine et de son écritoire, revins m'accroupir devant lui, les yeux dans les yeux !

« Ne ferais-tu mieux d'en appeler à l'aide pour le peuple ?

— Tout cela va de pair, je te l'ai dit.

— Alors, le moyen de supprimer la misère ?

— Il est malaisé à imposer. Car il porte atteinte à la propriété.

— Mais encore ?

— Il suffit de mettre sous séquestre les biens des suspects. Imagine : le partage entre les pauvres des fermes, des moulins, des valeurs, des manufactures, des châteaux et des maisons.

— Oh ! Antoine, que n'y a-t-on pensé auparavant !

— Ce n'est point qu'on n'y ait pensé, Marie. Georges soi-même a souvent réclamé la terre pour les paysans. Mais c'est que l'on n'avait encore assez de force.

— Alors, il n'y aurait plus un malheureux demain... Écris, Antoine ! Écris sans perdre un instant ! »

Au petit jour, la voiture d'Antoine m'avait reconduite, traversant un pays de songe, un petit-lait mouillant les ormes aux pieds de leurs arêtes décharnées, une ouate bleutée gommant les façades des rues.

Georges lisait à la chandelle. Depuis quelques jours, il était mieux et parlait de retourner à la Convention. Heureuse de le trouver ainsi dressé sur l'oreiller, occupé à bonne heure, souriant, le même, le regard doux malgré le visage devenu anguleux, je me jetai à son cou.

« Georges, lui dis-je, j'ai une confidence à vous faire. »

Il laissa tomber sa main, sa feuille de papier sur la courtepointe, reposa sa tête dans l'oreiller, posa longuement ses yeux sur moi.

« Je... viens de passer la nuit avec Antoine Saint-Just ! lâchai-je en lui prenant la main. Mais je vous aime toujours !

— Mon petit, dit-il en caressant ma joue... mon petit. »

Sa main était si chaude, sa voix aussi, des larmes bouillantes naquirent sous sa main. Etais-je sotte !

Je bondis vers les rideaux ; je les tirai. Le flot rose de l'aurore s'engouffra, aspergeant les murs, les meubles, la courtepointe.

« Il fait beau, Georges, il fait beau ! Un bon manteau et quel délice de goûter l'air vif du jardin, dès le seuil du manège[3] ! Georges, il faut vous faire porter à l'assemblée.

— Aurai-je la force ?

— Vous le devez. N'est-ce point vous qui déclarâtes voici peu que, si les représentants donnaient des terres aux malheureux, s'ils les ôtaient aux scélérats, alors ils auraient fait une révolution ? Eh bien, c'est ce que va proposer Antoine Saint-Just ce jour-même ! Levez-vous, Georges, je vous en prie ! Combattez aux côtés de Saint-Just ! »

*

3. *Manège* : un logement fut attribué à Couthon, eu égard à son infirmité, à l'intérieur de l'enceinte des Tuileries (dans le bâtiment qui avait été le manège), cela probablement à l'époque où il a présidé la Convention ; du 1 au 16 nivôse an II (2 décembre 1793 au 16 janvier 1794).

Une voix de stentor retentit soudain dans la salle du Théâtre de la République. Elle interrompait la tirade de l'acteur :

« C'est un scandale ! Comment des spectateurs républicains peuvent-ils ainsi applaudir un auteur qui craint de verser le sang des conspirateurs ? Je m'honore de n'avoir point eu cette crainte à Marseille ! »

C'était la voix terrible du citoyen Albitte. On murmurait son nom. Il rentrait de mission à Marseille où il s'était, entre autres, illustré au théâtre en interdisant *le Mariage de Figaro*.

Pas de chance, pour une fois que je me permettais de me rendre au spectacle ! Depuis le départ pour Clermont, je n'avais eu l'occasion d'éprouver cette frénésie de l'attente devant le rideau rouge, cette fièvre de l'émotion partagée avec des centaines de cœurs alentours, ces larmes douces qui vous naissent à ouïr la douleur d'un beau comédien. Aussi, quand Georges m'avait priée d'aller voir le *Timoléon* de Marie-Joseph Chénier, j'avais sauté sur l'occasion. Une cabale se montait contre la pièce et il demandait mon avis à son sujet.

Maintenant, la frénésie laissait place à la peur. Sur scène, dès qu'on sut qui était Albitte, un député montagnard bien vu des sans-culottes, à ce qui se répétait de bouche à oreille, choristes et figurants prirent la poudre d'escampette. Alors, ce fut le signal de la retraite. Pauvre Marie-Joseph ! seul au-devant de la scène, tâchant d'exhorter les spectateurs à rester. « Va te faire foutre ! » lui lança une femme. Hoump, houmpf ! La main sur la bouche, je tâchai d'étouffer mon rire. Décidément, le bellâtre si fier de lui, il n'a pas la manière, avec les dames !

Bientôt, je fus seule dans la salle du Théâtre de la République. De ma loge de scène, celle du Comité, j'apercevais la salle tout entière. On n'avait pas redescendu les lustres. Mais la double rampe de chandelles flamboyait, projetant à foison ses lueurs sur les galeries à balustres désertées, sur les colonnes d'angles à chapiteaux qui ne soutenaient plus personne, sur les ogives du plafond où ne nichaient plus de grisettes en bonnet rouge ni de sans-culottes prêts au quolibet. Je notai que la plupart des motifs décoratifs avaient été badigeonnés de tricolore. A la désolation du vide, cela ajoutait je ne sais quelle présence dérisoire de la Révolution, laquelle venait de vider ces lieux faits pour être pleins de vie et de communion. Je dus bien me résoudre à sortir aussi.

Dans le carrosse qui me reconduisait, j'en eus d'abord le cœur serré. Pauvre Chénier, vraiment, gesticulant seul sur sa scène ! Quelle injustice ! Baste ! La Révolution peut bien faire des bavures, l'affaire n'ira pas loin, si Georges dit un mot.

Georges ! Un pincement prit mon cœur. De tout n'était-il trop endolori ? C'était décidé ! dès l'arrivée à la maison, j'allais prendre la plume afin d'écrire à Suzanne.

Ma tendre amie,

Notre Georges fut bien éprouvé par sa maladie et par les fièvres nerveuses des événements. Je crois qu'il a besoin de toi comme la pluie est désirée dans le désert. Si tu le peux, ma chère, viens donc nous visiter prochainement à Paris. En attendant, tâche de ne point laisser ta plume être réservée. La distance qui vous sépare, Georges et toi, éloigne les confidences et refroidit le sentiment. Je t'en prie, douce amie, douce aimée de Georges, dis-lui comme tu l'aimes. Nous avons tant besoin d'amour. »

Marie

Ensuite de quoi, je trouvai Georges sur son fauteuil. Il l'avait roulé devant le vitrage de la vaste porte-fenêtre du Manège où nous logions depuis quelque temps. Il observait le Jardin national[4]. Entre les cheveux fins qui jaillissaient des troncs robustes des ormes effeuillés, une grande fumée noire élevait sa colonne au beau milieu du jardin. Elle partait d'un foyer ardent à ciel ouvert, auprès

4. *Jardin national* : nouveau nom du jardin des Tuileries.

duquel s'agitaient des hommes au torse nu et noir. C'était la forge d'armes pour la guerre. Là, on préparait les futures victoires de Saint-Just. Georges regardait avec sérénité les hommes qui vaquaient.

« Voyez, me dit-il ! C'est-là tout le symbole de la Révolution. Elle avance, parfois sinueusement, mais sûrement. L'esclavage aboli, l'école gratuite et obligatoire, l'aide aux malheureux, la morale... notre Révolution va, m'amie, elle va.

— Avec cahots et soubresauts !

— Pardon ?

— Elle avance en courses effrénées et en virages fous ! C'est vous-même qui écrivîtes à Suzanne qu'au Comité l'on ne quitte le pas de charge. Avec vos jambes ! Quelles charges plus bizarres... Tenez ! j'arrive du théâtre, selon votre vœu. Le citoyen Albitte a fait scandaleusement et autoritairement interrompre la représentation. On craint pour Marie-Joseph Chénier, à ce qu'on dit.

— Cet Albitte est allé déclarer que *le Mariage de Figaro* serait pernicieux pour rappeler d'orgueilleux préjugés. L'imbécile ! Beaumarchais mettait peut-être en scène des ci-devant, mais il enfonçait un coin de doute dans l'Ancien Régime. Ceux qui veulent à tout prix coiffer Jupiter ou Armide d'un bonnet tricolore n'ont rien compris au théâtre, lequel n'a pas besoin d'un bonnet pour être républicain, et ce depuis les Romains. Quant à Chénier, c'est un révolutionnaire. On n'en peut dire autant de son frère, le poète, mais sur lui ma conviction est faite. On ne touchera pas à un de ses cheveux. J'en fais mon affaire. Mais, cette pièce ?

— Il est possible qu'elle ne soit pas des plus républicaines. Comment voulez-vous que je le sache, si on ne l'a laissée jouer !

— Que Chénier fasse jouer son *Caïus Gracchus !* Depuis l'été dernier, tout Paris le redemande. Je vais renouveler ma proposition d'en donner spectacle gratuit chaque semaine.

— Georges, vous êtes un amour ! Si tous les citoyens étaient aussi éclairés que vous...

— N'exagérez point. Il en est sans aucun doute de plus lumineux, Saint-Just, par exemple. »

Le cœur se jetant contre les parois de mon corps, la gorge sèche, je demandai :

« Ah ? vous trouvez ?

— Oui, ce garçon est bien. Très bien.

— N'est-ce pas ? Il est... oh !... que diriez-vous d'un prochain souper avec lui ? »

*

Quelle soirée ! Par exception, il ne devait y avoir ce soir de réunion du Comité. La situation était tendue. Un complot des exagérés menaçait. Cela nous mettait en transes et à la fois invitait à s'arrêter un moment.

« Que voulez-vous, dis-je, qu'une révolution gagne à étouffer le théâtre ? La cabale contre *Timoléon*, suivie de celle contre *Caïus Gracchus* sont malignité pure, ou bien peut-être malveillance d'intérêts. Il en est qui visent la place de Chénier, j'en jurerais !

— Vous plaît-il donc tant que cela ? dit Henriette.

— Je ne ressens nul... du moins guère d'attrait pour le beau Chénier, mais je suis prête à le défendre ! Les hommes sont si mauvais !

— Voici notre Marie misanthrope ! nota Saint-Just. Ce n'est pas le moment. »

Des amis de Georges, dépêchés par la Société de Clermont pour consulter le représentant, lui venaient de livrer des carpes et une oie grasse, arrivées éclatantes de fraîcheur, après une route d'hiver menée train d'enfer. Alors, dans cette Révolution menée aussi au grand galop, on avait voulu s'accorder un dîner.

« Par bonheur, les hommes ne sont pas mauvais de nature. Je le viens de répéter aux Jacobins, poursuivit Georges, la Nature fit les hommes essentiellement bons, ils ne deviennent méchants que par les vices de leurs ins titutions sociales.

— Que faire pour que la société ne rende plus les hom mes vicieux ?

— C'est bien aujourd'hui la question, Marie. Là est notre ambition, notre grand espoir ! répondit Antoine.

— Oui, là est la question ! souligna Georges.

— Quand les hommes seront tous redevenus bons, alors, ce sera vraiment la révolution ; et ce sera merveilleux ! » conclut Henriette.

Làààà éééest laaa quèèèstion ! Le théâtre n'est pas toujours sur les planches. Ce qu'ils ont l'air pathétique, avant de prendre la fourchette !

On s'était jeté fébrilement dans les préparatifs. Henriette, à bonne école avec les mères Lebas et Duplay, savait préparer à merveille les carpes et l'oie. Dès la veille, cela avait été le branle-bas de combat dans ma cuisine pour préparer les courts-bouillons avec les légumes du jardin Duplay. Ensuite, toute la journée durant, les hommes étant au Comité, la jeune fille avait régné sur la cuisine, donnant ses ordres à Maria et moi qui faisions marmitons. On cuisit d'abord le foie dans un court-bouillon de haut goût avec force sel, oignon, laurier et ail. Le poivre manquant à ce moment, on le remplaçait par de l'ail d'Auvergne, à foison. Puis, ce fut le tour de l'oie et des carpes. C'est alors qu'Henriette prit vraiment ses troupes en main. Nous travaillions sans regimber. On riait. On chantait. Il fallut à Maria blanchir l'oie, laver la peau avec le doigt, l'emplir de farce. Elle avait été composée par moi-même d'un reste de veau que j'avais pour le bouillon du régime de Georges, de graisse et de jaune d'œuf, le tout haché avec pain et ail et mêlé ensemble, troussé et empoté avec un bouquet. « Ça va être bon ! » dit-elle en fermant les yeux.

Les mains maculées de tripes et de farce jusqu'aux coudes, je baignais dans la frénésie, jouissant sans retenue avec mes compagnes du rôle original et décisif que nous attribuait la Révolution ! Je conclus d'un jugement fondamental :

« Ma foi, ça va vraiment être bon ! »

A six heures, on attendait les hommes. Ils arrivèrent peu après. Maria alluma les chandeliers garnis des nombreuses chandelles qu'elle s'était procurées au marché noir.

« Vous avez encore fait des folies ! gronda Georges.

— Point, répliquai-je. Avec les légumes de Duplay et les victuailles de Clermont, ce festin ne nous coûte que la chandelle.

— Tais-toi un peu et regarde ce que nous t'avons mijoté, tristounet ! » criait Maria apportant le potage à l'oie dans une grande soupière fumante.

Antoine, lui, avait vraiment fait des folies en envoyant livrer un panier de vin de la Loire, racheté à un ami qui faisait les enchères. C'était produit de la vente d'une cave de ci-devant.

« Si tes décrets de Ventôse ont pour but d'enrichir le peuple, ils commencent par te ruiner ! lui dis-je.

— Il y a de cela ! Mais je me ruine pour la bonne cause, si c'est la République qui empoche ! » riait-il.

Nous nous trouvions assis à une table ronde, Antoine et moi, face à face, tandis que Georges avait devant lui Henriette Lebas. Nous souriions de plaisir. Par ces temps de menaces et de restrictions, ce souper de fête était une bénédiction.

Les carpes farcies en ragoût, l'oie farcie et le foie d'oie poché passèrent de main en main, Maria se contentant de donner les plats. On poussait des Oh ! et des Ah ! La politique était partout, dans l'appétit aiguisé par la rareté des mets, dans l'enthousiasme des mesures pour les indigents, dans l'excitation générale du risque, les exagérés et les indulgents nous faisant « *voguer entre deux écueils, la faiblesse et la témérité* », selon les mots de Maximilien Robespierre.

« Oui, les propriétés aux pauvres ! Par-delà tous les

écueils, cela, c'est une Révolution ! » approuvait Georges en tendant son verre.

Je tendis aussi le mien. Je l'avais déjà vidé une première fois. Tant qu'on nous fait déguster du bon vin !... Le vin de Chinon ! Miré à la chandelle, mélange de framboise, de mûre et de violette chatoyant à l'œil, chatouillant le nez. Quelle poignée de fruits meurtris quel baume à l'âme ! Et puis, comme toujours, la langue est assaillie par une vigueur fouettante qui fait cingler les sens sur l'océan des songes.

« C'était le vin des rois durant des siècles. Maintenant, c'est le nôtre, dit Georges.

— Si que c'était aussi le mien ? fit Maria en tendant son propre verre.

— Bien sûr, bien sûr ! dit Antoine en la servant.

— Oui ! m'enthousiasmai-je, notre Révolution est pour tous le droit à tout, le droit au vin, le droit au théâtre, le droit au travail, le droit à... à l'amour !

— Et le devoir de la Vertu, tout comme celui de la Terreur, ainsi que dit Maximilien, surenchérit Georges.

— Oh oui, la vertu, oui ! dit Henriette.

— Soyez sans inquiétude, de la vertu, vous en avez à revendre, dit Saint-Just.

— Comment l'entendez-vous ?

— Vos pareilles manqueraient plutôt d'audace.

— Ce n'est pas l'avis de la Convention qui nous renvoie à nos marmites ! intervins-je.

— Je vous parle de l'amour.

— Oh, vous, les hommes, vous ne rêvez que d'une virago qui vous violente un soir au coin d'une rue ! dit Henriette en haussant les épaules.

— Qui vous dit que nous ne vous aimions prudes ? précisa Georges.

— Méfiez-vous tout de même des prudes ! dit Saint-Just en riant. Elles se disent "platoniciennes".

Mais les platoniciennes ne sont pas conséquentes ; et j'ai remarqué que les femmes les plus aisées à vaincre s'engagent avec la folle espérance de n'être jamais séduites.

Ce ne sont point du tout les femmes réputées les plus sensuelles qui succombent davantage aux sens. Croyons-en Crébillon. Les égarements du Cœur et de l'Esprit, ainsi que ceux du reste, ne sont pas réservés aux coquettes.

— Vous parlez bien en connaisseur ! lui lança aigrement Henriette. Vos pareils font volontiers les philosophes sur notre sujet. Mais, au fond, que pouvez-vous connaître des sens féminins ?

— Allons, allons, mes amis, nous nous égarons ! dit Georges. »

Nous égarer ? Quand nous étions justement à l'essentiel !

« Pas de Révolution sans révolution dans l'amour ! lâchai-je.

— Diable ! fit Georges, narquois ou bien abasourdi.

— Ainsi parlait l'ami Denis, sur les femmes. Notre révolution de philosophes ne doit clore ses yeux sur aucun aspect de la philosophie.

Plusieurs femmes, reconnaissait-il, mourront sans avoir éprouvé l'extrême de la volupté... Cent fois leur attente est trompée. Organisées tout au contraire de nous, le mobile qui sollicite en elle la volupté est si délicat et la source en est si éloignée, qu'il n'est pas extraordinaire qu'elle ne vienne point ou qu'elle s'égare.

— Qu'il y vienne, où qu'elle vienne, votre petit ami Denis, que j'y montre à cette heure, ma volupté ! » s'écria Maria.

Je pouffai, sous les regards irrités ou réprobateurs des autres. Mais je pouffai ! Et Maria pouffait de plus belle. Si bien qu'elle et moi restâmes un moment à tousser dans nos mains.

Quand j'eus repris mon calme et ma respiration, Henriette et Antoine se regardaient.

Ils se regardaient. Leurs yeux se tendaient tant qu'ils allaient se toucher.

Antoine ! Et moi ? Que dire ?

« Enfin, déclarai-je, nous avons la chance d'avoir des hommes attentifs à nous ! N'est-ce pas, Antoine ?

— Oui, oui, bien sûr, dit-il, comme sortant d'un rêve.
— Oh, pour être attentif aux femmes, vous parlez à un connaisseur !

— Henriette ! répondit-il sèchement.

— Le citoyen est l'attention même !

— Crois-tu que je n'aie point connaissance de ton jeu avec Marie ? »

Le ciel s'ouvrait. Ces mots criés de la sorte, ma complicité avec Georges n'était-elle défigurée, ne devenait-elle étrangeté, trahison ? Si j'en perdais Antoine, si mes amours se fracassaient ? Ah ! Si la terre avait aussi pu s'entrouvrir afin de m'engloutir !

Mais Henriette poursuivait, lancée comme un carrosse aux chevaux emballés.

« Ne croyez surtout pas que pour moi votre cœur soit Là clos. Cachez-vous les Liaisons dangereuses ? Vous ne parviendrez point à me celer les méandres de votre cœur ! Peut-être m'aimez-vous...

Mais ce que j'ai dit, ce que j'ai pensé, ce que je pense encore, c'est que vous n'en avez pas moins de l'amour pour votre Présidente ; non pas, à la vérité de l'amour bien pur ni bien tendre, mais celui que vous pouvez avoir... qui vous tient encore attaché à elle même alors que vous l'outragez ; tel enfin que je conçois qu'un Sultan peut le ressentir pour sa Sultane favorite, ce qui ne l'empêche pas de lui préférer souvent une simple Odalisque. Ma comparaison me paraît d'autant plus juste que, comme lui, vous n'êtes ni l'amant ni l'ami d'une femme ; mais toujours son tyran ou son esclave.

— A la fin ! Henriette ! » avait jeté Antoine.

Ils se regardaient. Leurs yeux se tendaient tant qu'ils allaient se toucher.

Ils s'aimaient. C'était d'évidence. Ma tête se fit lourde, chargée, surchargée de plomb glacé et aussi brûlant. Mes jambes furent absentes, amputées, et pourtant elles me faisaient souffrir.

Ils se regardaient. Leurs yeux se tendaient tant qu'ils allaient se toucher.

Ma poitrine se vida.

Quelques jours plus tard, le 4 germinal, les dirigeants cordeliers furent guillotinés. L'un d'eux, Hébert : *le Père Duchesne*, était le défenseur des sans-culottes. Le 16 germinal, ce fut le tour des indulgents de Danton. Parmi eux, Hérault de Séchelles, membre du Comité, était l'ami de Georges.

XVIII

LE SANG
(mi-floréal-mi-prairial an II
[début mai-début juin 1794])

« M'amie, dit Georges en entrant dans ma chambre, je vous sais bien fatiguée, mais je vous en prie, il faut m'aider. Dans l'état d'épuisement où me laisse le travail du Comité, je ne parviens plus à conjuguer deux idées.
— Je n'ai pas la force, répondis-je d'un filet de voix. »

La chandelle que Georges levait projetait une faible lueur jaunâtre dans l'atmosphère bleu-noir. La chambre était étroite et ronde, garnie de boiseries sombres, surplombées de tapisseries d'Aubusson aux scènes de chasse crépusculaires. Entre les fenêtres aveuglées par d'épaisses tentures bleu de roi, des trumeaux de bois portaient d'obscures parties de campagne.

Depuis des jours, je vivais là, recluse, enfermée doublement dans les tentures de l'alcôve qui s'entrouvraient à peine sur les mains de Maria apportant le bouillon, sur son visage soucieux quand elle me changeait.

Antoine ne m'avait plus donné signe de vie. J'avais tenté de le rencontrer. Dans les couloirs de la Convention, il était passé sans me voir. A peine avais-je eu la force de rentrer. Je me couchai. Je me sentis mouillée. Mes cuisses étaient pleines de sang. Depuis, Maria me changeait trois fois par jour. J'ensanglantais quantité de linge. Le chirurgien ordonnait du bouillon de veau. Rien n'y faisait. Je ne me levais plus. Je faiblissais. J'avais froid.

Cependant, Maria m'informa que le vieil amiral d'Estaing venait d'être guillotiné. On avait décapité les statues du jardin. Aux lignes, le sang des jeunes hommes chargeant à l'arme blanche, l'« arme patriotique », continuait de couler, comme celui des charretées de condamnés qu'on immolait sous le « couteau de l'Égalité ». Antoine avait prononcé je ne sais quel discours où il disait la Révolution glacée.

Mais Georges faisait de la lumière, souriait :

« Enfin, Marie, cela a-t-il un sens, d'ainsi rester cloîtrée dans cette chambre sombre et glaciale, alors que, dehors, floréal bat son plein avec les parterres regorgeant de primevères et les ramures pleines de passereaux ? »

Floréal ? Je n'y avais pris garde.

« Marie, je vous en prie, dit-il en approchant son fauteuil roulant de l'alcôve, j'ai besoin de votre aide pour un discours contre l'athéisme. Il en va du sort de la Révolution qu'on ne la laisse aux mains des vandales et des matérialistes.

— Qu'y puis-je ?

— Bien souvent, vous le savez, vous me fûtes si précieuse pour composer mes discours.

— Mais je suis faible, Georges très faible.

— Vous vous abandonnez à la faiblesse. Ce n'est point digne de vous. Vous vous abandonnez à la laideur.

— Comment ?

— Vous vous laissez enlaidir.

— Enlaidir ! passez-moi le miroir, voulez-vous ! »

C'était pourtant vrai ! Les joues étaient de plâtre. Les cheveux ternis s'embrouillaient. Les lèvres se racornissaient.

Debout, un vertige me prit. Je m'appuyai au dosseret du fauteuil roulant de Georges. Puis, je gagnai la table de toilette où je m'assis. Coiffée du bonnet de relevée, j'ouvris le pot de pâte pour le visage.

Il y avait des jours, des jours entiers, que je n'avais éprouvé ce glissement sur mes joues, sur mon front, de la pâte douce entre ma peau au bout des doigts et ma peau au creux des tempes. Je rouvrais les yeux. La fraîcheur de la pâte, parfumée à la verveine m'éveillait peu à peu à la vie.

« Quel discours, dites-vous ?

— Contre l'athéisme et pour la foi en l'Être suprême. »

Je lissais des doigts des deux mains, tirant légèrement vers les tempes.

« C'est que... je ne suis guère instruite en cette nouvelle foi.

— Elle n'a rien de nouveau. Ce n'est que l'idée d'un Être organisateur dont la philosophie n'a jamais nié l'existence. »

La poudre carminée, en touches posées à la houppe, relevait mes pommettes.

« Possible. Mais je n'y entends guère.

— Cependant, vous avez bien vos idées sur cette question ! »

Le crayon noir courait le long de mes sourcils qu'il avivait.

« Mais que puis-je dire, que vous ne sachiez par cœur !

— Au moins écrirez-vous ?

— Je suis lasse, vous dis-je. »

Georges approcha son fauteuil qui crissait. Ses traits vieillis qui le faisaient ressembler à Voltaire, un sourire les adoucissait. Ses épaules tombaient sur le dosseret de velours citron.

Sur ses genoux, il avait apporté mon corset cramoisi. Devant la psyché, ma grosse chemise de nuit tomba. Mes épaules étaient affaissées. La chute du rideau de gros chanvre dénudait les fleurs de pêchers de la gorge, le ciel lourd du ventre, les nerfs des cuisses. Une fine chemise de linon enfilée, tissa sa brume légère. Je me baissai un peu, afin que Georges me passât le corset. C'était un corset de cuir recouvert de satin cramoisi ourlé d'un galon parme le long des œillets de laçage qui s'égrenaient sous les bras, garni de papillotes à l'arrondi sur le ventre. Il s'évasait beaucoup aux hanches, en forme de coquille, à la mode surannée qui faisait porter les robes amples dans les salons d'Auvergne avant la Révolution. Georges, levant les bras, passa le lacet noir dans les œillets de métal, un à un, tira successivement sur chaque niveau de laçage, reprenant à chaque fois la longueur gagnée, finissant d'un nœud à boucles bien serré. Sur les bonnets du décolleté, ma gorge nue était posée ainsi qu'un couple de pigeons, Georges tendit la main. Je frissonnai.

Marie ! on dirait que te voici de nouveau capable d'être émue par la main d'un homme... Allons, tu n'es peut-être pas aussi irrémédiablement malade, si le remède est aussi naturel !

« Voyons, dis-je en ouvrant l'abattant de mon secrétaire et en dévissant l'encrier, qu'allons-nous mettre dans ce discours ? »

Georges sourit à nouveau. Puis, ses sourcils se froncèrent, s'embroussaillèrent sous le désordre de la chevelure blanche, sur la friche de la barbe non faite depuis la veille.

A l'aide du canif à manche de nacre, je raccourcis la plume et la retaillai d'une grande ouverture sur le ventre ainsi que d'une fente et d'un bec affiné sur le dos.

Citoyens,

Les jacobins et leurs tribunes viennent aujourd'hui vous remercier, vous bénir...

Je m'appliquais, le corps droit dans la position qui convient aux dames pour écrire avec grâce, tenant ma plume du pouce, de l'index et du majeur, sans roideur, commençant par un beau *C*, puis par un splendide *L* en capitales d'apparat bien ventrues et grasses, poursuivant par de belles mineures rondes que je prenais tout le temps de dessiner, tandis que Georges cherchait ses mots.

.... d'avoir confacré par un autre décret cette vérité fainte que le jufte, que l'homme de la nature, que le philofophe de bonne foi retrouva toujours dans fon cœur, l'exiftenfe de l'Etre fuprême & l'immortalité de l'âme.

A la tribune de la Convention, les yeux luisants, le cheveu blanc lissé, les rouleaux étroits, les joues pâles à peine ombrées du rasage de près, Georges poursuivait :

Oh ! qu'ils savaient bien, les scélérats qui ont prêché l'athéisme et le matérialisme, qu'ils savaient bien que le moyen le plus sûr de tuer la Révolution était d'enlever aux hommes toute idée d'une vie future, et de les désespérer par celle du néant !

Georges reposait ses feuilles sur la tribune, relevait la tête, remontait du regard les bancs des députés.

Presque tous les représentants applaudissaient son discours, froidement et avec mesure.

Il hissait ses yeux jusqu'aux galeries où je me trouvais.

Debout, j'applaudissais, mais en brûlant. Il avait raison. Quel soulagement, quand les têtes tombaient à pleine charretées, que l'existence d'une vie future ! Au moins, s'il y avait d'aventure quelque innocent supplicié, vivrait-il aux champs Élyséens des jours heureux !

*

Quelques jours après, le pont de la Révolution était bariolé de monde, rouge des bonnets, blanc des coiffes, noir et paille des cheveux. On se pressait, on se bousculait, retour de la fête au Champ de la Réunion[1]. Une femme fut violemment projetée par la foule contre le parapet. Elle se tenait le ventre en grimaçant, elle se retournait, elle apercevait près d'elle un homme au crâne chauve.

1. *Champ de la Réunion* : ex Champ-de-Mars.

« Espèce d'espèce ! t'as pas fini de pousser les dames ? toi, avec ton crâne qu'il semble mon cul en plus malingre ! »

On rit, nerveusement. Après la fête solennelle, l'atmosphère était à se détendre. Je tournai le dos, face à l'eau. Le fleuve d'argent se fondait, par endroits, de cuivre, d'indigo ou de charbon de bois qui se mêlaient au loin, dans un de ces coups d'estompes géants du dessinateur suprême, avec un ciel passant du bleu au-dessus de nos têtes au blanc d'un brasier, tout là-bas. Comme c'est beau ! Que la Nature est grande. Qu'elle est ouverte ! Jamais l'œuvre de l'homme n'atteint à cette immensité, cette ouverture de l'azur.

La fête avait pourtant été d'un grandiose ! Lorsque, à la suite du cortège, je parvins au champ de la Réunion, les trompettes de cavalerie et les tambours s'étaient tus. Un silence momentané régnait. Des centaines de jeunes vestales blanches entouraient le pied de la montagne édifiée par David. D'un côté, les centaines d'acteurs de théâtre et d'élèves des conservatoires. De l'autre, les centaines de Conventionnels en habit, écharpe et chapeau, portant corbeilles de fruits et gerbes de blé. L'immensité de cette montagne artificielle ! ces grottes, ces arbres, ces rochers, ces fontaines ! Partout on brûlait de l'encens.

Soudain, la mise à feu d'une flamme tricolore, en haut du mont, fut le signal. Les députés montèrent jusqu'au sommet, tandis que deux mille quatre cents chanteurs des sections de Paris, étagés le long du chemin montant, faisaient s'élever leurs voix. Sur les esplanades, disposés séparément, hommes et femmes chantaient. Le citoyen Gossec, juché sur un piédestal, dressé sur la pointe des pieds, dirigeait le plus grand hymne jamais ouï, émanant de milliers de poitrines : l'*Hymne à la gloire du père de l'univers*. On n'entendait point les paroles qui, au reste, n'étaient pas de Chénier, à ce que l'on disait[2]. Mais la

2. Chénier eut des difficultés politiques du fait de *Timoléon*, une pièce émettant

musique était colossale. Chaque verset fut ponctué par le canon et les trompettes. A la fin, ce fut une explosion de joie, les jeunes révolutionnaires et les soldats brandirent leurs armes, les jeunes filles lancèrent leurs fleurs, les mères tendirent leurs bébés. L'immense cri de triomphe de la Révolution jaillit de mille et mille poitrines, ainsi que produit par des orgues titanesques !

L'écho résonna longuement sur le vaste champ borné par l'École militaire, la butte de la Seine et les façades des maisons de Gros-Caillou et de Grenelle.

Après cette multitude, après la foule sur le pont, je me hâtai au Jardin national. Les allées y étaient jonchées de roses, l'estrade vide, la statue de la Sagesse bordée de charbons épars. Mais pas âme qui vive ! Le Jardin était désert. Dire qu'il n'y avait pas trois heures, il rassemblait tout Paris !

J'entrai dans notre appartement du Manège. Il était désert, ordonné, éclairé. J'approchai du petit meuble d'angle, tirai la porte. Dans le coin se trouvait le verre qui gardait un culot rougi de vin séché. Je l'avais rangé sans le rincer quelques jours auparavant.

*

Antoine avait reposé son verre, un reste de liquide en rougissait le fond. Le salon aux vastes baies cintrées était clos par l'épaisseur des tentures tirées. Une vague pénombre y régnait. Des reliefs de repas traînaient sur la table, croûtes de fromage, lard de jambon, verres teintés de grenat, miettes de pain à même le bois. Nous nous trouvions face à face, Antoine, Georges et moi, chacun à l'orée de la lueur d'une lampe luisant au centre de la pièce, comme trois sommets d'un triangle. Dans cette apparence de désor-

---

des critiques sur la Terreur, dut publiquement brûler son manuscrit au club des Jacobins et vit l'hymne qu'il avait composé avec Gossec, pour la fête de l'Être suprême, remplacé par un autre sur des vers de Désorgues.

dre, grésillait une haute tension. On sentait la violence des forces, le poids des ordres qui s'affrontaient. Triangle de la femme, l'époux et l'amant, comme on s'égarerait à le croire futile ! Tout ce que la Providence nous peut offrir de moins passif, de bousculade de l'ordre établi, de plus optimiste en matière d'être, le voici concentré dans cette triade. Ah ! triangle, lieu dangereux et merveilleux où éclate l'absurdité de l'amour exclusif, l'insoluble dilemme de l'amour et la haine de l'autre mêlés ! Triangle où l'on s'abandonne à la possession de soi par l'un, tandis qu'on se reprend afin de la briser par l'autre ! Trinité de mon être investi de deux dieux ! Trio de ma chair emplie de la bonne sagesse de Georges et pénétrée de la délicieuse témérité d'Antoine !

Les persiennes étaient fermées, noyant la chambre d'une épaisse ombre mauve. Je sortis de la lumière. L'orbe jaune tracé par la lampe dessinait une sorte d'enclos de manège aux dimensions réduites, tapissé de sciure de bois clair. Dans ce lieu restaient face à face Georges et Antoine, l'un assis, recroquevillé, l'autre dressé.

Assis sur une chaise, Antoine Saint-Just semblait abattu. Dressé sur ses deux bras tendus sur les appuis du fauteuil, le buste projeté en avant, Georges étincelait :

« Fais-toi une raison, mon ami, pose les pieds à terre ! La Révolution ne sera pas l'imagination que tu en avais !

— Je ne dis pas cela, répondait Antoine d'une voix sourde. Je dis que la grand-messe qu'on prépare, que ces vastes messes offrent le risque de vouer le peuple au culte de qui l'on veut. »

J'approchai de l'arène lumineuse où se tenaient mes deux héros.

« On ne se nourrit pas que de pain, mais aussi d'amour, proférai-je. »

Alors, se produisit quelque phénomène étrange, quelque chose comme ces éclairs de l'électricité que nous montrent les savants.

Entre Georges et Antoine, un éclair, une force, une répulsion, une attraction.

Puis, secouant la tête et clignant des yeux, paraissant se dégager d'une influence maléfique, Georges parla :

« Ainsi te dis-je et te redis-je, mon ami, que le matérialisme ne vaut rien. Tous ces pseudo-philosophes, les d'Holbach et autres Helvétius, trompent les esprits en assurant que la seule réalité hors de nous est celle des objets matériels qui nous entourent.

— Laissons cela, veux-tu ? Répondait Saint-Just sur un ton las. C'est une vaste question...

— Soit ! Mais n'est-on point dans l'erreur en affirmant l'inexistence d'une intelligence suprême ?

— Qui peut le dire ?

— A la fin, l'athéisme n'est-il point dangereux ?

— On ne fait pas une révolution avec un peuple de sceptiques, je le concède.

— A la bonne heure ! Alors, t'abstiendras-tu de critiquer l'Être suprême ? Paraîtras-tu à la Fête ?

— Je n'ai pas le choix. Ou plutôt si, dit-il d'un ton raffermi, alors qu'il se levait à son tour, j'ai choisi mon camp !

— Lequel ? demandai-je.

— Celui de l'armée du Nord. »

Il laissa tomber, en faisant quelques pas sur place, pesant sur chaque mot :

« Georges, tu dois à ton tour choisir. Le Comité ne peut plus tolérer les entraves au Tribunal révolutionnaire dans la lutte contre les ennemis du peuple. Il demande que tu rapportes en son nom à la Convention pour accélérer la justice.

— C'est moi qui suis choisi pour cela ?

— Ce me semble une grande marque de confiance.

— Moi, l'avocat, le défenseur des accusés ! »

Georges se laissa couler dans le fauteuil, ferma un instant les yeux. Antoine s'approcha de lui :

« Tu connais mieux que quiconque les vices et les lenteurs de la justice actuelle.

— Le temps garantit d'un effet trop prompt de la calomnie...

— Mais, Georges, nous ne vivons plus le siècle de la lenteur. Aujourd'hui, tout galope. Les comploteurs ne laissent plus le temps. »

Georges eut un rictus, puis baissa la tête en paraissant s'abîmer dans ses pensées.

Le temps... Il n'y avait pas cinq ans qu'elle avait débuté, cette Révolution ! Que de chemin parcouru ! De sommets gravis, de pentes dévalées !

Et l'amour, comme il file la vitesse du Vent, vous tombe dessus sans crier gare, vous explose d'un feu de Bengale en plein ventre, vous transporte comme une folle par les rues aux mascarades sauvages et par les bois aux ténèbres terribles, pour soudain vous laisser seule, désolée, abandonnée, en plein désert neigeux.

Et le crime, il va aussi à train d'enfer !

On tentait d'assassiner Collot et Robespierre. L'assassin, un nommé Admiral[3] était un Auvergnat lié au satanique baron de Batz, lequel semblait doué d'ubiquité, à la fois retranché dans son château de Chadieu, près d'Orcet, et présent dans les prisons de Paris où il recrutait ses comploteurs.

« Dieu, m'écriai-je, la course folle que nous vivons, où le crime rivalise de vitesse avec la justice et avec l'amour ! »

Georges releva les yeux. Il regarda Antoine. Le rayon, la force, la répulsion glaciale, la brûlante attraction !

« Mon ami, dis-je à Georges, peut-être Antoine a-t-il raison. Nous ne pouvons laisser aux Batz et à leurs complices le temps de tout ruiner.

— Il faut un décret permettant d'empêcher sans délai

3. Admiral était originaire d'Auvergne et révéla, dans un interrogatoire, être lié au fameux baron de Batz qui avait tenté de faire évader Louis Capet.

les ennemis de nuire, de les frapper comme la foudre, ajoutait Antoine.

— Va-t-on punir avant les crimes ? ricana Georges.

— Mais non ! On doit seulement ne pas tergiverser après qu'ils soient commis ! Des criminels menaçent directement la société. *« L'indulgence envers eux est atroce, la clémence est parricide. »* Connaissez-vous l'auteur de cette formule, prononcée quelque jour à l'Assemblée ?

— Qui est-ce donc ? demandai-je.

— Il se nomme Georges Couthon !

— L'indulgence est atroce. J'aurais dit cela, moi...

— Concevons donc enfin que nous sommes dans un état de guerre, que le salut du peuple est la loi suprême, et que tout moyen est bon, lorsqu'il est efficace, pour se défaire des perfides ennemis qui se sont mis au-dessus des lois, et qui ne cessent de conspirer contre le bonheur public. »

Antoine levait la tête, comme s'il lançait ses mots à la Providence. Les yeux pointés sur le ciel, chargés, cet autre Ami du peuple défiait le ciel dans ce Discours.

Puis, il se mit à parler sourdement, comme pour lui-même. Il fallait aussi craindre les fantômes. Il avait émis des réserves à l'arrestation de Danton. Tout comme Georges et Maximilien, il avait craint qu'un procès ne ralentît la Révolution et obscurcit son horizon. Au bout du compte, il eût peut-être été préférable d'avoir Danton en otage plutôt qu'en martyr.

Saint-Just observa un nouveau moment de silence, prit une forte inspiration et poursuivit :

« Quoi qu'il en soit, nous sommes maintenant au-delà ! Il s'agit à cette heure de révolutionner la justice. Il nous faut inventer une autre justice ! C'est à vous, hommes de loi, que la tâche revient.

— Je l'entends bien, mais croyez-vous qu'inventer soit si aisé ? grommela Georges.

— Mon ami, nous devons inventer, créer du nouveau. Nous y sommes acculés, quand l'ancien est mort. »

Le silence, à nouveau le silence.

Puis, Georges lâcha tout à trac :

« Il faudra décréter que la preuve nécessaire pour condamner les ennemis du peuple est toute espèce de document, soit matériel, soit moral, soit verbal, soit écrit, qui peut naturellement obtenir l'assentiment de tout esprit juste et raisonnable. Voilà qui supprimera les entraves et les iniquités de la chicane. »

Il poursuivait, haussant la voix :

« La loi donne pour défenseurs aux patriotes calomniés des jurés patriotes ; elle n'en accorde point aux conspirateurs !

— Et voici, conclut Saint-Just, pour réduire au silence les défenseurs des despotes et de leurs agents ! »

Alors, Georges ajouta, baissant à nouveau le ton :

« C'est encore des poignards que nous dirigerons sur nous ; mais... que nous importent les poignards ?

— Citoyen Couthon, tu auras bien mérité de la République. Tu viens d'inventer sa justice !

— Oh non ! dit-il songeur, la justice est vieille comme le monde. Depuis qu'un jour des hommes se sont avisés de décréter de ce qui leur semblait bon : "Ceci est juste." Mais... disons que nous allons remplacer les dogmes, rites et mystères par l'évidence morale. »

*

Saint-Just, enfilait son vaste manteau noir sur l'habit bleu à gilet ponceau. Il venait de quitter l'ovale lumineux, Georges ayant roulé son fauteuil vers nous, la rosace de lumière, mélange de feuilles mortes et d'oranges écrasées, était maintenant déserte. Ainsi nous retrouvions-nous tous trois séparés, seuls chacun de notre côté, hors de cette arène aux éclaboussures de fruit meurtri. Levant la main, Antoine laissa traîner son regard sur moi. Un grésillement subit m'envahit la nuque. Le visiteur avait les yeux baissés, absents, comme ayant déclenché le mécanisme par inadvertance.

Saint-Just enfouissait sa tête d'archange coquet dans son chapeau à larges bords. Il allait poser la main sur la poignée de cuivre.

Un roulement feutré et grinçant à la fois retentit. Georges, mouvait son fauteuil vers Antoine.

« Je ne puis me lever. Mais permettez à Marie de vous accompagner. »

Georges et Antoine ! Le rayon ! la répulsion ! l'attraction !

Antoine a dit... quelque chose comme... que j'étais bienvenue, qu'il m'aimait comme... une sœur...

Une horde de mots peut défoncer les oreilles, ravager les artères en troupe de cavaliers barbares, surgir au cœur en de grands cris de viol, de pillage, d'incendie.

« Votre sœur, Antoine ?

— Oui ! dit-il, le ton inspiré, et nous nous aimerons de l'amour le plus pur, le plus moral !

— Moral ?

— Oui, dit Georges en poursuivant son discours, les deux bras sur les accoudoirs dressant son buste sur le fauteuil, de toute sa hauteur possible.

Vouons à la haine et au mépris public tous les êtres improbes ou immoraux. Combien ne compte-t-on pas encore parmi nous de mauvais pères, de mauvais fils, de mauvais époux, de mauvais citoyens ? Ne voit-on pas encore des ménages de « monsieur » et « madame » et des individus unis par les liens sacrés du mariage donner au public le scandale du concubinage honteux ? »

Où étaient-ils, les espoirs de nous aimer les uns les autres ?

Mes pensées, mes jambes flageolaient.

« Il faut, poursuivait Georges, que les crimes domestiques disparaissent comme les crimes publics ; et pour cela il faut que l'opinion se déclare fortement et qu'elle accable de son exécration tous ceux qui s'en rendront coupables.

— Mais, dis-je... et la liberté ?

— La liberté, dit Antoine, fait la guerre à la morale et veut régner en dépit d'elle. »

Je me retins au dosseret du lit. Je n'avais plus de pensée. Je ne tenais que par l'enveloppe de mon corps, je n'avais plus de pensée.

Georges continuait dans une brume sourde, la voix de corne de marine, cornant que, victorieux sur les champs de bataille de l'extérieur, il fallait l'être sur ceux de notre intérieur.

« C'est ainsi, que nous rendrons la génération présente républicaine et que nous forcerons nos ennemis mêmes à nous estimer et à nous admirer. Châtions qui pèche contre la morale. Punissons sans faiblesse l'adultère ! »

Mon corps fit sur le sol un bruit de bête qu'on abat, étouffé par les vêtements, résonnant dans mon crâne.

J'avais encore mal aux tempes quand, sur le marchepied, Antoine Saint-Just me gratifia d'un vaste coup de chapeau et, sans se retourner, il s'engouffra dans la voiture.

« Il fait froid, avais-je dit.

— Plus que cela. La Révolution est glacée. »

Le 22 prairial, sur le rapport présenté par Georges, le décret de « Grande Terreur », voté par la Convention, envoya les jours suivants mille trois cent soixante-seize personnes à la guillotine.

SIXIÈME CAHIER

LES JOURS POURPRES

(début thermidor an II [fin juillet 1794])

XIX

RESTER
(début thermidor an II [fin juillet 1794])

Les branches d'un noisetier me cinglèrent le front. Le chapeau arraché, accroché par le ruban, me battait le dos. Je serrai les genoux, raffermis la main, sans éperonner. L'étalon pommelé s'accoutumait à moi. Il était encore nerveux, mais j'aimais son ressort, quand, écumant déjà après un temps de course, au sortir d'un hallier, il répondait à mon genou en reprenant ses bonds puissants. Penchée sur l'encolure, je le flattai de petites claques douces au garrot.

J'avais recommencé de monter chaque jour, début messidor. L'avenue était juste bonne à échauffer les jarrets de la bête. Je l'y maintenais au trot. Puis, après la barrière des Champs-Élysées, nous poussions un petit galop vers la droite, par une allée de marronniers. Au bout de cette allée, on entrait vraiment dans le bois, sous la chênaie. Alors, ferme sur les étriers, l'œil attentif aux branches basses, je mettais l'étalon au grand galop.

Ainsi allais-je, ce soir de fin messidor. De même, mon cœur tenait le grand galop, exultant de chevaucher sans entrave, de pouvoir, au détour du chemin, choisir l'allée qui longeait la hêtraie ou bien le taillis s'enfonçant dans les noisetiers. Je retrouvais le bonheur d'être libre. Dieu ! comme il est bon de n'avoir compte à rendre à quiconque sur son chemin !

Un tronc d'arbre ! Hop ! L'étalon s'enleva. Un autre ! Hop ! Un autre encore ! Hop ! Ah crotte ! il trébuche ! je tombe ! Ma tête !

Un rideau de brume rosie.

J'étais à cheval dans la campagne d'Orcet.

Le vieux bourru eut une grimace, tira sur la bride pour tourner sa bête. Il la fit approcher à petits pas, s'arrêter tout près, flanc contre flanc de l'étalon. Le cavalier prit appui au pommeau de la selle, dressa le menton. Ses yeux semblaient clos, davantage encore que de coutume. Mais je les savais vagabonder dans cet air fin qui baignait la plaine silencieuse. Une trouée de soleil, dans notre dos, versa un tulle rosat sur le marbre des monts du Sancy, une giclée de cerises sur la joue piquetée de bleu. Un feuillettement discret agitait les peupliers qui tendaient le ruisseau de leur pente d'étain. Un rossignol attardé poussa sa mélodie chantournée, nostalgique.

Les soirs, passaient rue Honoré les atroces charrettes. Le plus atroce était d'éviter de descendre entre quatre et six heures, afin de ne pas tomber sur un convoi de condamnés. Un jour, cependant, le bruit courut qu'allaient passer les « assassins de Robespierre[1] » et qu'il serait exemplaire de les montrer aux enfants. J'avais défendu formellement à Maria de les laisser voir à Hippolyte.

Une rumeur emplit la rue. Toutes les fenêtres étaient garnies de monde. Là-bas, au loin, bien après la ci-devant chapelle Saint-Roch, s'agitait une foule étrange et rouge. Au fur et à mesure que grandissaient les clameurs aux fenê-

1. « *Assassins de Robespierre* » : suspects d'attentats contre les dirigeants, et notamment contre Robespierre.

tres, comme une brise fraîchissant annonce la tempête, s'approchait le convoi.

Trois charrettes étaient chargées de gens, les mains liées, vêtus de toutes les nuances du rouge, de la serge amarante au coton vermillon.

Je me reculai vivement. Quelle horreur ! J'avais beau pertinemment connaître que les condamnés n'étaient qu'ennemis du peuple, que ces gens-là qui passaient avaient tramé la mort de nos héros... Qu'on ferme la croisée ! Une nausée m'envahissait, un goût de sang, fade et salé. Là-bas, au détour de la rue Honoré, on entrerait place de la Révolution, là où se dressait l'autel des messes rouges[2]. Des femmes, des enfants suivaient les charrettes en devisant, plaisantant, injuriant. Jamais je n'irai à tel spectacle ! Jamais ! Un brume noircie se levait dans mes yeux.

Le vieux bourru eut une grimace, tira sur la bride pour tourner sa bête. Il la fit approcher à petits pas, s'arrêter tout près, flanc contre flanc de l'étalon.

Enfin, un après-dîner de début messidor, je sus que Georges était nommé en mission dans le Midi. Quel bonheur ! En quatre jours nous serions à Orcet ! Il écrivit au pays, heureux de revenir. Maria faisait déjà les équipages. On imaginait les préparatifs de fête à Orcet. Enfin, nous allions goûter un repos mérité. J'allais chevaucher en compagnie de père.

Il n'en fut rien.

Fouché et Tallien battaient le rappel de tous les pourris[3] qui pouvaient craindre le châtiment. La nuit, ceux qui n'avaient pas l'âme blanche, qui, bien souvent,

---

2. *Messes rouges* : Fouquier organisa ces « cérémonies » où les assassins étaient vêtus de la traditionnelle chemise rouge des parricides.

3. *Pourris* : les futurs « thermidoriens » réactionnaires ou (et) corrompus comme Fouché et Tallien qui allaient faire voter l'exécution de Couthon et des robespierristes.

avaient les mains trop rouges, tels Fouché et Tallien, entretenaient les représentants dans le complot, au lieu de les laisser dormir. Le résultat était que tous vivaient armés, crevaient de peur et de haine, autant que de sommeil.

Alors que Robespierre avait bâti la théorie de la Terreur contre les criminels attentant à la République, on le rendait responsable de cette terreur des conventionnels. Georges ne voulut pas s'éloigner à ce moment où Robespierre était menacé.

Antoine, lui, voulut partir pour la Belgique, redorer le courage de nos armées. Il s'illustra à la bataille de Fleurus où, à son habitude, il chargea devant ses soldats, ramenant sans cesse les colonnes à l'assaut, se jetant dans la mitraille avec l'insouciance d'un jeune dragon. Sur la terre flottait son panache tricolore qui entraînait les hommes. Dans le ciel planait un ballon rayé de bleu blanc rouge intimidant l'ennemi. La victoire enlevée écartait la menace contre la République, rouvrait la route de la Belgique aux armées de l'an II.

Retour du front, Saint-Just, venu à bride abattue reprendre sa place au Comité, refusait de se glorifier :

J'aime beaucoup qu'on annonce des victoires, mais je ne veux pas qu'elles deviennent des prétextes de vanité. On annonça la journée de Fleurus, et d'autres qui n'en ont rien dit étaient présents...

Empanachées, aériennes, les trois couleurs dominaient les champs de bataille.

Billaud-Varenne déclarait : « *Nous marchons non pour conquérir mais pour vaincre.* »

Cependant, Jourdan et Pichegru faisaient leur jonction à Bruxelles. Le premier refoulait les Anglo-Hollandais au nord. Le second poursuivait les Autrichiens vers l'est et Anvers. Après la prise du Boulou par Dugommier et l'invasion de la Catalogne, Moncey occupait Saint-Sébastien. A l'état-major, on disait que les peuples esclaves qui ne se révoltaient point étaient complices de Pitt et de Cobourg et submergés par la superstition et l'ignorance. Le Palatinat et les Pyrénées espagnoles conquis étaient exploités. Des populations étaient déplacées.

Le sang ! Encore le sang ! A nouveau, un vertige me déséquilibrait, me faisait gîter, goélette désemparée. Encore le goût du sang ! Salé, fade, amer.

Le cavalier prit appui au pommeau de la selle, dressa le menton. Ses yeux semblaient clos, davantage encore que de coutume. Mais je les savais vagabonder dans cet air fin qui baignait la plaine silencieuse.

Un soir, ce fut l'arrivée de Suzanne. Maria fit voler la porte, entra en trombe, oscilla, hors d'haleine, incapable de dire un mot, se retournant, montrant d'un doigt l'encadrement de la porte grande ouverte. Soudain, l'apparition eut lieu. Une forme grise, vaste chapeau et robe souple, se matérialisait dans l'ouverture. Je l'embrassai, la baisai en pleurant. Mes lèvres et mes joues se collaient de poussière au parfum de mandarine, prélevée sur son visage. J'ôtai le chapeau recouvert de grisaille, je le tapai, dans un lent nuage de poussière. Alors, le chapeau devint rouge vif. Je frottai de mon mouchoir le front de la visiteuse. Sous le rouge du chapeau, la légère blancheur de ce front griffonnée de quelques cheveux, auréolée du nuage de poudre d'une canonnade.

Suzanne ! Retenue si longtemps à Clermont par la Révolution ! Suzanne, enfin ! Sans doute m'aiderait-elle à faire entendre raison à Georges. Nous prendrions tous ensemble la route pour l'Auvergne, tassés dans la voiture, poitrine contre poitrine, cœur contre cœur. Suzanne, mon amie, ma pareille, soyez la bienvenue, nous avions tant besoin de vous ! Je couvrais sa gorge, alors dénudée de sa couche grise, sa gorge moite de senteur de mandarine, je la couvrais de petits baisers pointus.

Quand Georges eut salué, que nous nous fûmes un moment tus tous trois à nous dévorer des yeux, je dis :

« Enfin. » Enfin elle saurait le convaincre, qu'il fallait partir, rentrer au pays.

Son avis tomba comme le couteau national :

« Tu n'y penses pas, Marie. Georges est lié d'honneur à la Révolution. Quel que soit le risque, il ne peut l'abandonner. »

Je déchirai l'azur de sa fine robe de soie, en cherchant à m'accrocher. Le sol n'existait plus sous moi. Je me retenais à ce mince tissu qui craquait peu à peu.

Une trouée de soleil, dans notre dos, versa un tulle rosat sur le marbre des monts du Sancy, une giclée de cerise sur la joue piquetée de bleu.

Messidor. Je ne me promenais plus sur les quais où dans les feuillages chantaient naguère des loriots et où j'aimais autrefois entendre les rires des baigneuses.

Les bals et les banquets populaires étaient interdits. On pourchassait les militants des sections pour « hébertisme ». Le marché noir était encouragé. Le maximum des salaires ramenait la faim. Les gendarmes chargeaient les ouvriers du bâtiment manifestant.

Mais où est le Paris de la Révolution, le Paris du bonheur ?

Un matin, à peine remise de ma chute de cheval, à peine ressuscitée, respirant quelques forces après la venue de Suzanne, j'ouvris ma fenêtre. Dans la brume jaunie et rosée comme de la sanie, se distinguaient avec effort des silhouettes grises, des arbres, peut-être.

La silhouette d'un cavalier prenant appui au pommeau de la selle.

Quelle aurore plus trouble ! Mes yeux piquaient à s'efforcer de percer en avant, mais ne traversaient guère cette brume stagnante.

La silhouette d'un vieux bourru me faisant une grimace.

Je sentais la faiblesse venir, s'emparer à nouveau de mes Jambes. Maria !

L'homme passa un doigt nu sur ma joue.

Maria ! Des clameurs glapissaient au loin dans l'épaisseur encotonnée.

Ses yeux laissaient filtrer un élixir d'or en fusion.

Maria ! Je me sens mal ! Vite ! Maria !

*

« Finissez d'entrer ! Que je vous ai mijoté un de ces petits soupers de ci-devant despote, qu'y vous ferait bien suspects, si on y savait ! »

Maria criait depuis la cuisine, à l'intention d'Antoine qui venait d'être introduit par Suzanne. La despotique cuisinière d'occasion faisait sa voix la plus joyeuse et, malgré tout, les sourires de chacun prouvaient que c'était communicatif.

Le couvert était mis sur la grande table ronde. Les assiettes de vermeil et les verres de cristal fin, bien qu'ils fussent propriété de l'État, n'en donnaient pas moins un air cossu. Sur la nappe blanche ouvragée finement de fils d'argent, des chandeliers à trois branches, un devant chaque convive, entretenaient une atmosphère paradisiaque : le soleil éblouissant au centre de la table, des astres rutilants qui gravitaient autour, un univers de lumière et de fils luisants, perdu dans les ténèbres de l'infini au-delà.

Georges servit le vin. Les verres s'emplissaient, à ras bord ainsi que l'on faisait au pays, de cette potion couleur de mûre. C'était le petit gamay, arrivé au printemps par charroi, en fût d'un demi-muid[4]. Car Georges refusait de boire le vin de Paris qui n'avait « de vin que le nom ».

Celui-ci, il avait le nom et le reste. Il commençait par vous mettre à la langue une cuillérée de confiture de gro-

4. *Demi-muid* : tonneau d'environ six cents litres, dit « fût de roulage », servant pour le transport.

seille, puis, il vous montait aussitôt à la tête d'une vague de sang qui sentait la violette.

« Et voici le potage de poule grasse ! »

Comme Saint-Just faisait mine de refuser l'énorme louchée qu'elle servait, Maria ajouta :

« Et vous, les hommes, tâchez moyen d'y faire honneur ! Que se taper une poule bien grasse, on dit que l'Être suprême il a encore rien trouvé de mieux pour faire un homme heureux ! »

Depuis mes malaises. Maria s'évertuait à mettre la bonne humeur dans la maison. Ce soir du 7 thermidor. Georges et Antoine avaient à travailler. Ils avaient convenu de se trouver chez nous afin de préparer le rapport à la Convention. C'était un très important rapport au nom du Comité, destiné à détendre la situation tandis que les manifestations couraient les rues et que le Comité était divisé.

Le citoyen vainqueur de Fleurus vient dîner ? Bon ! Faut pas regarder à la dépense ! La brave fille avait tenu à nous faire un petit festin à sa façon, parce que, si si ! moi, je vous dis qu'on travaille pas bien le ventre vide !

« Pourvu que cela leur donne la force suffisante, dis-je, en avalant ma cuillerée de bouillon gras brûlant.

— Travailler... répondit Suzanne, nos héros auront beau travailler ainsi que des dieux de l'Olympe, cela suffira-t-il à sauver la Révolution ? »

Un trait vertical, mince et profond, cassait l'harmonie de ses sourcils légers au-dessous des cheveux tirés dans un bandeau de velours vert.

Et moi, de quoi avais-je l'air, ce soir ? Rien ! Pas un miroir dans la zone éclairée, sinon les yeux des hommes, lesquels, perdus ailleurs, dans leurs soucis, me laissaient dans le doute.

Un miroir ! mon pays, pour un miroir ! Ah, le couteau !

Je levai le manche de vermeil incrusté de nacre, la lame qui jetait des reflets fuyants, me lança des visions éphémères de moi. Avec patience, je parvins à fixer cette image fuyante qui échappait à droite et qui filait à gauche. Oh !

Dans ce miroir déformant, j'avais des yeux exorbités et des joues boursouflées. Un poisson agonisant ! Est-ce possible ? Déformation par la lame, ou bien déformation de mon visage ? Ma langue se racornissait. Je devais boire. Boire !

« Que faut-il donc, pour la sauver, notre Révolution ?

— Le peuple ! Se battre avec le peuple, précisait Suzanne. Sans lui, les héros ne sont rien. Il faut prendre les armes avec ceux de la Commune qui veulent arraisonner la Convention. »

— Mangez-que ! dit Maria qui approchait le boudin fumant. La cochonnaille, c'est bon pour faire des cochonneries ! C'est qu'y faudra les féliciter bien comme il faut, les hommes, quand y z'auront pris d'assaut la Convention des « pourris » !

Ha ! ha ! ha ! Suzanne joignit son rire à celui de Maria.

« Il suffit ! dit Georges. Tu racontes n'importe quoi ! On ne vas pas prendre la Convention, parce que...

— Nous devons rester dans la légalité ! ajouta Antoine. Le Comité s'est mis d'accord. Il faut présenter avec franchise le rapport à la Convention. Robespierre sera lavé des accusations de despotisme et...

— Au fait, que fait Maximilien ? Ne devrait-il être parmi nous ? »

« N'est-ce pas à toi, Antoine, de faire le rapport du Comité ? » demanda soudain Suzanne. Nous cessâmes tous de mâcher. Georges, inquiet, avait son profil de Voltaire mourant. Antoine restait le bel archange, mais d'une pâleur exsangue, silencieux.

« Eh bien ? demanda-t-il finalement.

— Éléonore prétend que Maximilien se serait retiré pour préparer lui aussi un discours.

— Que soupçonnes-tu ? L'Incorruptible est insoupçonnable.

— Je le crois capable de tenter un duel à lui tout seul à la Convention contre les adversaires. »

Georges laissa tomber sa fourchette qui tinta comme une

cloche grêle. Il posa les mains sur les tourniquets de son fauteuil, parut chercher du regard perdu au loin, ramena ses mains qu'il croisa sur son ventre en baissant la tête. Puis, il se redressa :

« Et quand bien même ! Un combat n'est jamais perdu d'avance. Et puis, une révolution comme la nôtre ne peut être qu'un combat à mort entre le Crime et la Vertu.

— Je le dis et redis, les héros solitaires sont stériles ! répondit Suzanne avec force. Ils caracolent, ils se satisfont de jouer la virilité. Mais ils éjaculent sur le sable. Au bout du compte, ils ne sont étalons que d'eux seuls.

— Décidément, par le sexe s'exprime l'oracle ! Vous vous croyez toutes la mère de Dieu[5] ! Pourrais-tu traduire en français commun, citoyenne Pythie ?

— Facile ! intervenait Maria. Je fus pas bien aux écoles, mais pas besoin d'être bachelier pour entendre que c'est que les juments elle s'ennuient foutrement, que les étalons y paradent au lieu de se les foutre !

— Par pitié, Maria, par pitié ! dit Georges, laisse parler Suzanne !

— Les héros solitaires ne changent point le théâtre du monde. Ils font seulement leur petite scène dans leur coin.

— Tu ne disais cela, quand nous transformions Lyon royaliste en Commune-Affranchie !

— Qu'y aurions-nous pu faire, sans son peuple de sansculottes les piques à la main ?

— Tu arrives de Clermont, tu n'as pas assisté aux séances de la Convention, répondait Georges ; Maximilien n'a besoin que de trois minutes pour convaincre l'assemblée.

— Vraiment ? On disait de Danton qu'il ne lui en fallait pas tant ! »

Antoine se jeta sur son verre, engloutit le contenu, passa distraitement une serviette sur ses lèvres, le visage soudain desséché de dix ans :

---

5. *Mère de Dieu* : une illuminée, Catherine Théot, partisane de Robespierre, organisait des réunions cultuelles où on célébrait Maximilien comme le Messie et où auraient participé des suspects.

« Elle a raison, le moment n'est pas à risquer de s'aliéner l'assemblée traquée par la calomnie des "pourris".

— A quoi est-il ? dit-elle.

— Il est... à la négociation.

— Depuis quand négocie-t-on au lieu de charger, beau citoyen général ?

— Depuis qu'il faut économiser les forces de la Révolution.

— Moi, je n'attends point d'un homme qu'il s'économise ! Je ne désire attendre qu'il soit chenu, clairsemé et voûté, desséché enfin, pour cueillir son gland ! »

Elle gonflait la gorge, déversait un fleuve de regards qui charriait des brûlots. Chipie !

« Vivons !... vivons aujourd'hui ! » ai-je crié en me jetant dans la mêlée. Puis, devant les masques durcis de mes trois voisins, refusant qu'on me servît à nouveau du vin :

« Ce refrain n'est guère nouveau, je sais !... Mais... qu'on prenne garde ! Antoine, prenez garde...

— Mais encore ? dit-il, la voix blanche d'émotion.

— Nous n'avons pas le droit de gaspiller la vie que la Nature nous offrit. Pas le droit ! Il faut partir ! Partir loin des couteaux !

— Je ne laisserai point Robespierre seul sous les poignards, dit Georges.

— Depuis quand plusieurs victimes valent mieux qu'une seule ?

— Nous devons rester, Marie, dit Antoine en s'approchant de moi, de manière que ses lèvres touchaient presque mon front.

— Mais enfin, quelle présomption ! d'où croyez-vous tenir ce droit à placer votre cou dans la guillotine ?

— Cela n'est pas un droit, Marie, ni un devoir, à ce qu'il me semble, reprenait Antoine. C'est simplement la force des choses. Voyez-vous, mon amie, l'amour, la Révolution ne sont pas des troupeaux que l'on mène aisément. Parfois, ce sont eux qui nous mènent. Là où l'on ne s'attendait point qu'ils nous menassent. La force des choses conduit à des résultats auxquels nous n'avions point pensé.

— Moi qui avais pensé que la Révolution libérerait l'amour... A ce jour, c'est la mort qui a le champ libre. »

Ayant lâché cela, ma lèvre inférieure se retournait en un repli amer, inéluctable, ainsi que quand j'étais fillette et que mon cœur éclatait.

*

Le 8 thermidor, nous fûmes alertés, tard dans la matinée, par la voix de Maria. Elle sonnait faux la bonne humeur, un peu trop appuyée. Georges se venait de rendre à la Convention où Maximilien faisait un grand discours !

Au-dessus du Jardin national, le ciel avait déjà chauffé à blanc, charriant des escouades de nuages noirs qui, passant en rafales, faisaient parfois clignoter le jour.

Vers le milieu de l'après-dîner, Suzanne arriva de la Convention. Son visage était maculé de blanc, comme si une pâleur charnelle recouvrait inéluctablement les fards. Elle lâcha, la voix blanche, que l'affaire tournait mal, en dépit d'un discours héroïque de Maximilien où il avait fait bon marché des accusations de césarisme :

Ils m'appellent le tyran. Si je l'étais, ils ramperaient à mes pieds, je les gorgerais d'or, je leur assurerais le droit de commettre tous les crimes, et ils seraient reconnaissants...

Qui suis-je, moi qu'on accuse ? Un esclave de la liberté, un martyr vivant de la République, la victime, autant que l'ennemi du crime.

Elle récitait les yeux clos, pénétrée. Elle ajoutait que Georges avait fait ce qu'il fallait, montant au créneau pour faire décréter l'impression du discours. Mais, finissait-elle en un souffle, Bourdon de l'Oise venait de faire voter la révocatoin du décret d'impression.

Sur la chaleur intense, épaisse, les nuées se massaient

en une armée compacte, aux uniformes noirs, à peine cernés parfois de quelques liserés d'or.

Puis, après minuit, en pleine nuit d'orage qui couvait, Maria apporta la clarté de sa voix claironnante. Ça y était ! ça y était quand même ! aux Jacobins, Georges et Maximilien venaient d'être applaudis ! Collot et Billaud chassés, on leur avait crié : « A la guillotine ! »

Entre les amis de Robespierre et les autres, c'était le combat à mort.

Au-dessus du Jardin, figé dans une immobilité macabre où nulle branche ne se mouvait, où nul rossignol ne palpitait, le ciel était obstrué d'une ténèbre inéluctable qui nous coupait des étoiles et de la lune, ainsi que de l'azur, tandis que l'air, celui où nous nagions, épaississait et surchauffait.

Le 9, après une nuit sur le fil entre sommeil et veille, on apprenait encore que Saint-Just et Robespierre se battaient à la Convention, tandis que Georges menait une attaque de diversion au Comité. Le gendarme préposé à le porter, passa nous prévenir. Il avait, à la fin, dû mener Georges à la Convention, le Comité s'y venant de rendre au grand complet. Maintenant, la bataille faisait rage là-bas. Le gendarme parlait à voix basse, ainsi que sous l'emprise de la peur.

Le ciel était d'une obscurité affreuse, comme si la nuit se prolongeait. Malgré cela, sourdait de la noirceur quelque surnaturelle force brûlante, pesante et lumineuse, une lueur olivâtre et blafarde qui éclairait tous les objets.

A 5 heures, Suzanne revint. On crut voir son spectre. Les yeux cavés, les joues recreusées, les lèvres retroussées sur les dents, elle articula d'une voix caverneuse. On n'avait laissé parler ni Antoine, ni Georges, ni Maximilien. Les traîtres avaient pris la tribune, le poignard à la main. Saint-Just n'avait pu lire que quelques mots : « *Je ne suis d'aucune faction, je les combattrai toutes...* » Ensuite, il s'était tu, cinq heures durant, sous les vociférations des brigands, Robespierre avait en vain hurlé : « *De quel droit le Président protège-t-il les assassins ?* » Couthon, alors que se déchaînaient les charognards, accusé de vouloir accéder au trône, avait seulement ri, regardé ses jambes et jeté : « *Je voulais monter au trône, moi !* »

A cette heure, cinq députés étaient décrétés d'arrestation : les deux Robespierre, Lebas, Saint-Just et Couthon.

Soudain, alors que nul vent ne parcourait l'atmosphère, les feuilles du Jardin se mirent à trembler. Moineaux et mésanges quittèrent les ramures pour descendre au ras du sol, chercher un abri par-dessous quelque pierre.

Le gendarme de Georges parut. Il semblait sous l'emprise de la terreur. Il bégayait. Le... le citoyen Geo... Georges était à la... la prison de la Bourbe. On disait que la Commune rassemblait les sections en armes, aux ordres de Maximilien.

Brusquement, on entendit vers le pavillon Égalité un bruit épouvantable, comme si des torrents d'eau, mêlés à des tonnerres avaient dévalé des buttes sur les maisons. En un instant, l'orage se déchaînait sur nous. Il dura je ne sais combien. Nous priions l'Être suprême, arc-boutés aux fenêtres, crainte de les voir se briser.

Enfin, alors que le vent mollissait, que les trombes d'eau s'éclaircissaient, une voiture s'arrêtait. Porté par deux gendarmes, Georges entra. Georges !

Vers la minuit, il n'y avait une heure qu'il se trouvait parmi nous, Georges reçut un porteur de billet :

Couthon, tous les patriotes sont proscrits, le peuple tout entier est levé. Ce serait le trahir que de ne pas te rendre à la Commune où nous sommes actuellement[6].

La voiture partit au grand trot.

Le Jardin, de nouveau absence, silence.

Le gendarme revint. Tout était perdu !

---

6. *La Commune* : organisait l'insurrection de soutien à Robespierre et faisant battre la générale, mais plusieurs sections ne répondirent pas à l'appel.

7. *Traîtres* : Barras, à la tête des forces « modérées », intervenant pour la Convention contre Robespierre.

Georges commençait à rédiger une déclaration avec Robespierre : « *Couthon, ce citoyen vertueux qui n'a de vivant que la tête et le cœur...* » Soudain, on voit entrer les traîtres[7] en armes. Augustin se jette par la fenêtre, Philippe se suicide, Georges se lance dans l'escalier, il se blesse en tombant, Antoine se laisse ligoter, Maximilien se tire un coup de pistolet.

Les rues, comme la Révolution, luisaient faiblement, glacées. Pas âme qui vive. Pas même rue Honoré. La maison Duplay était ouverte, déserte, en désordre, restes de la police venue arrêter la famille. Avec Hippolyte, Suzanne, Maria et moi descendîmes précipitamment à la cave, verrouillées sous un lourd battant. C'était froid, humide, mais à l'abri.

Quand vint le jour, il ne fut qu'un ruisselet de lumière verte, s'écoulant doucement, des heures durant, par le soupirail.

Un brouhaha cascada tout à coup, flot envahissant la cave. C'était un tohu-bohu qui grossissait vers la gauche, en direction du centre. En un moment, la rumeur grandit. Un moment encore.

Horreur !

Trois charrettes, chargées des suppliciés. Sur la première, debout, la chemise ouverte, la poitrine nue, le regard au ciel, Antoine. Sur la seconde, assis, le visage en masque funèbre, un côté tuméfié, putréfié, Georges, les yeux droit devant.

Un sanglot, Suzanne, debout, de côté, était secouée de nausées, sans parvenir à pleurer.

Longtemps, nous restâmes agenouillées, embrassées, grelottant, muettes, les joues picotant de larmes sèches. Maria portait à nos lèvres un gobelet d'étain, plein de petit gamay du pays. Un moment, la lumière rasante entrant par le soupirail plus avant dans la cave, elle parut illuminée ainsi qu'une prêtresse, levant le gobelet au ciel malgré tous ces étages qui nous emprisonnaient, psalmodiant quelque prière dont nous n'entendions point les paroles mais dont la ferveur s'adressait d'évidence à la suprême intelligence de l'humanité, sans doute afin de la conjurer, en cette fin du monde, de nous faire également mourir sans prolonger notre souffrance.

*

La première nuit, j'étais dans l'obscurité.

Je gisais à même le sol. Maria me bassinait les tempes avec du vin frais, tandis que Suzanne, recevant Hippolyte dans ses bras et l'installant à l'autre bout de la cave, chantonnait en la berçant. Cette nuit dans cette cave, Maria, Suzanne et moi, c'était la moiteur du côtoiement, le vide sec du désert, insondable. J'étais toute seule et pénétrée de tout. J'étais la proie des mots qui surgissaient en horde de la nuit et harcelaient de la langue et des crocs.

Petit gamay d'Auvergne, si tu savais comme tu es aigre-doux ! Révolution, Révolution, comme tu m'as meurtrie ! Petit vin de chez nous, je t'en prie, verse l'oubli en mon cœur écorché ! Révolution, tu assassines nos amants ! Grande piquette, sois cinglante, sois brûlante, réveille-moi ! Révolution, tu as commis le meurtre, le meurtre de l'époux !

Révolution, Révolution de mort !... la mort sous le couteau, couteau Égalité, le couteau des brigands. les brigands qui triomphent, c'est la mort qui triomphe, la mort est comme un ange, le frère du sommeil, le sommeil éternel, le bonheur est raté, le bonheur est passé, le bonheur est cassé. Mes héros, mes amours, mes images, mes raisons, vous êtes effacés. Révolution, comme tu as meurtri. Certes, la vie existe, la vie future existe, la Providence y a pourvu, ah ! comment disparaître, disparaître à jamais, mais les matérialistes ne sont que charlatans, vendeurs de désespoir, la Nature peut-elle un jour mettre fin à ses propres jours, absurdité. Révolution, tu assassines nos amants. L'amour, ah l'amour, quelle eau dans le désert, la chaleur, la brûlure, la glace et le parfum, les chants qui s'entendent quel que soit l'idiome, les ténus petits bruits des sens, les cataractes des vannes du cœur béantes. Le foutre, ah le foutre, ah c'est bon, c'est besoin, comme boire, comme voir, comme respirer enfin, quelle barbarie en priver la moindre seconde de l'éternité. Révolution, tu commis le crime, le meurtre de l'époux. Disparition du compagnon, de l'ami au désert, l'autre dans le néant. Petit vin, petit vin doux doux doux, petit vin de chez nous, donne ton sucré, donne ton oubli, ta chaleur et ton cœur, donne ton acide, cautérise les plaies, donne ta chaleur, donne ta glace et tes parfums, tes bouquets de fleurs jaunes des champs, tes mauves parterres de sous-bois, donne ton miel coulant, ton sérum de plaisir, ton béni jus de foutre, ton beau vit dressé, ta virilité si douce si musclée, le foutre oui, le foutre comme il faut sans arrêt comme il va comme il fut comme il est comme il sera sera oui oui oui. Révolution ! ah Révolution ! comme tu assassines nos amants, comme tu as meurtri, comme tu le commis, le meurtre de l'époux, comme tu tues, tues nos amants, tues nos époux, tues nos amants, tues nos époux, tues nos...

La deuxième nuit, j'entrai dans la lumière.

Un moment après que les ténèbres eurent une deuxième fois envahi la cave, un flux d'argent se précipita par le soupirail. C'était le lever de la lune. La lumière tomba sur Hippolyte. Il dormait dans les genoux de Maria, enfant Jésus d'argent et de porcelaine. Malgré que je ne fusse nourrie que d'eau ruisselant sur le mur, je pensais. Je pensais sans arrêt. Je pensais que mon destin de femme était de sortir mon fils et de me sortir du malheur. Qu'il était temps de rentrer avec lui dans la vie. Je pensais en désordre, je pensais à Saint-Pierre, à Paul et Virginie, je pensais que la Révolution ne montre point l'inutilité du sexe, ni même que les femmes seraient peu de choses.

Ce fut dans leurs bras qu'elles firent goûter aux hommes le bonheur d'être tour à tour, dans le cercle de la vie, amants heureux, enfants fidèles, époux constants...

Le croirait-on ? L'obscurité de la cave favorisa l'entrée de la lumière en nos esprits. De plus, des douleurs dans le ventre aidèrent considérablement notre entendement !

Ce fut Maria qui, la première, tira la conclusion logique et donna le point métaphysique de la situation :

« Vin vieux, si qu'on tente pas une sortie pour chercher à bouffer, c'est qu'on va crever la peau sur les os ! »

Deux heures après la minuit sonnèrent à Saint-Roch. L'heure propice. Suzanne gardait Hippolyte. Je sortis avec Maria. Le lourd abattant fit une sorte de ronflement. La grand'porte cochère coula sans un bruit. Les lueurs de cuivre vert-de-gris des réverbères balisaient la rue Honoré, à peine tapissée de quelques damiers d'or aux fenêtres de maisons lointaines.

Nous courûmes sur la pointe des pieds jusques au Manège.

Chacune munie d'un chandelier, les lieux s'illuminaient.

L'appartement parut dans l'état où nous l'avions laissé. Un coup de gong résonna dans mon crâne au spectacle de la robe de chambre luisante de soie blanche, jetée sur le dossier du fauteuil de Georges. L'on eût pu croire que mon époux allait soudain paraître, accrocher ses cannes et son chapeau, enfiler sa robe de chambre pour se laisser aller au fond de son fauteuil. Allez Marie ! Il ne s'agit point de faiblir.

Courant ici et là, Maria jetait dans son tablier des couteaux, des timbales, du lard, du pain, des pommes et du fromage. Je m'occupai de rassembler des vêtements et des couvertures. Maria remarqua :

« Tiens, il y a une lettre ! » et elle montrait un pli non décacheté sur le bureau de Georges. Je le déchirai hâtivement :

Citoyen,

Je m'adresse à l'homme intègre, à l'Auvergnat et à l'époux de la citoyenne Couthon que j'eus l'honneur de connaître à Orcet.

Je vous prie d'ordonner ma libération de Bicêtre où je suis présentement reclus, après des semaines que j'ai passées d'hospices en prisons. Car je vous jure n'être coupable de crime ni atteint de maladie immorale. De plus, malgré la prudence que j'observe à l'égard des autres prisonniers, la promiscuité dans laquelle on m'entretient ici ne tarderait point de me faire contaminer.

Comptant sur votre magnanimité, je vous prie de croire, citoyen, que je suis votre serviteur.

Xavier Lacourtensourt.

Xavier !

A notre gauche, une treille à l'ancienne se prélassait sur le mur et s'étendait en tonnelle sur des solives. Ses feuilles étaient manipulées par le Vent. Dans l'eau profonde et violacée évoluaient les gigantesques pieuvres aux membres noirs que couronnaient parfois les franges de décharges électriques. Des arbustes affichaient leurs tout petits seins d'oranges et leurs pubis aux buissons flamboyants, rapportés par Paul-Gilbert qui avait scalpé le ventre des négresses.

« Tu rêves, drollette ? C'est bien le moment !

— Lacourtensourt... Tiens ! il a perdu sa particule, ce petit monsieur !

— Boh ! si c'est qu'il a perdu que sa particule ! ça l'y empêchera peut-être bien de particuler les dames, mais y ferait bien d'être content qu'il aye encore sa tête, cette espèce de particulier ! »

Maria ! J'étais prise à la fois de douleurs atrocement amères et de bonnes crampes de rire. Maria !

Avant de quitter l'appartement, je raflai la robe pourpre que Georges venait de m'offrir.

La troisième nuit, je rentrai dans le monde.

Les gardiens me regardaient descendre de voiture, leurs lampes levées, leurs yeux jetés sur mes mollets dénudés par le marchepied qui accrochait la robe. Les ours roulaient leurs yeux sur la rondeur mate de mes avant-bras, dégagés par la corolle de tulle. Ils se figeaient, bouche béante, regard de gardon frit sur ma gorge aspergée de lumière.

« Avez jamais vu une femme ? leur lança le cocher.

— Si fait ! Mais la petite a l'air bien comestible !

— Bas les pattes ! C'est la sœur d'un puissant prison nier qui sera peut-être ministre demain ! »

Les gardiens se raidirent dans un garde-à-vous impeccable, qui la chemise pendouillant sur le pantalon, qui le sabot crotté, qui la barbe en friche. Je passai tête haute la porte de Bicêtre[8].

Non non ! on n'avait plus de Lacourtensourt sur les registres. Le rond-de-cuir qui répondait la voix rugueuse, se tirait non sans peine de la glu du sommeil.

« Si ce client était un vénérien, ajouta-t-il, il est peut-être à chercher au cimetière, à l'heure qu'il est !

— Plaît-il ? Qu'entendez-vous par...

— Un vérolé, quoi !

— Mais non ! mais non, vous n'y pensez pas !

— On dit ça... on dit ça !

— Mais je vous jure...

— Jurez pas, ma p'tit' dam' ! jurez pas ! La vérole, elle nous menace tous. Elle est plus dangereuse que la peste. Nul n'est à l'abri du fléau de ce siècle. »

Il leva un doigt prophétique :

« Ce fléau, il attaque même les nourrissons et les chastes épouses. Nul n'est hors de portée de ses tentacules. Qui peut se vanter que jamais il ne sombrera dans la dépravation où la maladie le guette ? C'est le fléau du siècle, le châtiment du destin. Le seul moyen d'échapper à l'horrible mal, au mal absolu, ce serait d'interdire le criminel

8. *Bicêtre* : hôpital où l'on soignait (et bien souvent gardait reclus) les « vénériens » atteints de vérole (syphilis).

amour qui le transmet ! Que dis-je, interdire ? Guillotiner, citoyenne, le voilà, le seul remède radical, guillotiner le sexe ! »

Enfin, un garde m'apprit que le prisonnier était transféré à la maison de santé de Picpus.

A Picpus, nous toquâmes longtemps, avant qu'une tête s'encadrât dans le guichet. Quel prisonnier ? Ah oui, le ci-devant !

On éveilla un supérieur, il me dévisageait :

« Tu cherches donc celui qui prétendait diriger une section, et quelle section, celle de Robespierre ! et qui osait donner des leçons de pensée révolutionnaire ? On dit que cependant il offrait de l'argent et un passeport au commandant Ramand pour faire fuir les émigrés ! Tu cherches celui qui se croyait ainsi tout permis, l'extrémisme et l'indulgence, l'absolu et la mesure ? qui se croyait permis de tout penser, de tout écrire ? Quelles horreurs n'a-t-il pas écrites ! Comment une main humaine peut-elle ainsi conter des visions de désirs divins et infernaux sans crainte ni sans voile ? Mais enfin, citoyenne, c'est Satan en personne, cet homme-là ! Tu devras en répondre devant le tribunal, d'ainsi chercher cet horrible marquis que d'aucuns n'ont pas honte à dire divin !

— Point du tout ! Je n'ai jamais cherché Sade ! J'ai dit Xavier Lacourtensourt !

— Ah ? Il ne vaut peut-être guère mieux ! Mais nous n'avons plus ça ici ! Vois donc à La Bourbe ! »

Ouf !

A la Bourbe, une surprise, m'attendait.

Parmi les gendarmes, qui jouaient aux cartes dans la salle, se trouvait une connaissance. Crotte alors ! C'est une chance ! Le garde du corps et porteur de Georges se levait. Chut, on se connaît pas, soufflait-il.

Il me conduisit à la cellule du citoyen Lacourtensourt. Il recommençait à chuchoter. Ma pauvre citoyenne, si c'est pas un malheur, ton époux, un héros et un si brave homme !

Il avait suivi Georges jusqu'au bout. Jamais il n'oublierait ses derniers mots. A l'Hôtel de Ville, quand les traîtres entraient : « *Nous n'avons plus qu'à mourir !* » Sur le lit de l'hospice, au juge l'interrogeant hâtivement : « *Je voudrais bien qu'on puisse lire dans mon âme.* » Au pied de l'échafaud :

« *Toi qui sais faire des vers, Antoine, dis-nous quelque chose.*

— *Des vers ? Mon pauvre ami, rappelle-toi Danton à cette place ! "Mais, compère, des vers, nous en ferons tous bientôt !"*

— *Je t'en prie, mon ami.*

— *A ta guise :*

Je veux bâtir une belle chimère,
Cela m'amuse et remplit mon loisir.
Pour un moment, je suis roi de la Terre.
Tremble, méchant, ton bonheur va finir !... »

Je me détournai pour vomir, les flancs pris de convulsions. Rien ne vint.

Par le judas de la porte de prison, je vis un homme seul, dans un orbe clair, la chemise luisant de jaune vacillant à la chandelle.

La porte déverrouillée et repoussée dans d'atroces grincements, il s'était levé, il me faisait face. Ses cheveux blonds coupés court, son visage aux pommettes accentuées, ses yeux bleus adoucis de brillant, sa lèvre ourlée de chagrin, m'émurent pour la première fois.

« Xavier !

— Marie ! vous ici ?

Marie ! Vous n'avez jamais été aussi belle !

— Vous avez le sentiment guidé par les circonstances, ci-devant "monsieur" ! Que ne me dîtes-vous cela jadis ? Aujourd'hui, je vous en pourrais croire.

— Mais je vous jure... je vous jure, Marie ! vous êtes plus belle que jamais ! »

Il chercha du regard, d'un côté, de l'autre, se leva.

« Tenez ! » dit-il en rapportant un morceau de miroir cassé.

La robe pourpre dévoilait une gorge de lait offert. Les pupilles noires, étrangement paisibles, baignaient dans le blanc, sous les charmilles assombries des cils. Soudain, l'encre des cheveux, relevés à la Titus, était tranchée d'un ruban sang.

« Madame, en souvenir du passé commun, vous me devez faire libérer. »

Xavier...

A notre gauche, une treille à l'ancienne se prélassait sur le mur et s'étendait en tonnelle sur des solives. Ses feuilles étaient secouées par le Vent. De petits orangers et des buissons flamboyants d'arbres de Bougainville, rapportés par Paul-Gilbert, s'agitaient nerveusement dans leurs « bacholles ». Loin de la fraîcheur des nuits de fin d'été, il régnait une atmosphère d'outremer. On eût presque pu croire débarquer aux Îles.

Là, maintenant ! Je fermai les yeux un temps très très bref. Je les rouvris, crispai les mâchoires, murmurai :

« Si vous m'embrassiez, Vicomte ? »

Il eut un recul d'animal menacé. Puis, il se redressa. Il me toisa ainsi que lors de son premier examen.

« Demoiselle, comment pouvez-vous ainsi parler ? Vous n'êtes encore qu'une enfant ! Et puis, voyez-vous, un de Lacourtensourt avec une roturière ! Retournez plutôt panser les chevaux avec votre famille, voulez-vous ? »

Je sentis mon buste se reculer, mon bras se relever, puis tout mon corps plonger en avant. Une gifle magistrale claqua sec sur sa joue.

« Eh bien !... eh bien... disait le prisonnier en se frottant la joue, que me vaut ce soufflet ?

— Une vieille dette. Mais, si vous voulez bien, maintenant que la dette est acquittée, n'en parlons plus.

— Soit... soit... grondait-il en se frottant toujours la joue.

Me ferez-vous libérer ?

— J'y mets deux conditions.

— Dites.

— Premièrement, vous écrivez et signez dûment une lettre où vous reconnaissez être le père de mon cadet Hippolyte et vous portez garant de sa vie et de son éducation.

— Voyons, Marie, y avez-vous bien songé ?

— C'est moi qui pose les questions !

Oui, ou non ?

— C'est oui... c'est oui... Et la deuxième ?

— Écrivez d'abord ! »

Lorsque ce fut chose faite, qu'il eut poudré l'encre et cacheté la lettre en imprimant son chiffre d'une pression de sa bague sur la cire, le prisonnier s'enquit à nouveau de la deuxième condition.

« La deuxième condition, citoyen, c'est que vous me fassiez l'amour.

— Par... par exemple... disait-il en roulant des yeux de crapaud tremblant d'être l'objet de la convoitise d'une pouliche.

— J'imagine, ci-devant Vicomte, que se trouver en situation dangereuse ne peut en rien affecter les capacités du guerrier bien né !

— Je... voici qui est tellement inattendu...

— Oui, ou non ?

— C'est... »

Il prit sa tête dans ses mains et, tout doucement, sanglota. Le jeune matamore d'Orcet était bien loin. J'avais devant moi un aristocrate détrôné, un militaire battu, une statue déboulonnée. C'était un garçon bouleversé par la vie, un chevalier désarçonné par moi-même.

« Allons », dis-je en passant ma main sur ses cheveux.

« Allons », répétai-je en glissant la main dans sa chemise.

« Allons », dis-je encore, en plongeant mes lèvres dans sa chevelure à l'eau de Cologne.

« Embrassez-moi donc, espèce de sot. »

Quand je perçus la sensation du froid sur ma gorge nue, je me redressai. J'avais peut-être dormi.

« Quelle heure est-il ?

— Cinq heures. L'aurore n'est plus loin.

— Adieu ! dis-je en me rhabillant à la hâte.

— Me ferez-vous libérer ?

— Mon pauvre ami, je n'ai plus de pouvoir. Mais il se peut que j'y parvienne pourtant. Soyez patient.

— Et... saurai-je la raison de... de pourquoi vous... ?

— Vous voulez dire pourquoi j'ai fait l'amour ?

— Oui.

— Tant qu'il y a de l'amour, c'est que la vie l'emporte sur la mort.

— J'entends bien.

— Il faut vivre, Georges me l'eût à coup sûr demandé.

— Pourquoi ce passé ? Georges serait...

— Georges ?... Non ! Il est vivant.

— Mais, pourquoi moi ?

— Hein ?

— Pourquoi m'avoir choisi.

— Pour prouver que je puis toujours jeter toutes mes forces à me battre.

— L'amour est donc pour vous un combat ?

— La vie tout entière, Maintenant, plus que jamais. Voyez-vous, il n'est pas un instant de répit pour vivre. Pas un instant sans lutter. Pas un instant sans séduire. Lutter et séduire, sous peine de quoi l'on ne compte plus, sous peine de quoi l'on est mort.

— Il y a de cela...

— Vous ne pouvez savoir à quel point cela est plus vrai, encore, pour la femme.

— Croyez-vous que je ne voie point comme ce siècle nous fait des femmes fortes ?

— Fortes ? Je ne sais...

Sans doute notre Révolution fait-elle un saut de géant vers un homme et une femme nouveaux...

Pourtant, la Terreur blanche a commencé dans les rues.

On entre dans l'hiver, la longue nuit des interdits. La Terreur sera blanche ou elle sera rouge, pour ou contre l'esclavage de l'amour marchandé, mais elle tiendra de même l'amour passion dans les fers. On sera tortionnaire d'amour ou bien torturé, ou les deux à la fois. Condamnés à être étouffés, seront les feux du libertinage, à être châtrés les chevaux du désir ! Voici que tombe, obscur et sourd, le voile de la morale, le voile prétendu blanc et rougi de sang. Oui, il nous faut être fortes. Voici le temps des don Quichottes en jupon. Voici vraiment venues Les Liaisons dangereuses. Le printemps révolutionnaire est Là clos. Et voilà...

Croyez-moi, Vicomte, on acquiert rarement les qualités dont on peut se passer... Quand je vous accorderais autant de talents qu'à nous, de combien encore ne devrions-nous pas vous surpasser, par la nécessité où nous sommes d'en faire un continuel usage ! »

TABLE DES MATIÈRES

Lettre (prologue) 11

PREMIER CAHIER 15

Les années roses (automne 1786-automne 1788)

I. Vous servir (automne 1786) 17

II. L'enlevée (fin de l'automne-début de l'hiver 1786) 31

III. L'épouse (hiver-printemps 1787) 43

IV. Ma bonne (printemps-automne 1787) 63

V. La femme (printemps-automne 1788) 83

DEUXIÈME CAHIER 91

Les années incarnates (été 1789-été 1791)

VI. Rue du Touraud (été 1789) 93

VII. Hippolyte (automne 1789-printemps 1790) 113

VIII. La fête (été-automne 1790) 133

IX. Suzanne (printemps-été 1791) 151

TROISIÈME CAHIER 175

L'année vermeille (début 1792-début 1793)
X. A Paris. (début 1792) 177
XI. La nuit (été 1792) 199
XII. Le vertige (automne 1792) 213
XIII. La mort, l'amour (hiver-printemps 1793) . 215

QUATRIÈME CAHIER 263

Les mois garance (fin août 1793-frimaire an II [fin novembre 1793])
XIV. Au pays (septembre 1793) 265
XV. L'ivresse (octobre 1793) 285
XVI. Le triomphe de la Raison (fin brumaire an II [mi-novembre 1793]) 301

CINQUIÈME CAHIER 325

Les mois écarlates (début ventôse-fin prairial an II [fin février-début juin 1794])
XVII. Antoine (début ventôse-mi germinal an II [fin février-début avril 1794]) 327
XVIII. Le sang (mi-floréal-mi-prairial an II [début mai-début juin 1794]) 349

SIXIÈME CAHIER 363

Les jours pourpres (début thermidor an II [fin juillet 1794])
XIX. Rester (début thermidor an II [fin juillet 1794]) 365

Achevé d'imprimer en mars 1989
sur presse CAMERON
dans les ateliers de la S.E.P.C.
à Saint-Amand-Montrond (Cher)
pour les Éditions Messidor
146, rue du Faubourg-Poissonière
75010 Paris

N° d'Édition: 2683. N° d'Impression: 629.
Dépôt légal: mars 1989.
389045N1